W0059755

Henkel/ Schnapka/ Schrapper (Hg.) · Was tun mit schwierigen Kindern?

Joachim Henkel
Markus Schnapka
Christian Schrapper (Hg.)

Was tun mit schwierigen Kindern?

Sozialpädagogisches Verstehen
und Handeln in der Jugendhilfe
Bericht zum Kölner Modellprojekt

© Votum Verlag GmbH
Grevener Straße 89-91, D-48159 Münster

Umschlag: KJM Werbeagentur, Münster
Druck: Fuldaer Verlagsagentur, Fulda

ISBN 3-935984-25-1

Die Deutsche Bibliothek – CIP-Einheitsaufnahme
Ein Titeldatensatz für diese Publikation ist bei
Der Deutschen Bibliothek erhältlich.

Votum im Internet: www.votum-verlag.de

Inhalt

Vorwort

Immer wieder gibt es Kinder und Jugendliche, die von den erzieherischen Hilfen nicht erreicht werden und die die Jugendhilfe an ihre Grenzen bringen: an die Grenzen ihrer Strukturen und Handlungskonzepte, ihrer Zuständigkeiten, ihrer gesetzlichen Aufträge und Finanzen, an die Grenzen der Geduld von Professionellen und auch an die Grenzen öffentlicher Akzeptanz für abweichendes und auffälliges Verhalten.

»Was tun mit den 'besonders Schwierigen' …?« war daher auch die Ausgangsfrage für ein vom Landschaftsverband/Landesjugendamt Rheinland initiiertes, dreijähriges Modell- und Forschungsprojekt, das von April 1999 bis März 2002 in Kooperation mit dem kommunalen Jugendamt und einigen Trägern der freien Jugendhilfe aus Köln sowie der Universität Koblenz-Landau realisiert wurde. Vier zentrale Fragestellungen bildeten den »roten Faden« für den Projektverlauf:

● Wie geraten Kinder in besondere Schwierigkeiten und werden zu »besonders Schwierigen« (gemacht)?

● Woran erkennen die Professionellen, dass Kinder in besondere Schwierigkeiten geraten und zu »besonders Schwierigen« zu werden drohen?

● Was hilft Kindern aus besonderen Schwierigkeiten?

● Was brauchen Pädagoginnen und Pädagogen, um Kindern aus besonderen Schwierigkeiten herauszuhelfen?

Die wieder einmal aktuelle Diskussion um die »geschlossene Unterbringung«, angestoßen nicht zuletzt durch medienwirksam inszenierte Einzelfälle wie Mehmet, Andreas und andere, war ebenfalls ein Anlass für das Projekt. Vorrangig befasste sich das Modellprojekt jedoch mit den Ursachen für auffälliges und störendes Verhalten sowie für die Eskalation von Lebens- und Hilfeverläufen. Geleitet wurde dies von der Idee, durch eine umfassende Auswertung konkreter Einzelfällen und die Entwicklung von Handlungsorientierungen zur Diskussion um die Frage des Umgangs mit den Jungen und Mädchen beizutragen, mit denen die Jugendhilfe Schwierigkeiten hat.

In der Beratung und Analyse aktueller Lebens- und Hilfegeschichten sollte differenziert herausgearbeitet werden, welche materiellen, psychosozialen und biographischen Belastungen und Entwicklungen junge Menschen in krisenhaft zugespitzte Situationen bringen, die sich dann in »besonderes schwierigen« Verhaltensweisen aktualisieren können. Ebenso wurden in den Fallanalysen die Reaktions- und Handlungsmuster des Hilfesystems in den Blick genommen und die wechselseitige Bezüge zwischen Klienten- und Hilfesystem untersucht.

Und gerade diese doppelte Blickrichtung – so hat sich in den Analysen gezeigt – ist entscheidend, um Schwierigkeiten junger Menschen zu verstehen. Denn es sind nicht so sehr spezifische Schlüsselsituationen in den Lebens- und Familiengeschichten junger Menschen, die dazu führen, dass sie stolpern und zu Grenzfällen werden, sondern es sind eher die Schlüsselkonstellationen, d.h. die Summe der Ereignisse, Bewertungen und Dynamiken aller Beteiligten und ihrer Systeme.

Bevor dies im Weiteren ausführlich zu zeigen und zu begründen sein wird, möchten wir hier zunächst all denjenigen danken, die sich für das Zustandekommen und die Durchführung des Projektes eingesetzt und engagiert haben:

● Der 'Sozial- und Kulturstiftung des Landschaftsverbands Rheinland' danken wir insbesondere für die Finanzierung dieses Projektes und die dadurch erst möglich gewordene Bearbeitung von zentralen Fragestellungen der Jugendhilfe als Voraussetzung zur Qualifizierung der Praxis. In diesem Zusammenhang möchten wir uns besonders bei Wolfgang Liegel bedanken, der – bevor er Ende 1999 in den (Un-) Ruhestand ging – das Projekt und die damit verbundenen fachlichen Fragestellungen als Mitarbeiter des Landesjugendamtes maßgeblich vorangetrieben hat.

● Herzlicher Dank geht auch an die Mitglieder der so genannten 'Kerngruppe', die das Projekt über die gesamte Laufzeit begleitet, mit viel persönlichem Engagement und hoher Fachkompetenz getragen und inhaltlich mitbestimmt haben. Im Einzelnen sind dies: Christoph Bex (zunächst in der Rolle als Projektkoordinator des Jugendamtes Köln, in den letzten Monaten dann als Mitarbeiter des Algarve-Projektes), Cordula Götz (Auf Achse - Treberhilfe, in den letzten Monaten als Nachfolgerin von J. Schlüter), Werner Hapke (ASD Köln-Mülheim), Georg Honrath (Neukirchener Erziehungsverein, Büro Köln), Leonie Meder (SKF Köln), Lothar Mönch (AWO – Der Sommerberg), Klaus Nörtershäuser (Landesjugendamt), Susanne

Oberste-Frielinghaus (ASD Köln-Rodenkirchen), Rainer Opladen (Landesjugendamt), Sonja Pyro (Bezirksamt Ehrenfeld, Interkultureller Dienst), Jörg Schlüter (Auf Achse – Treberhilfe), Wilhelm Schomaker (Hermann-Josef-Haus, Urft), Hedwig Sikora (Landesjugendamt) und Kurt Steinheuer (Jugendamt Köln, in den letzten Monaten als Nachfolger von Chr. Bex). Seitens der Universität Koblenz-Landau wurde die Kerngruppe sowie das gesamte Modellprojekt von Sabine Ader, Monika Thiesmeier und Christian Schrapper begleitet.

● Darüber hinaus sei auch der »Lenkungsgruppe« des Projektes, in der alle beteiligten Trägervertreterinnen und -vertreter mitgearbeitet und das gesamte Vorhaben gesteuert haben, sowie dem Jugendamt der Stadt Köln gedankt, das seine Praxis der Fallbearbeitung »auf den Prüfstand« gestellt hat. Insbesondere geht dieses Dankeschön an eine Reihe von Mitarbeiterinnen und Mitarbeitern aus den bezirklichen Sozialdiensten, die uns im Rahmen der Einzelfallanalysen an ihren Schwierigkeiten teilhaben ließen, uns ihre »schwierigen« Fälle vorgestellt und diese mit uns beraten haben. Gleiches gilt auch für die in diese Fälle involvierten Fachkräfte der freien Träger, sowie für Mitarbeiterinnen und Mitarbeiter aus den angrenzenden Arbeitsfeldern Polizei, Schule und Kinder- und Jugendpsychiatrie.

Die im Verlauf des Projektes gewonnenen und in diesem Buch vorgestellten Erkenntnisse beleuchten vor allem die kritischen und problematischen Seiten professioneller Sozialarbeit, zeigen auf, was alles nicht gut gesehen und bearbeitet werden kann. Deutlich wurde in der dreijährigen gemeinsamen Arbeit aber auch, mit wieviel persönlichem Einsatz und Mut und mit welch hoher Qualifikation Kolleginnen und Kollegen im Feld der Jugendhilfe mit vernachlässigten und verletzten Kindern arbeiten, trotz und gerade wegen all der beschriebenen Probleme. Für diese Erfahrung sind wir dankbar.

Landschaftsverband	*Amt für Kinder, Jugend*	*Universität*
Rheinland	*und Familie Köln*	*Koblenz-Landau*
Markus Schnapka	*Joachim Henkel*	*Prof. Dr. Christian Schrapper*

11

■ **Christian Schrapper**

Über »schwierige Kinder«

Erfahrungen, Fragestellungen und Ansatzpunkte sozialpädagogischer Arbeit in der Kinder- und Jugendhilfe

Die »schwierigen Kinder«[1] waren und sind in besonderer Weise Gegenstand sozialpädagogischer Analysen und Versuche. Von Pestalozzi über Wiechern und Wilker, Makarenko und Korczak bis Mollenhauer und Bonhoefer haben sie die Reformatoren und Erneuerer immer wieder herausgefordert.[2] Von den preußischen Fürsorgeerziehungsgesetzen über die Notverordnungen zum RJWG bis hin zur Dauerbrennerdebatte um die »Geschlossene Unterbringung« der letzten 25 Jahre haben sich die Legislatoren und Administratoren öffentlicher Erziehungsleistungen intensiv mit ihnen beschäftigt[3]. Seit in Aufzeichnungen über Fachtagungen und Kongresse, seit in Praxisschilderungen und Konzepten die alltägliche Arbeit der öffentlichen Erzieherinnen und Erzieher nachvollzogen werden kann, sind die »besonders Schwierigen« von besonderem Interesse[4], Veranstaltungen mit dem Thema: »Was tun mit den Schwierigen?« sind auch aktuell immer wieder gut besucht. Warum?

Was mit »schwierigen« jungen Menschen zu tun sei, diese Frage bewegt und beschäftigt die öffentliche Erziehung zumindest solange es sie als staatlich organisierte Veranstaltung gibt, also etwa seit Anfang des neunzehnten Jahrhunderts. Dabei haben sich die Antworten in den vergangenen 200 Jahre nicht so sehr verändert. Immer wieder standen und stehen sich zwei Positionen gegenüber:

● »Schwierige Kinder« brauchen zuerst besondere Zuwendung: Von Pestalozzis »allseitiger Besorgung« über Karl Wilkers jugendbewegte Versuche durch radikale Öffnung und alternative Begegnung das Gute in den jungen Menschen anzusprechen[5] und Klaus Mollenhauers politischer Begründung des pädagogischen Schonraums moderner Jugendwohnkollektive[6] bis zu den Konzepten der zahlreichen Projekte einer »Alternative zur geschlossenen Unterbringung« der letzten 25 Jahre, für alle gelten intensives Verständnis als Schlüssel und besondere Zuwendung als Basis einer erfolgreichen Erziehung und Bildung gerade der »schwierigen Kinder«. Wobei der »Erfolg« pädagogischer Bemühungen an den Aufgaben und Erfordernissen einer produktiven Lebensgestaltung des einzelnen Kindes orientiert verstanden wird.[7]

● Die andere Position, oft unversöhnlich gegenübergestellt, sieht eine erfolgversprechende Antwort auf »schwierige Kinder« vor allem und zuerst in der besonderen Konsequenz, Disziplin und Strenge pädagogischer Arrangements. Nur durch systematische Ordnung und eindrückliche Struktur der äußeren Regeln und ihres konsequenten Vollzugs könne dem inneren Chaos und der Desorientierung der Kinder begegnet werden, so im Kern die bis heute vertretene pädagogische Begründung für diese Strategie. Historisch wie aktuell wird der »Erfolg« dieser pädagogischen Bemühungen als erkennbar gelungene Anpassung und Einordnung in die Normalitäts- und Leistungserwartungen der jeweiligen Zeit gesehen.

Allerdings sind trotz aller Bemühungen, in der einen oder anderen Richtung tragfähige Konzepte für einen befriedigenden Umgang mit den »Schwierigsten« zu finden, die Schilderungen der Ohnmacht und Hilflosigkeit professioneller Pädagoginnen und Pädagogen bis heute nicht verstummt. Angefangen bei der anhaltenden Diskussion über die zwar kriminellen aber nicht strafmündigen Kinder[8], über die aggressiv auffälligen Jungen und die selbstzerstörerisch sich prostituierenden Mädchen im Grenzbereich von Jugendhilfe und Jugendpsychiatrie[9] bis zur leidigen Suche einer geeigneten Alternative zu U-Haft und Strafvollzug füllen die Schilderungen erfolgloser Jugendhilfe-Interventionen Bände aktueller Forschungsliteratur. Eine zeitgemäße Variante der »schwierigen Kinder« sind auch die »Straßenkinder«, in deren Biographie und Jugendhilfe-Karriere sich wie unter einem Brennglas die Erfahrungen von unzureichender Versorgung, unzuverlässiger Beziehung und gewalttätigen Übergriffen in privater wie öffentlicher Erziehung finden, wie sie seit Pestalozzis Schilderungen der Kriegwaisen in Stanz typisch sind für diese »schwierigen Kinder«[10].

Nochmal: Warum dieses besondere und nachhaltige Interesse an den »schwierigen Kindern«? Bei der Suche nach Antworten sind praktische und theoretische Motive zu berücksichtigen:

● *Praktisch* beschäftigen diese »schwierigen« Kinder besonders, fordern vor allem die Aufmerksamkeit und Energie der Pädagoginnen und Pädagogen und sind im Guten wie im Schlechten Vorbild für andere, zurzeit weniger

»schwierige« Kinder. Was diese Kinder heute tun oder lassen, machen morgen alle, was bei ihnen heute gelingt an »pädagogischer Arbeit«, das verspricht auch morgen für die anderen erfolgreich zu sein – so die Erfahrung und Hoffnung der meisten praktischen PädagogInnen.

● *Theoretisch* sind die »Schwierigen« der Extremfall, an dem Beschaffenheiten und Regeln des Ganzen öffentlicher Erziehung besonders deutlich werden können. Nicht erst für Pestalozzi zu Beginn des neunzehnten Jahrhunderts, sondern schon für die Erfinder der Arbeits- und Zuchthäuser des siebzehnten oder der pietistischen Waisenhäuser im achtzehnten Jahrhundert, z. B. August H. Franke, waren es die »schwierigen Kinder«, an denen neue Konzepte einer Beeinflussung und Veränderung für alle Menschen mit den Mitteln einer gezielten Erziehung erprobt werden sollten.

Je nach Position und Konzept wird an den Antworten auf die Frage »Was tun mit den Schwierigen?« exemplarisch deutlich, was in öffentlicher Verantwortung für das Aufwachsen und die Entwicklung von jungen Menschen überhaupt getan werden soll oder muss. Immer in komplementärer Konkurrenz zu privater Versorgung und Erziehung in der Familie muss die Notwendigkeit und Tauglichkeit öffentlicher Erziehungsaufgaben ständig neu bestimmt und legitimiert werden; die erfolgreiche Arbeit an und mit den »Schwierigen« scheint hierzu besonders geeignet, für die Vertreter der »Zuwendungs-Position« ebenso wie für die Anhänger von Strenge und Disziplin.

Hinter diesen praktischen und theoretischen Herausforderungen der Beschäftigung mit den »Schwierigen« wird allerdings auch die Verunsicherung, z. T. auch Beängstigung spürbar, die diese Kinder für die professionellen Erzieher bedeuten, konfrontieren sie doch in mehrfacher Hinsicht mit den Grenzen von Profession, Arbeitsfeld und Disziplin:

● Zuerst und aktuell zeigen sie den handelnden PädagogInnen die Grenzen ihrer professionellen Handlungsmethoden sowie meist auch ihrer persönlichen Beziehungsfähigkeit und Leidensbereitschaft. So hervorgerufene Erfahrungen professioneller Wirkungslosigkeit und persönlichen Versagens ergeben im pädagogischen Alltag nicht selten eine spannungsreiche Gemengelage, aus der sowohl Resignation und Rückzug als auch heftige Reaktionen und Aufbruch zu neuen Wegen erwachsen können. Gerade bei den »schwierigen« Kindern, denen, die es besonders nötig hätten, erweist sich die Begrenztheit des erzieherischen Handelns besonders schmerzhaft.[11]

14

● Als Pendant zu den Grenzerlebnissen im Scheitern pädagogischen Handelns können die Grenzerfahrungen im Verständnis der Lebensgeschichten und Lebensumstände dieser »schwierigen« Kinder begriffen werden: Welchen vielfältigen Verletzungen und Übergriffen sie ausgesetzt waren und sind, wozu Menschen fähig sind in der Nichtachtung und Kränkung der Bedürfnisse anderer Menschen, aber auch welche Schicksalsschläge das Leben bereit halten kann, dafür sind diese Kinder lebendige Zeugnisse. Irritierend erscheint uns nicht selten sowohl die Vitalität dieser Kinder angesichts ihrer »schwierigen« Biographie als auch ihre anhaltende Leidensbereitschaft in dem Wunsch nach Normalität, z. B. ihrer Mütter und Väter.

● (Sozial-)Pädagogische Institutionen und ihre Konzepte werden mit ihren Begrenzungen konfrontiert, mit Unvermögen und Versagen. Allerdings reagieren Institutionen auf diese Konfrontation mehr noch als die handelnden Pädagoginnen und Pädagogen mit prompter Ablehnung und Abwehr: Die Frage nach der Zuständigkeit als eher behördliche Variante und die Aufzählung von Ausschluss-Indikationen auf Seiten der Einrichtungen und Dienste sind die zumeist prompte Gegenwehr, wenn »schwierige« Kinder sie allzu sehr unter Druck setzen. »Verlegen«, »verschieben« und »vergessen« sind daher auch die immer wieder erforschten und angeprangerten Abwehrstrategien der Jugendhilfe- Institutionen.[12]

● In etwas distanzierter Perspektive vom einzelnen Kind, seiner Biographie und seinem Fall konfrontieren diese »schwierigen« Kinder ebenso wie die Schwierigkeiten der Helferinnen und Helfer und ihrer Organisationen mit der Beschaffenheit gesellschaftlicher (Herrschafts-)Verhältnisse ebenso wie mit den Grenzen und der Begrenztheit gesellschaftlicher (Hilfe-)Ressourcen. Nicht selten waren schon ihre Eltern »schwierige Menschen«, die Gründe und Begründungen für deren »Schwierigkeiten« erscheinen als ein kaum entwirrbares Knäuel gesellschaftlich verursachter Behinderung von Zugängen, von Armut und Verletzung, sowie individueller Unfähigkeit und mangelnder Bereitschaft, sich angemessen und verantwortlich um die eigenen Kinder zu kümmern.[13]

● Nicht zuletzt konfrontiert die Geschichte der sozialpädagogischen Arbeit mit »schwierigen Kindern« gerade in den zurückliegenden gut hundert Jahren die Disziplin Sozialpädagogik mit ihren Leistungen und Irrwegen, mit Indienstnahme für Disziplinierung und Ausgrenzung bis hin zu Selektion und Tötung ebenso wie mit den theoretisch und praktisch großartigen und mutigen Leistungen ihrer Vordenkerinnen und Pioniere.

15

»Schwierige« Kinder konfrontieren die sozialpädagogische Profession mit den Grenzen ihrer Handlungsmöglichkeit und zugleich werden an ihnen die Grenzüberschreitungen individueller, familiärer und gesellschaftlich verursachter Verletzung von Kindern besonders deutlich. Diese Spannung von besonderer Notwendigkeit und gleichzeitiger Begrenzung fordert heraus, praktisch wie theoretisch, ein weiterer Grund für das nicht abreißende Interesse an den »schwierigen« Kindern.

So unterschiedlich die Positionen zum Umgang, so verschiedenartig sind auch die angebotenen Erklärungen für Verhalten und Persönlichkeit »schwieriger Kinder«.

»In Sünde geboren und aufgewachsen …« wird heute kaum noch als offizielle Erklärung angeboten, hat aber lange Zeit als Ursachenerklärung für »schwierige« und abweichenden Menschen herhalten müssen. Wie weit die modernen Erklärungen tatsächlich rationaler und weiterführender sind, ist häufig die Streitfrage. In Variationen der »General-Kontroverse« um die wesentlichen Faktoren und Antriebe menschlicher Entwicklung, vor allem in welchem Verhältnis die Anlagen oder die Umwelt junge Menschen prägen, betonen die unterschiedlichen Erklärungsansätze für »schwierige Kinder« jeweils einen der folgenden drei Aspekte als Ursache für »schwieriges« Verhalten:
● Es sei Ausdruck und Folge psychischer, z. T. auch körperlicher Erkrankung,
● als Auswirkung (unzureichender) Versorgung und falscher Erziehung – familiärer wie professioneller – zu verstehen oder
● ein zwangsläufiges Produkt gesellschaftlicher Verhältnisse, sozialer Strukturen und Institutionen.

Im beruflichen Alltag verwendete Erklärungsmuster greifen meist alle drei Aspekte auf, in z. T. unterschiedlicher Mischung und Bedeutung. Je nachdem, welcher Aspekt zur Diagnose und Erklärung[14] »schwieriger« Kinder besonders betont wird, geht auch die Suche nach geeigneten Handlungsstrategien im Schwerpunkt in unterschiedliche Richtungen:
● Früherkennung und Prävention der für verursachend gehaltenen Auslöser und Bedingungen in den Lebensumständen und Lebensweisen;
● generelle Unterstützung von Eltern und versorgenden Erwachsenen insbesondere in belastenden Lebensumständen:
● systematische und qualifizierte Behandlung diagnostizierter Störungen und Defizite psychischer und physischer Entwicklungen;
● politische Skandalisierung und konkrete Veränderung der krank machenden Lebensumstände von Kindern und Erwachsenen.

In den skizzierten Erklärungs- und Handlungsrahmen lassen sich auch die gängigen (sozial-)pädagogischen Analyse- und Arbeitskonzepte für den Umgang mit »schwierigen« Kindern einordnen. Allerdings wird in den (sozial-) pädagogischen Erklärungen seit Pestalozzi neben Krankheit, mangelnder Versorgung und Erziehung oder Opfer gesellschaftlicher Verhältnisse ein weiterer Zugang zum Verständnis »schwieriger« Kinder entwickelt, der ihre Subjektivität in den Vordergrund stellt:

Schwieriges, grenzüberschreitendes Verhalten ist eine gelernte und notwendige Überlebensstrategie.

Verhalten wird in diesem Erklärungsversuch als das Ergebnis von Lern- und Bildungsprozessen verstanden. Menschen sind im Unterschied zu anderen höheren Säugetieren schon sehr früh in ihrem Leben damit konfrontiert, sich alles Überlebensnotwendige durch Lernen und Selbstbildung anzueignen. Die erste Aufgabe jedes Menschen ist es, um sein »nacktes Überleben« zu kämpfen. Jeder Säugling tut dies mit allen ihm zu Gebote stehenden Mittel, und er ist wenig wählerisch in seinen Methoden und Verhaltensstrategien, wenn sie nur erfolgreich sind, Versorgung und Zuwendung sichern. Was wir aber bei einem sechs Monate alten Säugling als völlig natürliches Verhalten sofort akzeptieren – z.B. lautes und unerbittliches Schreien, bis die angemeldeten Bedürfnisse »gestillt« sind – halten wir bei einem sechs Jahre alten Kind für einen bedenklichen Mangel an sozialer Kompetenz. Das Kind sollte in den dazwischen liegenden fünf Jahres seines Lebens gelernt haben, dass zwischen der Anmeldung und Erfüllung von Bedürfnissen mindestens Zeit liegt, meist auch Verständigung und Aushandlung, ohne das damit sofort und existentiell seine Versorgung und Zuwendung gefährdet sind. Es sollte gelernt haben, darauf zu vertrauen, dass es die für ihn zuständigen Erwachsenen es auch dann »gut mit ihm meinen«, wenn sie nicht sofort alles liegen und stehen lassen, um seine Wünsche zu erfüllen.

Kinder, die Lehrerinnen, Polizisten und Sozialpädagoginnen erhebliche Schwierigkeiten machen, sind aber in aller Regel Kinder, die schon sehr früh und meist auch in für sie höchst bedrohlicher und beängstigender Weise mit Unzuverlässigkeit und Unsicherheit, mit Vernachlässigung und Gewalt, mit Versagung und Enttäuschung konfrontiert waren. Sie konnten nicht das Vertrauen erleben und erlernen, dass es die für sie zuständigen Erwachsenen »gut mit ihnen meinen«. Solche Kinder müssen sich dagegen aneignen, wie sie unter schwierigsten und bedrohlichen Bedingungen erfolgreich überleben können. Sie müssen lernen, sich das zu besorgen, was sie zum Leben brauchen, materiell und emotional. Was aber bei einem zweijähriges Kleinkind noch ein akzeptable Überlebensstrategie war, z. B. mit »Zähnen und Klauen« das eigene Terrain zu verteidigen, wird bei einem achtjährigen Schulkind zu einer kaum erträglichen Belastung von Mitschülern und Lehren.

Die notwendige Kenntnis der Welt muss sich der Mensch durch reflektierte Auseinandersetzung mit den materiellen, sozialen und kulturellen Hinterlassenschaften der vorhergehenden Generationen erarbeiten und diese gleichzeitig für die eigene Zukunft verändern, prüfen, verwerfen oder weiterentwickeln, so verstehen Pädagogen seit der Aufklärung die überlebensnotwendigen Prozesse der Bildung und Erziehung.[15] Dazu benötigen vor allem junge Menschen Anleitung und Begleitung sowie Förderung und Herausforderung, vor allem aber Erwachsene, die ihnen als Gegenüber für ihre Auseinander-Setzungen zuverlässig und zugewandt zur Verfügung stehen. Handeln und Verhalten lernen Menschen dabei durch Versuch und Irrtum ebenso wie durch Überlegung und Reflexion. Erfolgreiche Strategien werden behalten und weiterentwickelt, weniger erfolgreiche verworfen und vergessen. Jedes Verhalten kann daher über die Funktion verstanden werden, die es für einen Menschen in seiner (Über-)Lebensstrategie hat, auch dann, wenn sein Verhalten für andere anstößig, anstrengend oder gefährlich ist. Diesen positiven Sinn von Weltsicht, Handlungsstrategie und Verhaltesrepertoire eines »schwierigen Kindes« aus seiner Bildungsgeschichte, d. h. aus der Aneignung und Erprobung erfolgreicher Erklärungs- und Handlungsmuster für das eigene Überleben zu verstehen, ist der Kern eines originär sozialpädagogischen Zugangs zu »schwierigen Kindern«.

Wie in anderen Professionen auch, schaffen solche (sozial-)pädagogischen Erklärungsansätze die Grundlagen und Orientierungen für sozialpädagogisches Handeln. Drei methodische Grundvorstellungen bestimmen auch heute noch die Ideen und Konzepte professioneller Sozialpädagogen, mit Kindern, die ihnen Schwierigkeiten machen, zielgerichtet umzugehen.

❶ *Grenzen setzen, die Einhaltung üben und Überschreitungen sanktionieren*

- Durch entsprechendes Training soll gewünschtes Verhalten eingeübt, daran gewöhnt werden;
- durch Abschreckung und Bestrafung soll regelgerechtes Verhalten gesichert werden, die Angst vor der Sanktion soll Grenzüberschreitungen und Regelverletzungen erfolgreich verhindern.

18

Vom Kindergarten über die Schule bis zur Hochschule erscheint es bis heute den meisten pädagogischen Institutionen unverzichtbar, Grenzüberschreitungen durch Einüben des »richtigen« und Sanktionieren des »falschen« Verhaltens zu verhindern; über die ethische Berechtigung wie über die Erfolgsaussichten solcher Sanktions- und Gewöhnungsstrategien lässt sich allerdings trefflich streiten.

❷ *Schwierigkeiten als Krankheit erkennen, behandeln und heilen*

● Abweichungen von »der« Normalität werden nicht als schuldhaftes Versehen sondern als organisch oder seelisch verursacht interpretiert;
● bei richtiger Diagnose und Behandlung ist eine Rückkehr zur Normalität (= Heilung) möglich, mindestens aber eine Milderung der Beeinträchtigung.
Eine naturwissenschaftlich-medizinische Sichtweise der »Kinderfehler« brachte an der Wende zum zwanzigsten Jahrhundert mehr und mehr eine Entlastung von den bis dahin vorherrschenden, theologisch geprägten Erklärungsmustern eines schuldhaften und sündigen Versagens. Der Preis für diese moralische Entlastung war allerdings eine zunehmende Medizinisierung sozialer Phänomene und gesellschaftlichen Ursacher: »Pillen für den Störenfried«.[16]

❸ *Alternative (Selbst-)Bildungsprozesse ermöglichen*

● Der Mensch muss lernen (s. o.), lernt immer und überall, auch, was er nicht lernen soll, wenn es erfolgreich ist;
● ob gelernte (Über-)Lebensstrategien schwierig werden, ist von Kontext, Situation und Personen abhängig;
● erst wenn die Funktion einer (Über)Lebensstrategie verstanden werden kann, können alternative Strategien entwickelt, erprobt und angeeignet werden.
Seit der Aufklärung heißt das große Versprechen moderner Erziehung und Bildung, dass durch sie Menschen dazu bewegt werden können, aus »eigenen Stücken« vernünftig zu denken und zu handeln. Aber Menschen sind keine Maschinen, sie funktionieren nicht nach vorgezeichneten Gesetzmäßigkeiten, sondern nach ihrem eigenen Sinn, eigensinnig eben. Dieser Eigensinn erst ermöglicht Bildung als Selbstbildung der Subjekte und setzt ihr gleichzeitig enge Grenzen. Die erforderlichen Regeln zu kennen, die für ein gedeihliches Zusammenleben förderlich sind und sich aus Überzeugung danach richten zu

wollen, ist ein wesentliches Ziel absichtsvoller Erziehung und Bildung von Kindern. Aber Kinder entdecken ihre eigenen Regeln, erproben und beurteilen, was erfolgreich und nützlich ist (s. o.).

In den meisten (sozial-)pädagogischen Handlungsfeldern kann nicht nur »gebildet und erzogen«, es muss auch auf die beiden erstgenannten Handlungskonzepte zurückgegriffen werden, also trainiert und behandelt werden – und das ist auch vernünftig. *Gewöhnung und Sanktionierung* sind unverzichtbar für die Herstellung eines einigermaßen gelingenden Alltags. Schon an eigenen Kindern und bei einfachen Alltagsaufgaben wie Essen, Sauberkeit oder Nachtruhe wird deutlich, dass nicht jede Handlung von Kindern selbst erprobt und/ oder von den Erwachsenen ausführlich erklärt und mit ihnen »ausdiskutiert« werden kann. Gleichzeitig werden aber auch die Grenzen der Handlungsoptionen Gewöhnung und Training erkennbar: Gewünschtes Verhalten als Ergebnis von Gewöhnung oder aus Angst vor Sanktion geht schnell verloren, wenn sich die Bedingungen ändern und die Lust größer wird als die Angst. Behandlung und Heilung sind angesichts der komplexen psychosomatischen Zusammenhänge menschlicher Entwicklung auch für Sozialpädagogen unverzichtbare Handlungsoptionen im Umgang mit »schwierigen« Kindern. Sie ermöglichen eine Reduktion auf überschaubare Ursache-Wirkungszusammenhänge und eindeutige (Be-)Handlungsanweisungen. Sie schaffen damit im positiven Falle erst wieder die Voraussetzungen für komplexere Prozesse der Erziehung und Bildung. Zu bedenken sind aber auch hier die möglichen negativen Folgen solcher Verkürzungen: Aus Entlastung und Eindeutigkeit werden Entmündigung und Abhängigkeit.

Solche Überlegungen zum Verständnis »schwieriger Kinder« und möglicher Handlungsoptionen in der sozialpädagogischen Arbeit in Kindergarten oder Beratungsstelle ebenso wie in Jugendamt oder Heim führen zu einer zwar nicht neuen und im Kern banalen, aber doch immer wieder aufregenden und beunruhigenden Erkenntnis:
Schwierige Kinder werden nicht schwierig geboren, sondern das Leben hat sie dazu gemacht.

Ihr Leben leben diese Kinder aber nicht nur in Familie, Milieu und Clique, es »spielt« zu erheblichen Teilen auch in Kindergarten, Schule, Beratungsstelle und Jugendamt, in Jugendzentrum und Erziehungshilfe, im Kontakt mit Polizei und Psychiatrie. Und in den zuletzt genannten Stationen und Schauplätzen liegt das aufregende und beunruhigende dieser Einsicht für die Professionellen: Ihr Anteil an den Lernerfahrungen und Bildungsanstrengungen »schwieriger« Kinder, erfolgreiche Überlebensstrategien entwickeln zu müssen, ist erheblich. Auch und gerade im Umgang mit Personen und Bedingungen des »Helfersystems«, lernen Kinder einen wesentlichen Teil des Verhaltens und der Orientierungen, die sie zu »schwierigen« Kindern machen.

Nicht nur Disziplinierung und Ausgrenzung traditioneller Jugendfürsorge haben für Kinder und Jugendliche verhängnisvolle Wirkungen der Entmündigung und Zerstörung, auch die modernisierte Jugendhilfe mit ihren vielfältigen Angeboten und Arbeitsformen, mit ihren theoretisch aufgeklärten Einsichten und methodisch ausgefeilten Konzepten, mit ihrem qualifizierten Personal und erheblich gewachsenen Ressourcen[17] trägt in erheblichem Umfang dazu bei, Kindern zu schaden – so die erschreckende Vermutung aktueller Analysen problematischer Lebens- und Hilfegeschichten »schwieriger Kinder«.[18]

In der skizzierten Tradition sozialpädagogischer Auseinadersetzung mit »schwierigen Kindern« sollten in dem Forschungs- und Modellprojekt, dessen Befunde und Schlussfolgerungen im folgenden vorgestellt werden, daher vor allem vier Fragestellungen bearbeitet werden:

❶ *Wie geraten junge Menschen in besondere Schwierigkeiten und werden zu 'schwierigen Kindern'?*

Ausgehend von konkreten Lebens- und Hilfegeschichten sollte herausgearbeitet werden, welche materiellen, psychosozialen und biographischen Belastungen und Krisen Kinder in »besondere Schwierigkeiten« bringen, die sich dann in »besonderes schwierigen« Verhaltensweisen aktualisieren können. Zur Umsetzung dieses Arbeitsschrittes wurden *Fallkonsultationen*[19] vorgeschlagen, an denen neben kontinuierlich mitarbeitenden Fachkräften der projektbeteiligten Träger möglichst all die Pädagogen teilgenommen haben, die für das vorgestellte Kind im Laufe seiner Betreuungsgeschichte zuständig waren.

❷ *Woran erkennen Sozialpädagoginnen und Sozialarbeiter, dass Kinder in besondere Schwierigkeiten geraten und zu 'besonders Schwierigen' zu werden drohen?*

Vor dem Hintergrund der aktuellen Diskussionen und Erfahrungen über die Möglichkeiten und Grenzen qualifizierter Hilfeplanung in Jugendämtern und sozialen Diensten sollten die theoretischen Kenntnisse, konzeptionellen Voraussetzungen und methodischen Kompetenzen für ein problemadäquates sozialpädagogisches Fallverstehen überprüft und weiterentwickelt werden.

Dazu zählte auch, zu untersuchen, ob es in unterschiedlichen Lebensverläufen wiederkehrende Schlüsselsituationen gibt, aus denen Kriterien und Hinweise abgeleitet werden können, die ein möglichst frühzeitiges Erkennen krisenhafter Entwicklungen erleichtern und eine Orientierung für die »Weichenstellung« durch institutionelle Hilfeangebote geben können.

❸ *Was hilft Kindern aus besonderen Schwierigkeiten?*

Ausgehend von den vorgestellten Fall-/ Hilfegeschichten und der konkreten Situation in Köln sollten Handlungsorientierungen und -konzepte insbesondere für eine zuverlässige Krisenintervention und -begleitung von Kindern und Jugendlichen sowie für die kontinuierliche Betreuung und Begleitung »schwieriger« Kinder und Jugendlicher entwickelt und erprobt werden.

❹ *Was brauchen Pädagoginnen und Pädagogen, um Kindern aus besonderen Schwierigkeiten herauszuhelfen?*

Das Modellprojekt sollte dazu beitragen, Voraussetzungen und Möglichkeiten für die qualifizierte Gestaltung bedarfsgerechter und zuverlässiger Kinder- und Jugendhilfen zu entwickeln und zu erproben. Dabei stehen die 'besonders Schwierigen' nur exemplarisch für den Ernstfall der Unterstützung in Not- und Belastungssituationen, an dem sich wie unter einem Brennglas die Leistungsfähigkeit einer sich vorrangig lebensweltorientiert begreifenden Jugendhilfe auch in der akuten Krise beweisen muss. Zu entwickeln und zu erproben waren in diesem Zusammenhang auch geeignete Konzepte zur Qualifizierung der Praxis z. B. durch die Fortbildungs- und Beratungsarbeit eines Landesjugendamtes.

In seinen Fragestellungen sowie in Arbeitsweise und Organisation war das Modellprojekt »Was tun mit den schwierigen Kindern?« ein Praxis-Forschungs-Projekt im engeren Sinne:
● Die Fragestellungen sind auf die Weiterentwicklung der Handlungsoptionen in der praktischen Arbeit bezogen und lassen doch Raum für vertiefende Analyse und Ursachenforschung.

● Die Arbeitsformen und Forschungsmethoden sind an den alltäglichen Handlungsvollzügen sozialpädagogischer Arbeit orientiert: Beratung, Entscheidung, Umsetzung und Kontrolle. Aber sie sind auch deutlich vom Alltag unterschieden, ermöglichen Analyse und Reflexion durch Distanz und Strenge der Strukturen und Abläufe. Vor allem das Instrument der Fallkonsultation (siehe dazu ausführlich im Beitrag von Ader/ Thiesmeier in diesem Band) hat sich in seiner spezifischen Mischung von Nähe und Distanz zur Alltagspraxis als komplexe Forschungsmethode und gleichzeitig der Praxisentwicklung bewährt.

● Ergebnisse und Befunde des Projektes werden nicht erst in dieser Veröffentlichung zugänglich gemacht, sondern waren in den zurückliegenden drei Jahren kontinuierlich Material für die methodischen, konzeptionellen und politischen Prozesse der Praxisveränderung bei öffentlichem und freien Trägern in Köln und gleichzeitig wurden sie dadurch nicht »verbraucht«, sondern sind ebenfalls Material für sozialpädagogische Theorieentwicklung, insbesondere zur Fragen sozialpädagogischen Fallverstehens und der Bedeutung von Organisationsdynamiken in sozialen Institutionen.

Das Modellprojekte von begrenzter Wirkung sind, war auch im Verlauf dieses Projektes eine ernüchternde Erfahrung; unter dem Fokus der speziellen Aufmerksamkeit und im Beisein der »Wissenschaft« gelingt manches scheinbar einfacher, was nach Abschluss und unter normalen Bedingungen wieder unmöglich erscheint. Solche Erfahrungen schmälern aber nicht die Mühen von Selbstaufklärung und Weiterentwicklung, sondern sind Voraussetzung und Grundlage, vielleicht auch der Preis für die Optionen einer besseren Praxis und Theorie, wie sie im Verlauf der gemeinsamen Arbeit deutlich geworden sind.

In den einzelnen Beiträgen dieses Buches sollen die theoretischen und methodischen Grundlagen und Überlegungen ebenso dargestellt werden wie die Erfahrungen und Befunde. Dabei wird einerseits Bezug genommen auf die Beratung, Begleitung und Evaluation der bearbeiteten Einzelfälle, andererseits werden die strukturellen und konzeptionellen Bedingungen und Entwicklungen der Jugendhilfe einer Großstadt skizziert und kritisch reflektiert. Hierzu gehören auch die Anforderungen und Erfahrungen der benachbarten Handlungsfelder: Schule, Polizei und Jugendpsychiatrie sowie die Auseinandersetzung mit der Situation und den Anforderungen der Kinder aus Migrantenfamilien.

»Auf den Punkt gebracht« haben die beteiligten Fachkräfte in einer »Kölner

Erklärung« die wesentlichen Befunde, Hinweise und Empfehlungen für die Gestaltung der Jugendhilfe in der Stadt Köln erarbeitet. Ihre Hoffnung und Erwartung ist, dass die gemachten Erfahrungen und begründeten Entwicklungen dieses Modellprojektes nicht spurlos an der Jugendhilfe und Jugendpolitik der Stadt Köln vorübergehen. Der Wunsch aller Beteiligten, die sich die Mühe gemacht haben, nicht nur die eigene Praxis kritisch zu untersuchen, sondern auch noch darüber etwas aufzuschreiben, ist ebenfalls, auch außerhalb von Köln mögen andere davon profitieren können.

Gemeinsame Erfahrung aller Beteiligten bleibt, dass der Blick auf die »schwierigen Kinder« auch ein Blick auf die eigenen Schwierigkeiten ist, auf die persönlichen Belastungen und Krisen ebenso wie die professionellen Unsicherheiten und Differenzen, auf die Probleme und Auseinandersetzungen in und zwischen den Organisationen und Institutionen und nicht zuletzt auf die Unzulänglichkeit und Begrenztheit von Theorien und Hilfekonzepten. Diese Verbindungen und Verstrickungen machen die Beschäftigung mit dem Thema »schwierige Kinder« so belastend, aber auch so lohnenswert.

Anmerkungen

1 Wenn im folgenden von »schwierigen Kindern« gesprochen wird, sind immer Kinder und Jugendliche, Mädchen und Jungen gemeint; die Zuschreibung »schwierig« steht in Anführungszeichen, um sie als solche kenntlich zu machen, nicht als eine geprüfte Eigenschaft. Aus den gleichen Gründen wird auf Steigerungen wie »besonders schwierig« oder »schwierigst« verzichtet.

2 Vgl. zusammenfassend mit zahlreichen weiteren Hinweisen zu allen historischen Bezügen in diesem Beitrag: Kuhlmann/ Schrapper 2001.

3 Vgl. zuerst: Peukert 1986; aktuell: v. Wolffersdorff 2001.

4 Vgl. z. B. Scherpner/ Schrapper 1981; aktuell: Schwabe 2001.

5 Vgl. Schrapper 1992.

6 Vgl. zu diesem weniger bekannten Engagement von Klaus Mollenhauer: Schrapper/ Sengling 1988.

7 Vgl. Sengling 1974.

8 Vgl. zusammenfassend: Deutsches Jugendinstitut 1998.

9 Vgl. z. B. Pankhofer 1997.

10 Vgl. Permin/ Zink 1998; Hansbauer 1998.

11 Sehr anschaulich in der produktiven Auseinandersetzung mit diesen Grenzerfahrungen: Gneuß 2001.

12 Vgl. z. B.: Sengling 1974; Freigang 1986.

13 Sehr anschaulich Faltermeier 2001

14 Siehe dazu ausführlicher Beitrag von Ader/Schrapper i. d. Band

15 Als anschauliche und gut lesbare Geschichte der großen Entwürfe und Irrwege der Pädagogik immer noch zu empfehlen: Blankertz 1982.

16 Zur Medizinisierung sozialer und gesellschaftlicher Probleme vgl. z.B.: Voss 1983 und grundsätzlich: Dörner 1989.

17 Vgl. z.B. Thiersch 1992.

18 Eindrucksvoll hat Jürgen Blandow, vor dem Hintergrund der Auseinandersetzungen um das erlebnispädagogische Alternativprojekt in Kuttula (Finnland), die »Stricke und Fallen der postmodernen Jugendhilfe« an einer aktuellen Jugendhilfekarriere analysiert: Blandow 1996; ähnlich für einen anderen Fall: Blandow 2000.

19 Siehe dazu ausführlich Beitrag von Sabine Ader: i.d. Band.

Literatur

Blandow, Jürgen: Über Erziehungshilfekarrieren. Stricke und Fallen der postmodernen Jugendhilfe. In: Gintzel, Ullrich u.a. (Hg.): Jahrbuch der Sozialen Arbeit 1997, Münster 1996, S. 172-188.

Blandow, Jürgen: Analysen und Strategien zum Fall »Ralf Dierks« aus der Sicht der Jugendhilfe; in Bundesministerium für Familien, Senioren, Frauen und Jugend (Hg.): Entwicklung und Chancen junger Menschen in Sozialen Brennpunkten. »Strassenkarrieren« im Schnittpunkt von Jugendhilfe, Schule und Polizei. Analysen und Modelle, Bonn 2000, S. 27-43.

Blankertz, Herwig: Die Geschichte der Pädagogik. Von der Aufklärung bis zur Gegenwart; Wetzlar 1982..

Deutsches Jugendinstitut: Literaturdokumentation von Arbeitsansätzen der Kinder- und Jugendkriminalprävention; München 1998.

Dörner, Klaus: Tödliches Mitleid; Gütersloh 1989.

Faltermeier, Josef: Verwirkte Elternschaft? Fremdunterbringung, Herkunftseltern, Neue Handlungsansätze; Münster 2001

Freigang, Werner: Verlegen und Abschieben. Zur Erziehungspraxis im Heim. Weinheim/ München 1986.

Gneuß, Hagen: Erwin – vom Umgang mit zugespitzten Krisen; in: Theo Boomgaarden (Hg.): Flexible Erziehungshilfen im Sozialraum. Theoretische Grundlagen und praktische Erfahrungen; Münster 2001, S. 80-94.

Hansbauer, Peter (Hg.): Kinder und Jugendliche auf der Straße. Analysen, Strategien und Lösungsansätze; Münster 1998.

Kuhlmann, Carola/ Schrapper, Christian: Zur Geschichte der Erziehungshilfen von der Armenpflege bis zu den Hilfen zur Erziehung; in: Vera Birtsch/ Klaus Münstermann/ Wolfgang Trede (Hg.): Handbuch Erziehungshilfen, Münster 2001, S. 282-328.

Pankhofer, Sabine: Freiheit hinter Mauern. Mädchen in geschlossenen Heimen. Weinheim/

München 1997.

Permin, Hanna/ Zink, Gabriela: Endstation Straße? Strassenkarrieren aus der Sicht von Jugendlichen; München 1998; Peter Hansbauer (Hg.): Kinder und Jugendliche auf der Straße. Analysen, Strategien und Lösungsansätze; Münster 1998.

Peukert, Detlev: Grenzen der Sozialdisziplinierung. Aufstieg und Krise der deutschen Jugendfürsorge 1878 bis 1932, Köln 1986.

Scherpner, Martin/ Schrapper, Christian: Erziehungshilfen und Gesellschaft. 75 Jahre AFET. Quellen und Materialien, Hannover 1981.

Schrapper, Christian: Strategien gegen Ausgrenzung. Zur Geschichte der Jugendhilfe als Sozialdisziplinierung zwischen Integration und Ausgrenzung; in: Neue Praxis, Heft 4/1992, S. 312-323.

Schrapper, Christian/ Sengling, Dieter (Hg.): Die Idee der Bildbarkeit, Weinheim und München 1988, S. 213f.

Schwabe, Matthias: Was tun mit den Schwierigsten? Brauchen wir neue, besondere pädagogische Konzepte für sogenannte maßnahme-resistente Kinder und Jugendliche? In: Evangelische Jugendhilfe, Heft 1/2001, S. 3 - 22.

Sengling, Dieter: Untersuchung über den Verbleib von Heimkindern im Jugendamt der Stadt Münster, unveröffentl. Manuskript, Münster 1974;

Sengling, Dieter: Was ist Erfolg in der sozialen Arbeit? in: Sozialpädagogik Heft 4/1974.

Thiersch, Hans: Das sozialpädagogische Jahrhundert; in: ders.: Lebensweltorientierung sozialer Arbeit, Weinheim und München 1992, S. 235-254.

Voss, Rheinhard (Hg.) : Pillen für den Störenfried, Hamm 1983.

Wolffersdorff, Christian v.: Konzepte offener und geschlossener Heimerziehung im Wandel der Zeiten; in Vera Birtsch/ Klaus Münstermann/ Wolfgang Trede (Hg.): Handbuch Erziehungshilfen, Münster 2001, S. 149-174.

■ **Markus Schnapka**

Gegen die Neue Härte
Ein fachpolitisches Statement zum »Kölner Modellprojekt«

Das Projekt in Köln mit der offensichtlich immer wieder aktuellen Frage »Was tun mit den 'besonders Schwierigen' ...?« ist abgeschlossen und die Ergebnisse werden in dieser Veröffentlichung vorgestellt. Die getroffenen fachlichen Aussagen sind nun durch fachpolitische Überlegungen und Forderungen zu ergänzen, um die dort grundgelegte Weiterentwicklung der Jugendhilfe zu untermauern und abzusichern. Es reicht aber nicht aus, dass sich PädagogInnen in die politische Debatte um »schwierige« Kinder einmischen. Der Politik wird mit dieser Untersuchung wertvolles Material zur Verfügung gestellt, um die gesetzlichen und die gesellschaftlichen Rahmenbedingungen zu gestalten, die fernab von Schnellschüssen und Stammtischparolen sowohl jungen Menschen in schwierigen Lebenslagen als auch ihrer Umwelt gerecht zu werden.

Ein erster Schritt in diese Richtung war die Entscheidung des Landesjugendhilfeausschusses Rheinland zur Ablehnung der institutionell »geschlossenen Unterbringung«.

Bereits *1993* wurde die letzte geschlossene Gruppe in Trägerschaft des Landesjugendamtes Rheinland und damit die letzte im gesamten Rheinland überhaupt aufgegeben. Anlass war u. a. die Erkenntniss, dass die Konzentration von extrem belasteten Jugendlichen in einer Gruppe ein Klima erzeugte, dass nicht der persönlichen Weiterentwicklung der jungen Menschen diente. Der Wechsel vom JWG zum KJHG und die damit einhergehende verstärkt auf die Bedürfnisse des Einzelfalls bezogene Sichtweise erforderten andere Zugänge zur Lösung der sehr schwierigen Problemkonstellationen junger Menschen. Die verstärkte Hinwendung zu individualpädagogischen Konzepten und Settings war eine der Möglichkeiten, die vom Landesjugendamt Rheinland besonders betont und fachlich unterstützt wurde. Darüber hinaus war die Quote der Entweichungen aus den geschlossenen Gruppen so hoch, dass die Frage einer »gesicherten« Unterbringung zur Farce wurde, wobei im Zusammenhang mit der Jugendhilfe niemals ernsthaft Justizstandards zur Geschlossenheit anzuwenden waren.

Die Entscheidung, sich von der institutionell »geschlossenen Unterbringung« zu trennen, wurde *1998* durch den oben erwähnten Beschluss des Landesjugendhilfeausschusses mit der Formulierung von Leitsätzen zur »geschlossenen Unterbringung« bestätigt.

Damit beschritt das Landesjugendamt Rheinland einen neuen Weg. Mit dem Beschluss wurde einerseits anerkannt, dass die Geschlossenheit unter bestimmten Voraussetzungen Element pädagogischen Handelns sein kann, andererseits aber durch die Verankerung in der erzieherischen Hilfe sich eine Institutionalisierung in geschlossenen Einrichtungen oder Gruppen verbietet. Wir brauchen keine Schließsysteme und bruchsicheres Glas, um jungen Menschen, um deren Beziehungsfähigkeit wir auch mit ihnen selbst kämpfen, zu isolieren. Um den Kontakt auch mit diesen »schwierigen« Kindern oder Jugendlichen zu halten, ist vor allem das Nicht-allein-Lassen wichtig, das Bewahren der pädagogischen Beziehung. Wegschließen mit anderen und dies dann etwa als »Erziehungsgewahrsam« zu deklarieren, geht an der Aufgabenstellung der Jugendhilfe vorbei. Wir setzen – und scheuen uns insofern nicht vor gängigen Titeln – auf Menschen statt Mauern, das heißt, dass wir in Personal investieren und somit in die Ressource Mensch.

1997 wurde auf Initiative der Bundesarbeitsgemeinschaft der Landesjugendämter und finanziert durch das Bundesministerium für Familie, Senioren, Frauen und Jugend bei Prof. Dr. Bernhard Schlink an der Humboldt Universität zu Berlin ein Gutachten in Auftrag gegeben, dass die rechtliche Zulässigkeit der »geschlossenen Unterbringung« Minderjähriger in Einrichtungen der Jugendhilfe untersuchen sollte.[1]

Damit wurde über den fachlich-pädagogischen Kontext hinaus der Blick auf einen notwendige Regelungsbedarf von Seiten des Gesetzgebers geworfen, zumal die Vermutung bestand, dass die Rechtmäßigkeit der bisherigen Praxis »geschlossener Unterbringung« nicht in jeder Hinsicht gegeben war. Dies wurde durch das Gutachten bestätigt, wenn sich auch die Bundesregierung bis heute nicht zu einer Stellungnahme durchringen konnte.

1999 wurde durch das Landesjugendamt Rheinland das Modellprojekt »Was tun mit den ‘besonders Schwierigen’ …?« auf Beschluss des Landesjugendhilfeausschusses initiiert. Dies geschah vor dem Hintergrund des wieder verstärkten Rufes nach »geschlossener Unterbringung« und speziell der Situation in der Stadt Köln, wo insbesondere die Presse eine populistische Diskussion auf Grund eines aktuellen Vorfalls mit einem strafunmündigen Kind zu diesem

Thema förderte. Tatsächlich gab es in Köln zwar nur wenige jüngere Kinder, welche die Mitarbeiterinnen und Mitarbeiter der Jugendhilfe an den Rand ihrer gängigen Hilfemöglichkeiten gebracht hatten. Auf Grund der Notwendigkeit, auch für diese Kinder adäquate pädagogische Settings zu schaffen, war u. a. der Frage nachzugehen, unter welchen Restriktionen das »System« Jugendhilfe diese Unterstützung nicht leisten kann und was notwendigerweise zu tun ist, um diese Restriktionen überwinden zu können. Damit sollte ein Kontrapunkt in der fachlichen wie auch öffentlichen Diskussion gesetzt werden. Nicht nur allein das »schwierige« Kind stand nunmehr im Mittelpunkt des Interesses, sondern auch die »schwierige« Struktur und Dynamik des Systems Jugendhilfe.

Heute, *2002*, findet die Diskussion ungeachtet des Bemühens und der Suche nach einer fachlich angemessenen Position zum Umgang mit den »schwierigen« Kindern wieder als »Schlagwortdiskussion« statt. »Neue Härte« und die Herabsetzung des Strafmündigkeitsalters gehören genau so wie die Diskussion um die sogenannten »Vieltäter« (die Mehmets und Murats) dazu. Damit fällt die Auseinandersetzung wieder hinter das Erreichte zurück. Auch die fachliche Debatte um das »Glenn-Mills-Konzept« findet kein Ende. Diese US-amerikanischen Variante von Erziehung widerspricht einer europäische Tradition von Pädagogik, die vor allen Dingen durch den Beziehungsaspekt getragen wird. Für viele muss die dort beschriebene Art der Konditionierung von Menschen suspekt bleiben, da sie nicht in unser Menschbild passt.

Möglicherweise unterliegen wir einer Art »pädagogischer Globalisierung«, die unser Verständnis vom Umgang mit Menschen tief erschüttert und vermutlich auch nachhaltig verändern wird. Dies scheint zwar nicht aufzuhalten sein, sollte aber durch Politik und pädagogische Praxis mindestens steuer- und gestaltbar bleiben. Eine fachliche wie auch fachpolitische Positionierung ist dafür eine unabdingbare Voraussetzung.

Die von Bernhard Schlink und Christian Schrapper aufgenommen Fäden müssen zu Ende »gesponnen« werden. Die aus dem Gutachten wie auch den Projektbefunden resultierenden Ergebnisse machen Hoffnung auf eine objektiviertere Auseinandersetzung mit dem Thema der »besonders Schwierigen«.

Dies bedeutet auf *fachpolitischer Ebene*,
● die von Schlink geforderte Rechtssicherheit für die pädagogisch Handelnden zu schaffen
sowie

● den von Schrapper und anderen erarbeiteten Perspektivenwechsel weg von den »schwierigen« Kindern hin zur Auseinandersetzung mit den dysfunktionalen Strukturen und Arbeitsweisen pädagogischer Institutionen aufzunehmen und Bedingungen zu schaffen, die den Interessen und Bedürfnissen der betroffenen Kinder dienen.

Aus Sicht des Gutachtens von Schlink besteht noch Regelungsbedarf, will man den Bereich des Unterbringungsrechtes für Minderjährige in rechtsstaatlich genügender Weise absichern. Dies gilt zu aller erst im Bereich des Zivilrechtes, wo § 1631 b BGB jedenfalls um präzise Eingriffsvoraussetzungen ergänzt werden muss. Soweit nach dem PsychKG eine Unterbringung auch in Einrichtungen der Jugendhilfe zulässig sein soll, müssten Landesgesetze, die primär eine »geschlossene Unterbringung« in psychiatrischen Krankenhäusern vorsehen, die Einbeziehung der Jugendhilfe regeln.

Zu dem Rechtshintergrund von Freiheitsentzug und Pädagogik macht Martin Stoppel, Mitarbeiter des Landesjugendamtes Rheinland, mit seinem Beitrag in dieser Veröffentlichung weiterführende Aussagen.

Aus dem von Schrapper, Ader und Thiesmeier wissenschaftlich begleiteten Modellprojekt und den in diesem Band veröffentlichten Erkenntnissen lassen sich über die fachlichen Aussagen hinaus fachpolitische Implikationen ableiten:

❶ Die Absicherung notwendiger Strukturen in der Jugendhilfe als Grundlage für sachgerechtes Handeln muss fachpolitisch durch Einmischen der Jugendhilfeausschüsse wie auch der verbandspolitischen Vertreter und Vertreterinnen unterstützt werden. Gerade in der Auseinandersetzung mit den Fällen besonders schwierig empfundener Kinder, erhielt diese allgemeine Forderung besondere Bedeutung. Da, wo offensichtlich »schwierige« Kinder auf »schwierige« Jugendhilfestrukturen stießen, kollabierte in der Regel das Hilfesystem.

❷ Da auch ein Blick auf die Netzwerke zwischen Jugendhilfe, Psychiatrie, Polizei, Schule oder Sozialamt geworfen wurde, bedeutet dies zu fachpolitisch geforderten und somit abgesicherten Kooperationsstrukturen zu gelangen. In diesem Zusammenhang verweise ich beispielsweise auf das Kooperationssystem Schule – Jugendhilfe. Die in NRW begonnene Kooperationsdebatte zwischen dem Ministerium für Schule und Weiterbildung, Wissenschaft und Forschung und dem Ministerium für Frauen, Familie, Jugend und Gesundheit muss zu abgesicherten und verlässlichen Strukturen führen, um z. B. im Bereich der erzieherischen Hilfen die vielerorts nur durch das persönliche Engagement einzelner Fachkräfte aus Schule und Jugendhilfe entstandenen ungewöhnlichen, aber hocheffektiven Hilfearrangements zu stützen und letzten Endes auch zu legitimieren. Die Anpassung schulrechtlicher Vorgaben wie auch die Orientierung der Jugendhilfe an Kooperationsnotwendigkeiten mit Schule muss politisch gewollt und eingefordert werden.

❸ In diesem Kontext ist nicht zuletzt die auffällig hohe Zahl von Kindern mit Migrationshintergrund zu nennen, die zur Gruppe der »besonders Schwierigen« zählen. Dies ist ein weiteres Beispiel, verstärkt auf fachpolitischer Ebene eine Migrationsarbeit in Zusammenhang mit Jugendhilfe einzufordern, die vor allen Dingen die spezifischen Probleme der mittlerweile dritten Generation berücksichtigt. Nur so ist sicherzustellen, dass es nicht immer die Mehments und die Murats sind, die für Schlagzeilen sorgen und so weiteren Anlass zur Ausgrenzung großer Anteile von Mitbürgerinnen und Mitbürgern mit Migrationshintergrund bieten.

Im Ergebnis bedeutet dies nicht die Suche nach weiteren methodischen Konzepten für die Arbeit mit »besonders Schwierigen«. Es ist nicht die Methodenarmut, die uns veranlassen muss, nach dem Stein der Weisen für eine besonders eigene Spezies der Jugendhilfeadressaten zu suchen. Das Problem haben wir eher dann, wenn von uns als Jugendhilfe ein ganz besonderes Verfahren für ganz besonders »Schwierige« verlangt wird und wir in Legitimationsnot geraten, wenn wir uns diesem öffentlichen Druck versagen. Kein Sonderrepertoire, aber eine besonders intensive Pädagogik ist notwendig, wenn wir diesen Kindern und Jugendlichen sowie den Erwartungen der Gesellschaft gerecht werden wollen.

Statt neuer Härte, die so simple Erfolgsmuster verspricht und nicht hält, fordern wir auf, anhand der schwierigen Biografien zu lernen, zu verstehen, durchaus mit Konsequenz zu handeln, die Erziehungssysteme zu klären, sie auch zu verändern und nur eines nicht zu tun: Uns mit dem Wegschließen selbst der Konfrontation mit »schwierigen« Menschen zu entziehen – und aufzugeben.

Anmerkung

1 Vgl. Bernhard Schlink/ Sebastian Schattenfroh: Zulässigkeit der geschlossenen Unterbringung in Heimen der öffentlichen Jugendhilfe, in: Jörg M. Fegert (Hg.): Freiheitsentziehende Maßnahmen in Jugendhilfe und Kinder- und Jugendpsychiatrie, Münster 2001, S. 73-171

Kapitel 1
Sozialpädagogisches Fallverstehen und Handeln: Konzepte – Instrumente – Interventionen

■ Sabine Ader, Christian Schrapper

Fallverstehen und Deutungsprozesse in der sozialpädagogischen Praxis der Jugendhilfe

Lebenssituationen von Kindern, Eltern und Familien zu verstehen, d. h. Hinweise, Fakten, Einschätzungen, Wünsche und Beobachtungen wahrnehmen und zu bewerten, gehört ebenso zur alltäglichen Praxis sozialpädagogischer Fachkräfte in der Jugendhilfe, wie die Möglichkeiten und Grenzen unterstützender, entlastender oder schützender Interventionen beurteilen zu müssen. Dass dies keine einfache Aufgabe ist, spiegelt sich in einer der zentralen Fragestellungen des Modellprojektes: *»Woran erkennen die Professionellen, dass Kinder und Jugendliche in besondere Schwierigkeiten geraten und zu 'besonders Schwierigen' zu werden drohen?«*

Mittels der im Projekt durchgeführten Fallanalysen sollte geprüft werden, ob es spezifische Schlüsselsituationen in den Lebensläufen der so genannten »Schwierigen« gibt, aus denen Hinweise und Kriterien abgeleitet werden können, die ein möglichst frühzeitiges Erkennen krisenhafter Entwicklungen erleichtern und eine grundsätzliche Orientierung für institutionelle Hilfeangebote geben können. Gleichsam beinhaltete diese Formulierung aber auch die Frage nach dem »Wie?«, nach den theoretischen Konzepten und Methoden, um im Verlauf von Hilfeprozessen zu fachlichen Einschätzungen und letztlich zu nachvollziehbaren Begründungen für sozialpädagogische Interventionen zu gelangen.

Auf welche Annahmen und Grundlagen stützen sich SozialpädagogInnen, wenn sie in ihrer beruflichen Praxis Lebenssituationen und Wirkungen von Interventionen einschätzen und bewerten? Wie kommen sie zu ihren fachlichen Beurteilungen? Was ist ihr »Handwerkszeug« für »richtiges« Verstehen?

Mit diesem Beitrag wollen wir unseren Stand der Erkenntnisse zu diesem Thema zusammenfassen.[1] Ausgehend von den Befunden des »Kölner Forschungs- und Modellprojektes« sowie mit Bezug auf weitere Forschungsergebnisse und den aktuellen fachlichen Diskurs zu Fragen des Fallverstehens und der Diagnostik in der sozialen Arbeit, sollen Grundzüge einer eigenständigen sozialpädagogischen Deutungskompetenz entwickelt werden. Als »roter Faden« für die Ausführungen dienen dabei folgende Fragen:

❶ In welcher Tradition steht das Thema und wieso hat es derzeit wieder Konjunktur?

❷ Welche Situationen und Prozesse sollen in der Praxis der Jugendhilfe verstanden und gedeutet werden? Was ist der spezifische Handlungsrahmen?

❸ Was macht das Verstehen und Deuten generell schwierig? – nicht nur in der sozialpädagogischen Praxis

❹ Welche Konzepte und Verfahren des Fallverstehens bzw. der Diagnostik werden derzeit in der Sozialpädagogik/ Jugendhilfe diskutiert?

❺ Was ist charakteristisch für eigenständig sozialpädagogische Deutungs- und Handlungsprozesse?

1. Sozialpädagogisches Fallverstehen und Diagnosen haben Konjunktur – Entwicklungslinien und aktuelle Debatte

Der Versuch, die sozialen Problemlagen von Kindern und Familien möglichst genau zu ermitteln, zu verstehen und zu deuten, hat in der Sozialpädagogik eine lange Tradition. Erste Ansätze für ein systematisches Fallverstehen finden sich bereits in den zwanziger Jahren des letzten Jahrhunderts bei Alice Salomon, die mit einem der ersten methodischen Lehrbücher zum Thema *soziale Diagnosen* die professionelle Beurteilungskompetenz der Fachkräfte qualifizieren wollte.[2] Dennoch galt in den Arbeitsfeldern der Sozialpädagogik das Fallverstehen oder die Diagnostik lange Zeit als die Domäne der Psychologie und der psychiatrischen Medizin[3]; ihren Urteilen wurde und wird häufig immer noch mehr getraut, als fürsorgerischen oder sozialpädagogischen Einschätzungen. Gründe hierfür liegen nach 1945 auch in der historischen Erfahrung der sozialpädagogischen Profession, als nationalsozialistische Volkspflege mit sozialen und pädagogischen Beurteilungen zu sozialrassistischer Auslese und Vernichtung beigetragen und so die Aussonderungspolitik der NS-Diktatur gestützt zu haben.

In den darauffolgenden Jahrzehnten war das Thema von sehr wechselvoller Bedeutung. Die Schwerpunkte sozialpädagogischer Methodenentwicklung haben nach dem Zweiten Weltkrieg lange Zeit auf einer mühevollen Wiederaneignung der Einzelfallberatung und der Gruppenarbeit gelegen. In den 1970er Jahren verdrängte dann die so genannte sozialwissenschaftliche Wende die klassischen Methoden und die Kasuistik. Die Bezugsfächer Soziologie und Psychologie wurden in ihrem Einfluss auf die Sozialpädagogik dominanter, die Objektivierbarkeit sozialer Situationen und der Versuch einer schematisierten Erfassung der »Wirklichkeit« führten dazu, dass die Traditionen der sozialarbeiterischen Einzelfallanalyse als gesellschaftlich affirmative Kunstlehre in Verruf gerieten.[4] Die sozialpädagogische Verstehens- und Deutungsarbeit beschränkte sich in dieser Zeit vielfach auf die Adaptionen psychosozialer Diagnosen oder auf mehr oder weniger aufwendige Erhebungslisten und Kriterienkataloge.[5]

Erst in den 1980er Jahren kam es im Kontext der Alltagswende in der Pädagogik und der damit verbundenen Orientierung an den konkreten Lebenswelten sowie angeregt durch die sich zunehmend etablierende Biographieforschung mit ihren stärker qualitativ- und subjektorientierten Forschungsansätzen zu neuen Anregungen für die Wiederbelebung und die Entwicklung eigenständig (sozial-)pädagogischer Deutungs- und Verstehenskonzepte.[6]

Der Blick auf die Entwicklungen der letzten zehn Jahre lässt den Schluss zu, dass die Debatte um die Frage des Fallverstehens bzw. der Diagnostik in der Sozialpädagogik/ Jugendhilfe eine deutliche Renaissance erfahren hat. Insbesondere das Inkrafttreten des Kinder- und Jugendhilfegesetzes (1991) und die darin festgeschriebenen Regelungen zur Hilfeplanung (§ 36 KJHG) begründen den Bedarf an fallanalystischen und fallverstehenden Instrumenten und Kompetenzen, um dadurch einen sinnverstehenden Zugang zu der Geschichte, den Lebenswelten und den handlungsleitenden Orientierungen der HilfeadressatInnen zu finden. Indem die Verpflichtung zur Hilfeplanung einen eigenständigen Anwendungsbereich verstehender oder diagnostischer Tätigkeiten im Rahmen originär sozialpädagogischer Aufgaben eröffnete, wuchs das Interesse an entsprechenden Verfahren und Instrumenten sprunghaft. Dazu beigetragen haben auch

- die im KJHG formulierte Verpflichtung zur AdresatInnenbeteiligung (§§ 5, 8, 36 KJHG);
- das spätestens mit dem achten Jugendbericht der Bundesregierung (1990) zum fachlichen Standard erhobene Konzept der Lebensweltorientierung;
- der steigende Kostendruck in Kommunen, der zur Legitimation kostenintensiver Maßnahmen und zu effizientem, zielorientierten Arbeiten zwingt;
- die Notwendigkeit zur Legitimation der eigenen Arbeit im Kontext der Qualitätsdebatte;
- das Wissen um die Begrenztheit psychiatrischer und psychologischer Gutachten;

● die zunehmende Komplexität von Familienformen und Lebenslagen, die ein genaues Hinsehen erfordert;
● und der vermutete Wirkungszusammenhang, dass eine erfolgversprechende Hilfe eine sorgfältige, umfassende und von allen Beteiligten akzeptierte Einschätzung und Bewertung der Situation zur Grundlage haben muss.

Theoretisch haben vor allen Dingen die Arbeiten von Klaus Mollenhauer und Uwe Uhlendorff[7] sowie von Fritz Schütze[8] wichtige Grundlagen für die Entwicklung eines eigenständig sozialpädagogischen Fallverstehens bzw. einer sozialpädagogischen Diagnostik gelegt. Mittlerweile gibt es in der Sozialpädagogik/ Jugendhilfe eine facettenreiche Debatte. MitstreiterInnen im fachlichen Diskurs ordnen sich entweder der (sozial-)pädagogischen oder der psychologischen Disziplin zu, was anhand der genutzten Begrifflichkeiten nicht immer klar zu erkennen ist: Sozialpädagogische Diagnosen, psychosoziale Diagnostik, pädagogische Diagnostik, ethnographische Fallarbeit, kollegiale Beratung und Fallverstehen sind nur einige der Stichworte, die die Diskussion bestimmen und deren Unterschiedlichkeit erst deutlich wird, wenn der damit umschriebene Ansatz inhaltlich an Kontur gewinnt. Grundsätzlich lassen sich in der Diskussion jedoch zwei prinzipielle Denkweisen und damit verbundene Haltungen ausmachen, die den Zugang zu einem Fall nachhaltig prägen:

❶ Ein Teil der Konzepte steht in psychologischer Tradition und orientiert sich stärker an einem naturwissenschaftlichen, diagnostisch-kurativen Diagnosemodell. Ein solcher Begriff von Diagnose weist (zumindest assoziativ) eine deutliche Nähe zur Medizin/ Psychiatrie auf, die Krankheiten bzw. Störungen anhand eines festgelegten Klassifikationssystems diagnostiziert und entsprechend der Diagnose mit passendem Mittel therapiert. Verbunden ist damit die Reduktion der Komplexität (eines Einzelfalls) auf ein Symptom bzw. auf auffälliges Verhalten.
❷ Der andere Teil der Ansätze folgt dem Verständnis, dass es für sozialpädagogische Probleme keine eindeutigen und »richtigen« Lösungen gibt, die nach dem Muster von Diagnose und Indikation und anhand eines Klassifikationsmodells beschrieben werden können. Demnach ist Fallverstehen nur möglich, wenn Problemlagen in einem methodisch gesicherten Rahmen sensibel und kenntnisreich wahrgenommen, verstanden und intersubjektiv gedeutet werden. In diesem Sinne darf sich eine Sozialpädagogik als Disziplin, die individuelle Entwicklung, Bildung und Unterstützung von autonomen Subjekten zum Ziel hat, nicht am Krankheitsbegriff orientieren.

37

Die beiden skizzierten Grundrichtungen werden in der fachlichen Debatte häufig sehr polarisierend mit den Begriffen des »Fallverstehens« bzw. der »Diagnose« belegt und voneinander abgegrenzt. In ihnen spiegelt sich gleichzeitig die seit Beginn der 1990er Jahre geführte Kontroverse um die Kernfrage »Aushandlung oder Diagnostik?« im Kontext der Hilfeplanung (gem. § 36 KJHG). Als zentralen Gegenstand dieser Auseinandersetzung beschreibt Merchel die Frage, »mit welchem grundlegenden Verständnis man sich der Hilfeplanung nähern sollte und welche innere Haltung von Fachkräften diesem Prozess gegenüber angemessen und förderlich ist« (Merchel 1999, S. 76). Mit Bezug auf Schrapper (1994; 1997) vertritt er die Position, dass sozialpädagogische Problemkonstellationen immer mehrdeutig sind, es keine klare Zuordnung von Ursache und Wirkung sowie von Problem und Lösung gibt, und dass sozialpädagogische Entscheidungen deshalb letztlich nicht personenunabhängig und bis ins Letzte operationalisierbar sind.[9] Demzufolge muss eine »geeignete und notwendige« Hilfe jeweils im gemeinsamen Aushandlungsprozess mit den AdressatInnen entwickelt werden, in dem es vor allem um das Zusammenführen und Vermitteln unterschiedlicher Sichtweisen der »Wirklichkeit« geht, die in einer Hypothesenbildung darüber münden, welches fachliche Angebot in einer problematischen Situation hilfreich und auch für die AdressatInnen akzeptabel sein kann.

Demgegenüber wird auf der anderen Seite, insbesondere von Harnach-Beck (1997; 1999), aber auch von Maas (1997) und Petermann (1995), die Position vertreten, dass die Grundbedingung für eine erfolgversprechende Hilfeplanung eine fundierte fachliche Diagnose ist, die eine »Sachverhaltsaufklärung« anstrebt und auf dem regelgeleiteten Sammeln und Strukturieren von Informationen, d.h. einer umfangreichen Datenermittlung, fußt. Diese Diagnose bildet dann die Basis für die Feststellung des »erzieherischen Bedarfs«.

Auch in der sozialpädagogischen Praxis gibt es unterschiedliche Auffassungen von der Kernaufgabe professioneller Fachkräfte im Rahmen der Hilfeplanung, aber keine klaren Begrifflichkeiten. Im Unterschied zur Medizin oder Psychologie gibt es keine eindeutigen und anerkannten Bezeichnungen für das, was sozialpädagogische Fachkräfte tun, wenn sie versuchen, grundlegende Einschätzungen und Erkenntnisse für ihr berufliches Handeln zu gewinnen. Zum Teil reden SozialpädagogInnen in Anlehnung an andere Professionen von Diagnose und Diagnostik[10], zum Teil in bewusster Abgrenzung dazu von Verstehensprozessen und Fallverstehen[11].

An dieser Stelle wollen wir uns nicht einer der angebotenen begrifflichen Ausrichtungen – Fallverstehen oder Diagnose – zuordnen, sondern zunächst versuchen, von den Aufgabenstellungen sozialpädagogischer Praxis in der Kinder- und Jugendhilfe her verschiedene Deutungskonzepte vorzustellen, einzu-ordnen und sich dann erst zu positionieren. Ein vorgeschalteter Zugang über die Anforderungen und Fragestellungen aus der Praxis verspricht eher weiter-führende Befunde, als eine theoretische Ableitung, zumal die empirische For-schung und der theoretische Diskurs zu dieser Frage in der Sozialpädagogik längst nicht so ausgearbeitet sind[12], wie in anderen psychosozialen Diagnose-Disziplinen[13].

2. Handlungsrahmen, Aufträge und Gegenstände sozialpädagogischen Fallverstehens in der Kinder- und Jugendhilfe

Verstehens- und Deutungsprozesse im Rahmen sozialpädagogischer Praxis sind wie auch in der medizinischen, psychologischen oder psychotherapeuti-schen Praxis, nicht zuerst wissenschaftliche Forschungsprozesse, sondern in einen professionellen und institutionellen Handlungskontext eingebettete Erkenntnisprozesse, die sich durchaus wissenschaftlicher Methoden bedienen können. Da dieser Kontext für die Auswahl angemessener Konzepte und Ins-trumente der Erkenntnisgewinnung von Bedeutung ist und letztlich auch ei-nen Bewertungsrahmen für ihre Funktionalität anbietet, soll im Folgenden der spezifische Handlungszusammenhang für die Kinder- und Jugendhilfe be-schrieben werden. Aus unserer Sicht ist dieser durch sechs wesentliche Merk-male gekennzeichnet:

a) Durch den im KJHG festgelegten sozialrechtlichen Leistungsanspruch von HilfeadressatInnen;
b) den doppelten Auftrag der Jugendhilfe von Familienunterstützung und Kin-derschutz;
c) die Besonderheit des Gegenstandes, d. h. die Mehrdeutigkeit und Komple-xität von Problemkonstellationen;
d) den prozessualen Charakter von Situationsdefinitionen und Veränderungs-prozessen sowie die prognostische Dimension von Entscheidungen;
e) das Ziel, notwendige, realisierbare und akzeptierte Hilfeangebote zu entwi-ckeln;
f) und letztlich durch das (sozial-)pädagogische Selbstverständnis, das (Selbst-)Bildungsprozesse von Menschen zu ermöglichen sucht, auch und gerade in kritischen Lebensphasen.

**a) Die skizzierten Aufgaben der Wahrnehmung, Beurteilung und
Handlung sind eingebunden in einen Rahmen sozialrechtlicher
Prozeduren.**

Gerade die Leistungen der Hilfe zur Erziehung sollen Eltern (und anderen
Personensorgeberechtigten) verbindliche sozialrechtliche Ansprüche sichern,
die sie beantragen, deren Bearbeitung sie überprüfen und die sie ggf. auch gerichtlich einklagen können: Nicht mehr obrigkeitsstaatliche Fürsorge sondern
sozialpädagogische Dienstleistung wollen diese Leistungen sein. Vor allem
durch das Verfahren der *Hilfeplanung* gem. § 36 SGB VIII soll dieser Perspek-
tiven- und Paradigmenwechsel auch für Kinder und Eltern erkennbar werden:
Sie müssen ausführlich informiert und beraten werden, sind beteiligt, können
mitwirken, haben Wunsch- und Wahlrechte.[14]

Professionelle Verstehens- oder Diagnoseprozesse haben sich diesem sozialrechtlichen Kontext anzupassen, d.h. sie müssen den Verfahrenserfordernis-
nissen einer einerseits strengen sozialrechtlichen Anspruchsprüfung und andererseits einer transparenten und beteiligungsorientierten Gestaltung der
Informationsbeschaffung, Deutung und Interpretation gleichermaßen genügen. Anders als z.B. medizinische oder psychologische Diagnostik können sich
sozialpädagogische Verstehens- und Deutungsprozessen daher auch weniger
auf einen allseits anerkannten professionellen »Expertenstatus« gründen. Eltern und Kinder sind nicht Gegenstand einer professionellen Diagnose, sie
nehmen vielmehr Einfluss auf die Auswahl und Bewertung relevanter Sachverhalte. Die Verständlichkeit und Plausibilität fachlicher Beurteilungen für
die KlientInnen sind damit ein entscheidendes Merkmal nicht nur der sozialpädagogischen Qualität sondern vor allem auch der sozialrechtlichen Korrekt-
heit.[15]

Die Einbindung in sozialrechtliche Vorgaben bedeutet neben dem skizzierten
Aspekt der transparenten Prüfung und Durchsetzung von Leistungsansprü-
chen auch die Regelung von Gewährleistungspflichten und Zuständigkeiten.
Im Unterschied zu einer Krankenkasse aber ist das örtlich zuständige Jugendamt keine »Zahlstelle« für fachlich verordnete Leistungen, sondern die hier für
die Regionen und Einzelfälle zuständigen Fachkräfte wollen und müssen mit-
reden und entscheiden, nicht nur nachvollziehen und gewähren. Wie sehr solche Zuständigkeitsfragen ebenfalls den fallverstehenden oder diagnostischen
Blick prägen können, wird spätestens daran deutlich, dass die Befunde folgenreiche Zahlungsverpflichtungen auslösen können.

b) Der rechtlich-institutionelle Handlungsrahmen ist »eindeutig-zweideutig«, d.h. der Auftrag lautet, gleichzeitig Familienunterstützung zu gestalten und Kinderschutz zu gewährleisten.[16]

Dieser doppelte gesetzliche Auftrag begründet auch unterschiedliche Blickwinkel auf eine konkrete Lebenssituation, ob z.B. das Verhalten und die Orientierungen von erwachsenen Bezugspersonen, i.d.R. Müttern, eher als potenziell kindeswohlgefährdend oder eher als unterstützungsbedürftig angesehen und verstanden werden kann. An einer Gegenüberstellung möglicher Handlungsorientierungen und Arbeitsschritte wird auch die Unterschiedlichkeit der jeweils zugrundeliegenden Deutungsmuster erkennbar:

KINDERSCHUTZ	FAMILIENUNTERSTÜTZUNG
● Schädigungen aufdecken; möglichst auch ursächliches und 'schuldhaftes' Handeln von Vätern und Müttern nachweisen	● grundsätzlich von positiven Absichten der Mütter und Väter ausgehen
● Kinder zügig und zuverlässig in Sicherheit bringen	● die Einschränkungen der Mütter und Väter, gut für ihre Kinder zu sorgen, sehen, respektieren und ausgleichen
● für Kinder Kompensation (Ausgleich und Nachholen) unzureichender Versorgung und Förderung organisieren	● zuverlässige und wirksame Entlastung und Unterstützung für Mütter und Väter organisieren
● Beweise sammeln; umfangreiche Dokumentation der eigenen Beobachtungen und Feststellungen, ggf. ZeugInnen, schriftliche Aussagen, ärztliche Gutachten etc.	● Belastungen der Kinder durch z.T. unzureichende Sorge der Mütter und Väter beim Namen nennen, ohne Schuldzuweisung und Beschämung
● vor Gefährdungen dauerhaft sichern durch Sanktionen der TäterInnen: z.B. Verweis aus der Wohnung, Entzug des Sorgerechts, Klage auf Schadensersatz etc.	● für Kinder innerhalb des vertrauten Lebenszusammenhanges Kompensation (Ausgleich und Nachholen) unzureichender Versorgung und Förderung organisieren

Beide Orientierungen – Familien bei Aufgaben der Erziehung zu unterstützen und Kinder vor Gefahren für ihr Wohl zu schützen – sind typisch für den gesetzlichen Handlungsauftrag der Jugendhilfe. Diese Orientierungen müssen im Einzelfall berücksichtigt werden, mögliche Handlungsoptionen müssen miteinander verbunden und gegeneinander abgewogen werden. Auslöser und erstes Material für Handeln sind meist Hinweise und Einschätzungen Dritter, von

Kindergärtnerinnen oder Kinderärzten, Lehrerinnen oder Polizisten. Zuerst ist daher oft die Frage zu beantworten: Was bedeuten solche Hinweise? Müssen sofort Gefahren abgewehrt werden, die bereits für ein Kind handgreiflich geworden sind, oder geht es darum, Situationen durch Unterstützung zu entlasten und durch Hilfe zu stabilisieren, damit Eltern wieder ausreichend und zuverlässig für ihr Kind sorgen können.

Die oben skizzierten Arbeitsschritte und Optionen für *Kinderschutz* und *Familienunterstützung* zeigen deutlich, wie schwierig es ist, beide Strategien gleichzeitig und gleichwertig zu verfolgen:

● Einerseits mit »Argusaugen« darauf zu achten, ob in der Wahrnehmung der elterlichen Sorge für das Kind Anzeichen für Vernachlässigung oder Misshandlung zu finden sind und

● andererseits grundsätzlich davon auszugehen, dass Eltern »es gut mit ihrem Kind meinen« und nur aus Unkenntnis oder Überforderung zu wenig in der Lage sind, dieses zum Wohle ihres Kindes auch zu realisieren.

Ist es schon schwierig genug, die unterschiedlichen Wahrnehmungsperspektiven zu beachten, so wird es noch komplizierter, dabei auch unterschiedliche Handlungsoptionen betroffenen Eltern und Kindern gegenüber glaubhaft zu machen:

● Einmal sollen tragfähige und vertrauensvolle Beziehungen aufgebaut werden, in der Annahme, nur eine positive Kooperation von Helfern und Eltern sichert nachhaltig das Kindeswohl,

● im anderen Falle geht es um Konfrontation und Kontrolle elterlichen Verhaltens sowie um machtvolle Eingriffe zum Schutz der Kinder ggf. auch gegen den erklärten Willen der Beteiligten.

Die Gefahr, sich bereits in der Anfangssituation und in Erstkontakten von einem falschen, weil einseitig eingeschränkten Blick leiten zu lassen, sich entweder nur mit den Kindern oder nur mit den Eltern zu identifizieren, sind vielfältig und folgenreich: Für Kinder und Eltern aber auch für sozialpädagogische Fachkräfte, wie die Reihe von Strafprozessen gegen MitarbeiterInnen sozialer Dienste zeigt, die junge Frauen betreut haben, deren Kinder durch Vernachlässigung zu Tode gekommen sind.[17]

c) Beurteilt werden müssen in der Regel mehrdeutige und ungewisse soziale, materielle und psychische Situationen und Prozesse.

In der Praxis der Jugendhilfe sind die Möglichkeiten gering, sich auf einen begrenzten Gegenstand oder ein eingegrenztes Thema zu beziehen, z. B. die körperliche Verfassung eines Kindes oder die materielle Situation einer Familie. Lebenssituationen und Zusammenhänge sind vielschichtig und so besteht die wesentliche Aufgabe sozialpädagogischer Fachkräfte in den Erziehungshilfen darin, komplexe Sachverhalte wie

● die Bedeutung materieller Lebensumstände,
● die Tragfähigkeit familiärer Beziehungen,
● die Geschichte eines jungen Menschen,
● die Veränderungs- und Lernbereitschaft von Eltern,
● die Belastungsfähigkeit von Kindern,
● und die ambivalenten und widerstreitenden Interessen, Hoffnungen und Ängste der Beteiligten

wahrzunehmen, zu verstehen und daraufhin zu deuten, mit welchen Angeboten Entwicklung und Förderung ermöglicht und dadurch Schaden für Kinder und Jugendliche abgewendet werden kann.[18] Diese Aufgabe erfordert die Bereitschaft und das Bemühen, einen Fall aus den unterschiedlichen Perspektiven der Beteiligten nachzuvollziehen und unterschiedliche Interpretationen der Geschichte und der aktuellen Lebenssituation eines jungen Menschen und seiner Familie als eine für die Hilfeplanung wichtige Realität anzuerkennen. Das heißt, es geht immer um das Wahrnehmen, Zusammentragen und Konfrontieren verschiedener Sichtweisen, und um die Bereitschaft, mit unterschiedlichen, subjektiv jeweils berechtigten Realitäten, Wirklichkeitsdeutungen und Lösungsideen für problematische Situationen umzugehen. »Komplexe, vieldeutige Problemsituationen sind der Normalfall«, so z. B. Thomas Klatetzki, und daher muss methodisches Handeln und organisatorische Gestaltung sozialpädagogischer Arbeitsprozesse in der Jugendhilfe dieser Ungewissheit und Komplexität in besonderer Weise gerecht werden.[19] Dies gilt vor allem für die Einschätzung von Situationen und Prozessen: Wie bedeutsam ist es z. B. für die Situation eines Kindes, dass die Familie von Sozialhilfe lebt, die Mutter alkoholkrank und ihr derzeitiger Lebensgefährte arbeitslos sind; wie maßgeblich ist, welche Trennungs- und Scheidungserfahrungen es akut in dieser Familie gemacht hat? Oder dass die Familie keinen gesicherten ausländerrechtlichen Aufenthaltsstatus hat, oder aber dass sie z. B. in Köln-Chorweiler wohnt, in einem sozial extrem belasteten Wohnviertel und dass das Kind kein eigenes Bett hat?

Diese in der Praxis der Jugendhilfe und hier vor allem in Fragen des Kinderschutzes zu beurteilenden Situationen sind in der Regel so komplex und vieldeutig, wie in den Fragestellungen angedeutet. Es gibt keine eindeutigen Ursache – Wirkungszusammenhänge, keine vorgegebenen Lösungen für bestehende Probleme und kaum wissenschaftlich gesicherte und allseits anerkannte Regeln und Maßstäbe, die helfen, eine zuverlässige Struktur in dieses Dickicht von Eindrücken und Fakten, Einschätzungen und Gegebenheiten zu schlagen. Das heißt auch wenn es das Ziel professioneller Anstrengungen sein muss, Problembeschreibungen und Handlungsbegründungen möglichst plausibel, intersubjektiv nachvollziehbar und überprüfbar vorzunehmen und methodische Instrumente für diese Aufgabe zu entwickeln, bleiben sozialpädagogische Beurteilungen oder Diagnosen letztlich immer prozesshaft, personenbezogen und nur schwer objektivierbar.[20]

d) Sozialpädagogische Bewertungen oder Diagnosen zielen eher auf Prozesssteuerung als auf Statusbegutachtung.[21]

Eng mit dem vorherigen Aspekt der Komplexität und Ungewissheit des Feldes und der Gegenstände sozialpädagogischen Fallverstehens hängt zusammen, dass gewonnene Einschätzungen und Deutungen eher der Prozessgestaltung dienen, als der Bestimmung eines jeweiligen Status. Mit wenigen Ausnahmen, die auf eine definitive Entscheidung zu einem bestimmten Zeitpunkt hin orientiert sind oder in denen ein akuter Handlungsbedarf besteht, z. B. Stellungnahmen zu Sorgerechtsregelungen in Familiengerichtsverfahren oder Fragen der Kindeswohlgefährdung, stehen prognostische Einschätzungen im Vordergrund, die eine Vielzahl von Informationen erfordern, welche nicht einmalig abgefragt werden können. So sind eine Reihe von Kenntnissen und unterschiedlichen Einschätzungen zur Biographie und aktuellen Verfassung eines Kindes und seiner Mutter bedeutsam, um einschätzen zu können, ob das Kind im mütterlichen Haushalt noch sicher, oder eine Herausnahme unvermeidbar ist und welches Ausmaß der Schaden haben kann, den das Kind durch diesen Eingriff erleiden würde.

Hilfreich ist hier sich in Anlehnung an Heiner die unterschiedlichen Funktionen interpretierender bzw. diagnostischer Tätigkeiten bewusst zu machen. In der Mehrzahl der Jugendhilfefälle ist es eher angezeigt auf explorativem Weg zu einer fachlichen Beurteilung zu kommen, d. h. auf der Grundlage erster Eindrücke neue Erkenntnisse zu gewinnen, die dann gemeinsam der Erschließung möglicher Zusammenhänge dienen und wiederum die Grundlage weiterer Erkenntnisse bilden. Es geht also um das Verstehen von Dynamiken in Veränderungsprozessen; um einen zirkulären Prozess, in dem ein möglichst facettenreiches Bild der Situation entstehen soll, dass sich der Konstruktion von Wirklichkeit bewusst ist, die sich in dem Maße wandelt, in dem Interaktionen zwischen Personen subjektive Bedeutungen permanent modifizieren. In diesem Sinne sind dann auch subjektive Sichtweisen soziale Tatbestände, die wichtige Informationen im Prozess der Eischätzung bzw. Diagnostik liefern und die berücksichtigt werden müssen. Und jede Gelegenheit unterschiedliche Sichtweisen zusammenzutragen und miteinander zu verbinden, dient sowohl der Erkenntnisgewinnung, kann aber zugleich eine verändernde Wirkung auf das Klientensystem bzw. den Kontakt zwischen HelferInnen und KlientInnen haben.

e) Sozialpädagogische Beurteilungen und Deutungen zielen auf die Begründung von Handlungen, d.h. Bewertungen bzw. Diagnosen sollen realisierbare Leistungen der Unterstützung und Hilfe ermöglichen.

Ein weiterer Aspekt, der die Diagnose- und Deutungstätigkeit von SozialpädagogInnen prägt, ist die Handlungsorientierung ihrer Einschätzungen. Das Verstehen/ die Diagnose darf keinem Selbstzweck dienen oder das Wissens- und Vollständigkeitsbedürfnis von Fachkräften befriedigen, sondern es muss immer mit dem Ziel durchgeführt werden, in einer entscheidenden oder gar »verfahrenen« Situation die Handlungsgrundlage für einen nächsten Schritt bzw. eine nächste Intervention zu schaffen. Am vorläufigen Ende der verstehenden oder diagnostischen Bemühungen soll eine realisierbare Antwort auf die Frage stehen: Wie geht es weiter? Wo z.B. ist ein Platz für einen Jugendlichen, den seine Mutter »nicht mehr haben will«, der aber nichts Anderes sehnlicher wünscht, auch wenn sein auffälliges und aggressives Verhalten nicht auf den ersten Blick darauf schließen lässt? Die Notwendigkeit in solchen Situationen zu Entscheidungen zu kommen, kann sich nicht nur daran orientieren, was erkannt und verstanden wurde, sondern muss sich auch daran orientieren, was an Hilfen real zur Auswahl steht und was davon tragfähig und akzeptabel mit alle Beteiligten vereinbart werden kann. Hier entstehen nicht selten Konflikte zwischen Fachkräften in Jugendämtern und anderen psychosozialen ExpertInnen aus Beratungsstellen oder der Jugendpsychiatrie, wenn diese in ihren Gutachten differenziert erklären, wie die Lebenssituation eines Kindes und die Dynamik einer Familie zu verstehen ist und zu entsprechenden Schlussfolgerunen kommen, was getan werden müsste. Wenn z.B. »das heilpädagogischen Heim mit dem verbindlich strukturierten Alltag, dem belastbaren Rahmen und den überschaubaren Beziehungen« auch der richtige Ort für einen Jugendlichen zu sein scheint, so ist für sozialpädagogische Fachkräfte im ASD dennoch zunächst die Frage, in welchem dieser heilpädagogischen Ideal-Heime aktuell ein Platz verfügbar ist. Ihre Einschätzungen und Entscheidungsmöglichkeiten hängen nicht nur davon ab, was sie erkennen und verstehen können, sondern auch davon, was ihnen an Handlungsoptionen real zur Verfügung steht – was im Übrigen für die medizinische Diagnostik auch gilt: eine Diagnose ohne realisierbaren Therapievorschlag hilft weder dem behandelnden Arzt noch der Patientin, bestenfalls der medizinischen Grundlagenforschung.

f) Sozialpädagogische Wahrnehmungs- und Deutungsprozesse zielen letztlich auf die Ermöglichung von (Selbst-) Bildungsprozessen.

Sowohl die (Sozial-)Pädagogik als Disziplin als auch die pädagogische Praxis bezeichnen Lernen, Erziehung und Bildung als ihre zentralen Begrifflichkeiten. Zumindest in jüngeren Jahren gehen die Theorie wie auch die Praxis davon aus, dass Menschen autonome Subjekte sind, deren Lebensgeschichten vor allem auch Lerngeschichten sind.
Von Geburt an (und in ihrem gesamten weiteren Leben) müssen Kinder enorme Lernleistungen kognitiver, emotionaler und sozialer Art vollbringen, um sich ihre Umwelt anzueignen und ihre eigene Persönlichkeit zu entwickeln. Sie lernen dabei durch die tätige Teilnahme an dem Leben sozialer Gemeinschaften (Familie, Verwandtschaft, Freundeskreis etc.) und durch gezielte Interventionen von Erwachsenen. Was genau ein Kind dabei lernen muss, hängt im nicht unwesentlichen Maße von der Kultur und auch vom konkreten Lebensumfeld ab, in dem es aufwächst.[22]
Die Kinder und Jugendlichen, mit denen die Jugendhilfe besondere Schwierigkeiten hat, gehören häufig zu den Kindern, die in ihren frühen Lebensjahren massive Vernachlässigungserfahrungen gemacht oder andere Traumatisierungen erfahren haben. Aufgrund dieser Erlebnisse und damit verbundener existentieller Bedrohung ihrer emotionalen, sozialen und realen Bedürfnisse entwickeln Kinder in schwierigen Lebenssituationen oftmals spezifische Handlungsmuster und Überlebensstrategien, die in diesem Kontext sinnvoll und logisch erscheinen.
Zu einem späteren Zeitpunkt und unter bestimmten Bedingungen – abhängig von Kontext, Situation und Person – können sich diese Handlungsstrategien dann als kontraproduktiv erweisen, weil sie im Lebensumfeld der heranwachsenden Kinder unverstanden bleiben und als »sozial auffällig« eingeordnet werden.

Wenn nun die zentrale Orientierung der (Sozial-)Pädagogik die Ermöglichung von Lernen und die Förderung von Bildungsprozessen ist, muss es in diesen Situationen zuerst darum gehen, die Lerngeschichten und die Überlebensstrategien von Kindern und Jugendlichen zu verstehen, und nicht darum, Abweichung von Normalität zu »behandeln« oder Grenzüberschreitungen strikt zu sanktionieren. Denn erst, wenn die Funktion auffälligen und störenden Verhaltens von Professionellen verstanden wird, können Kindern und Jugendlichen Lernerfahrungen eröffnet werden, die an ihren inneren Handlungsmotiven ansetzen, die ihre Zustimmung finden und die die Erprobung und Aneignung alternativer Handlungsstrategien ermöglichen können.

Fazit: Vieles ist wichtig, aber wenig kann als sicher gelten

Die vorstehenden Ausführungen machen deutlich, dass der Handlungsrahmen, die Aufträge und Gegenstände für sozialpädagogische Fallverstehen und Diagnostik vielfältig, komplex und z. T. auch widersprüchlich sind. Diese Situation führt immer wieder zu kritischen Einschätzungen gegenüber der Qualität und Tragfähigkeit sozialpädagogischer Deutungen aus den Nachbardisziplinen Psychologie und Medizin, aber auch aus den »eigenen Reihen«. Unseres Erachtens begründet aber gerade die Tatsache, dass sozialpädagogisches Verstehen sich nicht auf begrenzbare Gegenstände, Lebenssituationen, Aufgaben und Zusammenhänge beziehen kann, die Notwendigkeit einer systematischen, eigenständigen und selbstbewussten Methodik, die dem Auftrag der Jugendhilfe angemessen ist. Der Komplexität und der strukturellen Unsicherheit von Entscheidungen kann nur Rechnung getragen werden, wenn sowohl in standardisierter, institutionell vereinbarter Form objektive Fakten gesammelt als auch auf respektvolle Weise subjektive Interpretationen zusammengetragen werden und beides zusammen dann in die fachliche Bewertung, Aushandlung und Entwicklung realistischer Handlungsoptionen eingeht. Zumindest eröffnet dieser Weg die Chance, mit den »Ungewissheiten des Lebens« umzugehen und sich z. B. den komplizierten und komplexen Zusammenhängen einer Kindeswohlgefährdung möglichst eng zu nähern.

3. Erkenntnislogische Probleme und Arbeitsphasen fallverstehender bzw. diagnostischer Erkenntnisgewinnung

Bevor im nachfolgenden Kapitel die aktuell diskutierte Verfahren sozialpädagogischer Deutungs-, Verstehens- und Diagnosekonzepte vorgestellt werden, sollen hier einige Anmerkungen zur grundsätzlichen Problematik der Erkenntnisgewinnung und Deutung sozialer Sachverhalte und Prozesse vorangeschick werden, um besser einordnen und abwägen zu können, wie die einzelnen methodischen Konzepte mit dieser grundlegenden Frage umgehen.

Wie jeder Prozess empirischer Erkenntnisgewinnung, so haben auch Prozesse des Fallverstehens oder der Diagnose ein erkenntnislogisches Grundproblem[23] zu lösen:

● Zuerst muss der »analytische Blick« erweitert, die *Komplexität erhöht* werden, damit überhaupt etwas Neues gesehen und wahrgenommen werden kann und nicht nur schon Bekanntes bestätigt wird.
● Ist auf diese Weise ausreichend Material für erweiternde Erkenntnisse gewonnen, muss der Blick wieder enggeführt werden, um aus der Vielfalt der Wahrnehmungen die für zentral gehaltenen Zusammenhänge herauszuarbeiten. Gelingt diese *Reduktion von Komplexität* nicht, so verschwinden mögliche Befunde in einer Vielzahl unverbundener und unverstandener Beobachtungen.

Dieses Grundproblem trifft gleichermaßen für analytisch-quantifizierende wie für hermeneutisch-qualitative Forschungs-, Verstehens- und Diagnoseprozesse zu. Durch geregelte Arbeitsabläufe und rationale Methoden muss in jedem Falle gesichert werden, dass systematisch Erkenntnisse gewonnen und nachvollziehbar begründet herausgearbeitet werden.[24]

Für den Ablauf und die Methodik fallanalytischer Prozesse in der sozialen Arbeit soll versucht werden, die Bedeutung dieser erkenntnislogischen Problematik mit Bezügen zu der Geschichte des dreizehnjährigen marokkanischen Jungen Hassan anschaulich zu machen, die im Rahmen einer Fachtagung zu Fragen des Modellprojektes als Fallbeispiel diente.[25]

❶ Der »erste Eindruck« lenkt den Blick.
⊃ *Problem: einseitige, weil nicht bewusste Fokussierung und Steuerung der Wahrnehmung und Interpretation*

Am Anfang jedes fallanalytischen bzw. diagnostischen Prozesses, wie distanziert der erste Kontakt auch sein mag, steht immer ein erster Eindruck, eine

Anfangsidee über mögliche Zusammenhänge und Begründungen. Entscheidend ist, das solche ersten Eindrücke und Ideen als Ausgangshypothese bewusst werden, denn sie lassen aufmerksam werden und steuern den Blick der Erkenntnis, repräsentieren aber gleichzeitig auch nur eine Sicht der »Wirklichkeit«.

Hassan ist in dem Fallbeispiel vorgestellt worden als ein Junge mit einer abenteuerlichen, aber auch anrührenden Geschichte: Ein Dreizehnjähriger, der auf der Flucht vom Marokko über Süditalien und Spanien nach Deutschland seine Familie verloren hat, der sich aber auch mit »großer Gewandtheit und Unerschrockenheit, zuweilen auch Kaltblütigkeit« durchgeschlagen habe. Ein Junge, der sich »über Wasser« gehalten, sich vermutlich von gestohlenem Geld ernährt und erstaunlicher Weise auch deutsch gelernt hat. Er wird dabei von den PädagogInnen als »ein freundlicher, stets gut gelaunter und interessierter Jugendlicher wahrgenommen«, als »pflegeleicht« geschildert. Angerührt waren sie vor allem von seiner Vorgeschichte. Diese Eindrücke lenken den Blick auf einen gestrandeten und heimatlosen Jungen; die beteiligten PädagogInnen interessiert vor allem, wie sie ihn beheimaten können. Der verstehende Zugang zu Hassan und der diagnostische Blick werden gelenkt durch den Wunsch, ihm ein Teil seiner »verlorenen Kindheit« wiederzugeben. Diese Eindrücke und Emotionen leiten das Fallverstehen, ermöglichen Zugänge ebenso wie sie diese verstellen können.

Dieser Zusammenhang lässt sich gut an einer andersartigen Interpretation des Ereignisses der Flucht von jungen Menschen nach Deutschland zeigen. Vor einigen Jahren hat das Institut für soziale Arbeit e.V., Münster, unter Mitarbeit von Christian Schrapper ein Projekt bearbeitet, das sich mit dem Schicksal und der Unterstützung für Kinderflüchtlinge beschäftigt hat.[26] Vor dem Hintergrund der Projekterfahrungen kann die Geschichte eines jungen Mannes (Hassan), der berichtet, auf verschlungenen Fluchtwegen von Marokko nach Deutschland gekommen zu sein, auch anders erzählt werden:

● Zuerst wird Hassan nicht dreizehn, sondern mindestens sechzehn oder siebzehn Jahre alt sein. Für junge Menschen, die sich auf der Flucht nach Deutschland befinden, ist es entscheidend, nicht älter als sechzehn Jahre zu sein, sonst gelten sie nicht mehr als »Minderjährige unbegleitete Flüchtlinge«. Als erwachsen geltende MigrantInnen und Flüchtlinge aber werden wesentlich schlechter behandelt: in Sammelunterkünften zusammengepfercht, dürfen nicht zur Schule, werden schneller wieder abgeschoben. Der erste Schritt, wenn man nach Deutschland kommt, ist daher, dass man sich so jung macht, wie es die deutsche Jugendhilfe braucht, damit sie helfen darf.

● Zweitens ist Hassan möglicherweise ein Junge, der im Auftrag seiner Familie nach Deutschland gekommen ist: »Es ist Deine Aufgabe, dadurch für die Familie zu sorgen, dass Du Dich nach Deutschland durchschlägst« – wie auch deutsche Immigranten im neunzehnten Jahrhundert oder noch während der NS-Zeit nach Amerika – »und dass Du Dir in Deutschland etwas aneignest oder mitbringst, das zur Versorgung Deiner Familie im Heimatland beiträgt.« So interpretiert, hat Hassan einen Auftrag; er ist nicht gestrandet zwischen Italien, Spanien, Deutschland und Frankreich, sondern dies ist eine gezielte Fluchtbewegung mit einer klaren Idee – wie realistisch auch immer diese sein mag – »Ich gehe nach Deutschland, um hier etwas für meine Familie zu besorgen, um sie zu versorgen. Meine Heimat ist für mich meine Familie.«

Auch diese Geschichte über Hassan ist nur eine Vermutung, zeigt aber, wie bedeutsam und folgenreich solche unterschiedlichen Anfangsvermutungen für die Einschätzung sein können. Die eigenen Anfangsvermutungen, ob PädagogInnen einen heimatlosen Jungen in Hassan sehen oder einen zielstrebigen jungen Migranten, sagen mehr über die jeweils eigene Sicht der Dinge, wenig über das tatsächliche Geschehen und noch nichts über mögliche und brauchbare Erklärungen. Aber ohne diese Anfangsvermutungen kann nicht nur in Hassans Fall aus der verwirrenden Vielfalt der Ereignisse und Eindrücke nichts »herauslesen« werden. Jede Erkenntnis braucht also die »den Blick lenkende« Steuerung des ersten Eindrucks; entscheidend ist allerdings, sich der Wirkung und Begrenztheit solcher Ausgangshypothesen bewusst zu werden.

② **Die Komplexität muss zunächst durch systematische oder explorative Strategien der Informationsbeschaffung erweitert werden (= Öffnung).**
⊃ *Problem: Kriterien und Verfahren der Datensammlung – Zugänglichkeit, Angemessenheit und Vollständigkeit*

Der nächste Schritt auf dem Weg zur Erkenntnis besteht darin, von einer möglichst expliziten und reflektierten Eingangsvermutung aus den Blick zu öffnen, um aus möglichst vielen Perspektiven den Gegenstand »neu« anschauen zu können. Angesichts der prinzipiellen Unendlichkeit möglicher Informationen besteht das zentrale Erkenntnisproblem an dieser Stelle darin, das jeweils richtige Verhältnis von Quantität und Qualität neuer Informationen zu finden: Einerseits sollen so viele neue Informationen wie möglich einbezogen werden,

50

das Bild soll so vollständig und vielfältig wie möglich sein. Andererseits soll gewährleistet werden, dass alle relevanten Informationen erfasst werden können, in der möglichen Fülle nichts »Wesentliches« übersehen wird. Aus der Methodologie wissenschaftlicher Forschung (vgl. Anm. 16) kennen wir unterschiedliche Wege, dieses Dilemma zu lösen.

● *Systematisch hypothesen-geleitete Verfahren* versuchen, aus dem verfügbaren Erkenntnisstand der Forschung und Theoriebildung begründete Zusammenhangsvermutungen (Hypothesen) möglichst präzise zu formulieren. Aus diesen Hypothesen sollen dann relevante Untersuchungsmerkmale abgeleitet werden. So wird sichergestellt, dass alle für wesentlich gehaltenen Aspekte auch tatsächlich in den Blick genommen werden. Eine möglichst objektive, von der erhebenden Person unabhängige Datenbeschaffung ist das Ziel. Strukturierte Anamnesebögen, differenzierte Diagnoseraster[28] und Kategoriensysteme (z. B. ICD 10) oder standardisierte psychologische Testverfahren sind die gängigen Instrumente dieser Strategie.

Die Stärke dieser Strategie in der fallanalytischen Praxis ist der strukturierte und gezielt eingegrenzte Blick auf das, was für wesentlich gehalten wird: Dies ist aber auch gleichzeitig die Schwäche, wenn der Stand der Theoriebildung keine sicheren Aussagen über das, was wesentlich ist, zulässt. Wie oben gezeigt, ist aber gerade diese Unbestimmtheit und Ungewissheit ein bedeutsames Merkmal der Lebenssituationen, mit denen Soziale Arbeit und Jugendhilfe befasst sind.

● Der andere Weg lässt sich als *explorative Strategie*, als eine qualitative Such- und Erkundungsmethodik kennzeichnen. Möglichst vielfältige, durch den Forscher oder die analysierende Pädagogin wenig beeinflusste Informationen, Einschätzungen und Daten sollen gesammelt werden. Gesucht wird nicht die Bestätigung einer vorgegebenen, vermuteten Zusammenhangsstruktur, sondern nach Anhaltspunkten für immanente Muster, nach einer Eigenlogik und -dynamik. Die Erhebungsmethoden dieser Strategie wollen möglichst offen sein, Beobachtungen und Selbstauskünfte so wenig wie möglich durch die Untersuchung selbst beeinflussen. Selbstaussagen eines narrativen Interviews oder nicht für den Zweck der Analyse erstellte autobiographische Texte (z. B. Tagebücher, Briefe) sind bevorzugtes Material. Auch hier ist die Stärke dieser Untersuchungsstrategie, ihre Offenheit und Zugänglichkeit für jede nur denkbare Information, zugleich ihre Schwäche: Im »Dickicht« widersprüchlicher Informationen und Selbstdeutungen droht der distanzierte Blick der Forscherin auf die grundlegenden Zusammenhänge verstellt zu werden – für qualitative Biographieforschung mag dies noch ein akzeptables Risiko sein, nicht aber für sozialpädagogische Analysen in Feldern der Jugendhilfe und des Kinderschutzes.

Beide Strategien haben für die Aufgaben sozialpädagogischen Fallverstehens also zweifellos Stärken, zeigen aber auch deutliche Schwächen und es scheint so, als seien diese reziprok, die Stärke der ersten, die systematisch begründete Konzentration auf das Wesentliche, ist die Schwäche der Zweiten und umgekehrt. Am »Fall Hassan« wird denn auch deutlich, wie begrenzt jede der vorgenannten Erhebungs- und Suchstrategien für eine solzialpädagogisches Fallverstehen ist:

● Objektiv zu erhebende Daten und Informationen über z.B. den Stand seiner psychischen, intellektuellen und sexuellen Entwicklung oder über körperliches Wachstum, eine strukturierte Anamnese seiner Familiengeschichte oder seiner Schulerfahrungen etc. orientieren sich an den Normalitätserwartungen einer westeuropäischen Kindheit. Wie wenig Hassans bisherige Entwicklung diesen Vorstellungen entspricht, davon haben wir erst eine schwache Ahnung.

● Ebenso begrenzt sind aber auch die Versuche, aus den Erzählungen und Selbstdeutungen, die Hassan anbietet, zu einem weiterführenden Verstehen zu gelangen. Die Vermutung, dass für Hassan »Dichtung und Wahrheit«, also gezielte Konstruktion eines gewünschten Lebenslaufs und verarbeitende Deutung realer Erfahrungen und Ereignisse kaum noch zu trennen sind, lässt gerade in solchen Situationen die Begrenzungen unseres westeuropäisch geprägten Einfühlungsvermögens schmerzhaft deutlich werden.

Auch im Fall Hassan verspricht erst eine Kombination und Ergänzung beider Erhebungsstrategien überhaupt weiterführende Erkenntnis, aber es wird auch deutlich, wie kulturell geprägt und begrenzt unser Verstehenshorizont ist.

③ **Danach muss die Komplexität durch Verteilungsparameter, Klassifikation/ Typologie oder die Rekonstruktion von Mustern und Regeln wieder auf ein verstehbares Maß reduziert werden (= Schließung).**
⊃ *Problem: Rationalität und Legitimität der Verfahren zur Informationsverdichtung*

In der nächsten Arbeitsphase jedes Forschungs- und Diagnoseprozesses geht es darum, die gerade erst eröffnete Vielschichtigkeit und Komplexität wieder auf ein verstehbares Maß zu reduzieren. Die erweiterten Kenntnisse und Einblicke aus Informationen und Daten, wie sie z.B. durch Erhebungslisten, Untersuchungen, Befragungen oder Interviews gewonnen wurde, müssen wieder »sinnvoll« verdichtet werden. Auch für diesen Schritt der Erkenntnisgewinnung stehen je nach Datenlage unterschiedliche Verfahren und Methoden zur Auswahl:

- Statistische Verteilungsparameter herausarbeiten, wie Mittelwerte, Standardabweichungen, Korrelationen etc.;
- Zuordnung und Abgleich mit Normalitätskonzepten, z. B. altergemäße Stufen körperlicher, psychischer oder sozialer Entwicklung, um ggf. den Grad der Abweichung festzustellen;
- Rekonstruktion von Mustern und Regeln in der subjektiven Gestaltung von Lebenslauf und der Bedeutung von Lebensthemen.

In der medizinisch-psychiatrischen und z. T. auch psychologischen Diagnostik werden eher die ersten beiden Strategien verwandt, in anderen Richtungen der Psychologie und auch in der psychoanalytischen sowie (sozial-)pädagogischer Deutung wird den qualitativen Strategien mehr zugetraut. Jede diese Strategien zur Reduktion von Komplexität hat ihre Vor- und Nachteile, alle führen zu Verkürzungen und bilden die zuvor noch möglichst vielfältig erfasste Wirklichkeit nur begrenzt ab. Aber genau das ist ihre Aufgabe: Ohne eine Verdichtung und Verkürzung auf »das Wesentliche« verstellt die Vielzahl der Informationen den Blick.

Ein Schwäche sozialpädagogischer Deutungsprozesse ist nicht selten, dass für diese unumgängliche Arbeitsphase der Zusammenfassung und Interpretation zuvor gesammelter Informationen und Einschätzungen keine ausreichend gesicherten und anerkannten Verfahren genutzt werden. So kann der Eindruck entstehen, die Zusammenfassung und Deutung sei zufällig und subjektiv. In Beratungen und Fallbesprechungen ist z. B. häufiger zu erleben, dass in unsicheren Deutungssituationen sozialpädagogische Fachkräfte dazu neigen, die Komplexität wieder vervielfältigen zu wollen. Wenn die Einschätzung einer Familie oder der Lebenssituation eines Kindes auf eine zusammenfassende Deutung drängt, man sich aber unsicher ist, tauchen häufiger solche Fragen auf: »Haben wir denn schon genug gesehen, haben wir schon alles erfragt, was wichtig sein könnte, müssen wir uns nicht noch mehr Informationen beschaffen?« So richtig es sein kann, in der Deutung und Interpretation auf bisher nicht gestellte Fragen zu stoßen, für deren Beantwortung mehr und neue Information gebraucht werden, so falsch ist es sich auf diese Weise vor einer ggf. folgenreichen Deutung »zu drücken«.

Deutlich wird, dass eine umfangreiche Informationssammlung alleine noch keine fallverstehende bzw. diagnostische Erkenntnis ist, auch wenn diese durchaus darin »verborgen« sein kann. Erst durch Zusammenfassung, das Herstellen von Zusammenhängen, durch Interpretation und Deutung also, werden aus gesammelten Informationen neue Erkenntnisse oder Diagnosen. Wie in den jeweiligen Forschungs- oder Diagnosestrategien diese Reduktion von Komplexität methodisch bearbeitet und auf welche theoretischen Konzepte für die Erklärung von Zusammenhängen dabei zurückgegriffen wird, ist daher ebenso entscheidend für die Qualität und praktische Brauchbarkeit der Verfahren, wie die Instrumente und Vielfalt der zuvor erhobenen Informationen. Nur solche Informationen, die auch gedeutet werden, können verstanden werden und somit zur Erkenntnis beitragen.

Das Grundproblem dieser Interpretationsleistungen bleibt aber trotz aller methodischen Ausgewiesenheit und theoretischen Begründung die Subjektivität jeder menschlichen Deutung. Dies gilt für die Ausdeutung statistischer Kennzahlen ebenso wie für das Verständnis biographischer Interviewpassagen. Die im folgenden Kapitel vorgestellten diagnostischen Verfahren unterscheiden sich insbesondere darin, wie sie versuchen, den »subjektiven Faktor« durch Methodik zu kontrollieren, ob eher durch Begrenzung bis hin zum behaupteten Ausschluss oder durch gezielte Ausbildung, Pflege und Nutzung.[29]

❹ **Zuletzt sollen aus den gewonnen Erkenntnissen Konsequenzen gezogen, d. h. Handlungsoption begründet und entschieden werden.**
⊃ *Problem: ausreichende Konkretheit und ethische Verantwortung für die mögliche Verwendung*

Die abschließende Aufgabe jedes Erkenntnisprozesses ist es, mögliche Verwertungen abzuwägen. Die Erwartung und ggf. auch der Druck, zu verwertbaren Ergebnissen zu kommen, ist unterschiedlich. Wissenschaftliche Erkenntnisprozesse der Grundlagenforschung unterliegen dabei anderen »Verwertungsinteressen«, als solche in finanzierter Auftragsforschung oder eben eine fallanalytische Erkenntnisgewinnung im Rahmen jugendhilferechtlicher Aufgaben. Allen gemein ist allerdings, das es »wertfreie« Erkenntnisse nicht gibt, sondern jede Forscherin und jeder »Diagnostiker« spätestens an dieser Stelle nicht nur mit der wissenschaftlichen oder professionellen Verantwortung für die Grundlagen und Instrumente, sondern auch mit der ethischen Verantwortung für die Ergebnisse konfrontiert ist. So wichtig es ist, jeden »Schöpfer« neuer Einsichten und Erkenntnisse in diese ethische Verantwortung für die Anwendung einzubinden, so wenig kann er oder sie für jede nur denkbare Verwendung haftbar gemacht werden. Es bleibt ein schmaler Grat der Abwägung zwischen Gewinn und Missbrauch.

4. Aktuelle Verfahren und Konzepte

Zu Beginn des Beitrages (vgl. Kapitel 1) wurde ausgeführt, dass es derzeit in der Sozialpädagogik und bezogen auf die sozialpädagogische Praxis vor allem im Feld der Jugendhilfe eine Reihe von unterschiedlichen Konzepten und Methoden sozialpädagogischen Fallverstehens bzw. sozialpädagogischer Diagnostik gibt. In der Diskussion sind vor allem folgende, umfangreicher entwickelte Ansätze des Verstehens und der Bearbeitung von Einzelfällen, die in unterschiedlicher Intensität Eingang in den Alltag von Einrichtungen und Diensten der Jugendhilfe gefunden haben und erprobt wurden (siehe Kurzübersicht, S. 56 f.).

Ohne die Konzepte an dieser Stelle im Einzelnen ausführlicher vorstellen zu können, kann die Gemeinsamkeit aller Verfahren darin beschrieben werden, dass sie den sinnvollen und notwendigen Versuch unternehmen, Entscheidungen in Hilfeprozessen die Beliebigkeit zu nehmen und ein Instrument anzubieten, um zu nachvollziehbareren und überprüfbaren Ergebnissen bei der Analyse und Deutung von Problemlagen zu gelangen. Dies geschieht jedoch auf sehr unterschiedlichen Wegen, die nicht nur verschiedenartige methodische Orientierungen markieren, sondern auch grundlegende theoretische Unterscheidungen. In der Systematisierung der Verfahren kristallisieren sich u. E. drei wesentliche Richtungen heraus:

❶ Psychologisch – diagnostische Verfahren

Die psychologisch orientierten Verfahren, deren VertreterInnen Harnach-Beck, aber auch Petermann (z. B. 1995) oder Maas (z. B. 1997) sind, sprechen eindeutig von der Diagnostik als zentrale sozialpädagogische Tätigkeit im Verlauf der Hilfeentscheidung. Die zu erstellende Diagnose basiert auf einer regelgeleiteten Informationssammlung (»Sachverhaltsklärung«), im Rahmen derer relevante Fakten und Einschätzungen über familiäre Belastungssituationen systematisch und anhand vorgegebener Erhebungsraster gebündelt und aufbereitet werden sollen.

In welcher Form die gesammelten Fakten konkret interpretiert und bewertet werden, bleibt in diesen Verfahren offen. Grundsätzlich erfolgt die Auswertung der Daten allerdings durch den Abgleich mit Normalitätserwartungen, insbesondere psychischer und sozialer Entwicklung, sowie mit Theorien über »richtige« Erziehung und Versorgung. Defizite oder Störungen einzelner Personen

Kurzübersicht der Verfahren des Fallverstehens/ der Diagnostik[29]

KONZEPT:	ECKPUNKTE DES ANSATZES:
Uwe Uhlendorff/ Klaus Mollenhauer: **Sozialpädagogische Diagnosen**	● **sozialpädagogisch – hermeneutisches Diagnoseverfahren** für die Hilfeplanung, dessen diagnostische Grundlage die Selbstdeutungen junger Menschen sind (➔ Selbstaussagen über leitfadengestützte Interviews) ● geht von der Annahme aus, dass junge Menschen **Entwicklungsaufgaben** zu lösen haben, um erwachsen zu werden/ Schwierigkeiten bei der Bewältigung der entwicklungsgemäßen Anforderungen bilden den Ansatzpunkt für Unterstützung und Intervention ● Interpretation der Interviews erfolgt im Team ➔ Herausfiltern der **Lebensthemen**/ Deutung der Entwicklungsschwierigkeiten und Herstellung des Bezugs zu den hinter den Themen liegenden Entwicklungsaufgaben anhand eines **Diagnosemanuals** als Deutungshilfe ● eher ausgerichtet auf das Hilfesetting in einer Maßnahme (Betreuungs-/ Erziehungsplanung)
Viola Harnach – Beck: **Psychosoziale Diagnostik**	● Beitrag der Psychologie zur Fallbearbeitung in der Jugendhilfe ● psychosoziale Diagnostik als **regelgeleitete Informationssammlung**, d.h. fachlich und rechtlich fundierte Datensammlung mit dem Ziel der **Sachverhaltsklärung** ● für die drei in diesem Verfahren unterschiedenen Phasen der Hilfeplanung werden **Leitfragen** vorgegeben, die die diagnostische Arbeit der sozialpädagogischen Fachkraft steuern sollen, ohne dass dabei Deutungshilfen bezüglich der Antworten auf die Leitfragen formuliert werden
Monika Thiesmeier/ Christian Schrapper/ Sabine Ader u.a.[30]: **Kollegiale Beratung/ Kollegiales Fallverstehen**	● kollegiales Fallverstehen als strukturierte Reflexionsmethode zur Fallanalyse und Entscheidungsfindung (phasenspezifisches Verlaufsmodell) ● **Fallverstehen über Fallinszenierung** als wesentliches Verfahrenselement: **verteilte Identifikation** im Team; Betrachtung der **Übertragungs- und Spiegelphänomene** ● Verbindlichkeit von Ort, Zeit, Verfahren und Personen als erforderliche, durch Leitung abzusichernde Rahmenbedingungen ● zugleich fachlich und methodisch zuverlässige Form des Zusammenwirkens mehrerer Fachkräfte (gem. § 36 Abs. 2 KJHG)
Norbert Höpfner/ Manfred Jöbgen: **Pädagogische Diagnostik**	● Verfahren lehnt sich an das wissenschaftlich elaborierte Konzept der **objektive Hermeneutik Oevermanns** und das Forschunhsinstrument des **narrativen Interviews** von **Schütze** (Biographieforschung) an ● Fallverstehen durch die Deutung **biographischer Selbstporträts** junger Menschen (narrative Interviews ohne Leitfragen)

	● Textinterpretation in der Gruppe auf der Basis textanalytischer Methoden ➜ Freilegung **biographischer Steuerungsmuster** eines jungen Menschen bilden Ansatzpunkt für Interventionen
Hans-Jürgen Glinka u.a.: **Ethnographische Fallarbeit**	● handlungsleitend ist eine prinzipiell **ethnographische Grundhaltung** (»fremden Sinn verstehen wollen«) ● Grundlage für den Prozess des Verstehens ist ein narratives Interview mit den Betroffenen ● das transkribierte Interview wird in einer Arbeitsgruppe nach den auf Fritz Schütze zurückgehenden Regeln ausgewertet: **Sinnmuster** und **Verlaufskurven** (= sich zunehmend verfestigende Prozesse des Erleidens) in den Lebensgeschichten der Interviewten herausarbeiten; nach Ressourcen als Ansatzpunkte für Interventionen suchen ● Auswertung und Deutung (Verstehen) sowie das Erarbeiten von Handlungsmöglichkeiten vollzieht sich in der Gruppe der fallbeteiligten Fachkräfte

oder in Familien sollen erkannt und entsprechender Handlungsbedarf begründet werden.

Der Prozess der Erkenntnisgewinnung, d.h. die Auswahl relevanter Informationen und deren Verwertung, wird dabei vorrangig durch den Verwendungszweck gesteuert, nämlich im Rahmen sozialrechtlicher Entscheidungsprozeduren (insbesondere Hilfeplan gem. § 36 SGB VIII) oder Kinderschutz-Interventionen (ggf. auch als gerichtlich verwertbare Gutachten) zu einer expertenorientierten Diagnose zu gelangen.

❷ Biographisch – rekonstruktive Verfahren:

Die Grundlage aller Ansätze biographischen Fallverstehens oder biographischer Diagnosen sind Selbstdeutungen von Menschen, d.h. biographische Erzählungen, die mehr oder weniger offen und strukturiert gewonnen werden und die das Ausgangsmaterial für die Interpretation bzw. Diagnose liefern. Mit Hilfe hermeneutischer Analyse und unterschiedlichen Interpretationstechniken aus der Sozialforschung werden die Erzählungen dann als transkribierter Text(auszug) z.T. auch in Gruppen durchgearbeitet und gedeutet. Bei aller Unterschiedlichkeit der Verfahren im Detail, geht es prinzipiell darum, die zentralen Prozesse und/ oder Schwierigkeiten zu rekonstruieren, die im Verlauf der Sozialisation eines jungen Menschen zur Herausbildung der eigenen Persönlichkeit geführt haben, und die die individuellen Handlungs- und Entscheidungsmuster maßgeblich prägen. Die theoretische Grundlage dieser Verfahren sind wissenschaftliche Erkenntnisse über biographische Strukturen und Verläufe oder Entwicklungs- und Sozialisationstheorien. Eingenommen werden soll im Verlauf der professionellen Deutung eine »ethnographische Haltung«, d.h. eine durch respektvolles Interesse geprägte, aber auch distanzierte, der eigenen Fremdheit bewusste Haltung.

Gesteuert wird das Erkenntnisinteresse und auch die Erkenntnisoptionen in den biographisch – rekonstruktiven Ansätzen durch die Selbstauskünfte des Gegenübers, die explizit und implizit im gewonnen Material enthalten sind. Demzufolge können als Ergebnis des Interpretations- oder Diagnoseprozesses vorrangig Erkenntnisse über Selbstbilder und Selbsterklärungen sowie deren Wirkungen für grundsätzliche Handlungsorientierungen, insbesondere im Umgang mit Krisensituationen, zusammengetragen werden. Als Vertreter solcher Verfahren, die auf der Basis des skizzierten Verfahrens Interventionsstrategien für die sozialpädagogische Praxis entwickeln, sind vor allem Uwe Uhlendorff (1997), Manfred Jöbgen und Norbert Höpfner (2001) sowie Hans-Jürgen Glinka (1999 a und b; 2001) zu nennen.

❸ Gruppenorientiert – inszenierende Verfahren:

Die gruppenorientiert – inszenierenden Verfahren stellen eine systematische Methode zur Fallanalyse und -beratung dar. In möglichst kontinuierlich und strukturiert arbeitenden Gruppen werden von Gruppenmitgliedern zu bearbeitende Fälle vorgestellt und reflektiert. Dies geschieht nach festgelegten Arbeitsphasen und wird immer moderiert. Kern der verstehenden und fallanalytischen Leistung ist eine stellvertretende Identifikation von Gruppenmitgliedern mit den im Fall handelnden Personen, d.h. das i.d.R. unbewusst verlaufende Wahrnehmen und Bewerten gewonnener Eindrücke wird auf eine bewusste und kommunizierte Ebene gehoben. In der Gruppe wird die affektive Dynamik re-inszeniert und kann so einem Verstehens- und Reflexionsprozess zugänglich gemacht werden. Die in dem Fall unmittelbar involvierten Fachkräfte sind in dieser Arbeitsphase nicht aktiv beteiligt.

Durch die festgelegten Arbeitsphasen und die Moderation soll sowohl der Identifikationsprozess geschützt als auch die Gruppentendenz zur Harmonisierung begrenzt werden.[31] Methodisch bedeutsam ist vor allem die kontrollierte Verbindung von reflexiver Distanz und identifizierbarer Emotionalität.

Neben immer notwendigem »Faktenwissen« werden der fachlichen Reflexion auf diese Weise vor allem die Dynamiken und Wechselwirkungen zwischen Helfer- und Klientensystem(en) zugänglich. Gesteuert wird in diesen Konzepten der Erkenntnisgewinn vorrangig von den Handlungsanforderungen und der Beratungsanfrage der zuständigen Fachkräfte.

Als VertreterInnen gruppenorientierter Verfahren sind Fallner (1990) und in der Weiterentwicklung Thiesmeier, Schattenhofer, Schrapper, Ader u. a. zu nennen.[32]

Geht man von den beschriebenen drei Grundrichtungen aus, so sind die biographisch – rekonstruktiv orientierten Verfahren aktuell am stärksten »in Mode«. Neben der wissenschaftlichen Elaboriertheit der angewandten Instrumente sowie der Etablierung der Biographieforschung insgesamt erscheinen uns als Gründe dafür,

- dass sie aufgrund der Selbstdeutungen von Betroffenen versprechen, den im KJHG festgelegten Anspruch der Partizipation von HilfeadressatInnen zu realisieren (d. h. der Eigensinn von Kindern und Jugendlichen bekommt im Rahmen der interpretierenden bzw. diagnostischen Tätigkeiten einen erkennbaren Platz);
- dass sie aufgrund dessen per se die »moralisch richtige Parteilichkeit« für die Betroffenen vertreten und sich von einer »Experten-Diagnose« abgrenzen;
- dass sie viel Distanz zur Institution und zu professionellem Handeln erlauben, weil fachliche und institutionelle Faktoren für das ,Schwierig-Werden' von Fällen kaum eine Rolle spielen;
- und dass sie forschungspragmatisch gut zu bearbeiten sind.

Wir teilen die Sicht, dass diese Ansätze methodisch gut entwickelt und für die sozialpädagogische Praxis nützlich sind, wenn es darum geht, tiefe und qualitativ reichhaltige Einsichten in die Psychodynamik und in die Handlungsmuster eines jungen Menschen zu gewinnen. Fraglich erscheint uns aber, ob sie in der Anwendung nicht differenzierter und zeitaufwendiger sind, als dies regelhaft im Alltag der Jugendhilfe möglich ist, in dem in Belastungs- und Krisensituationen relativ schnell Entscheidungen von oft weitreichender Bedeutung für Kinder und ihre Familien zu treffen sind, die unter Berücksichtigung vorhandener Ressourcen mit den Betroffenen verhandelt, ggf. modifiziert und umgesetzt werden müssen.

Wesentlicher als die Frage der Umsetzbarkeit und Anschlussfähigkeit an die derzeitige Praxis erscheint uns aber, dass sowohl die biographisch – rekonstruktiven als auch die pychologischen Verfahren den Blick ausschließlich bzw. vorrangig auf die biographischen Aspekte eines Falls richten, die Analyse der institutionellen Bearbeitungsmuster in ihrer Bedeutung für den Fall jedoch eher unberücksichtigt lassen.

Die differenzierten Fallanalysen im Rahmen des Modellprojektes haben jedoch nochmals systematisch aufgezeigt, dass sozioökonomisch belastende und aktuell krisenhaft zugespitzte Familien- und Lebensverhältnisse sowie erfahrene Verletzungen und Traumatisierungen allein zur Erklärung eines »schwierigen« Falles nicht ausreichen.[33]

Hoch belastete Lebens*situationen* von Kindern und Familien werden offensichtlich immer dann zu »besonders schwierigen« *Fällen*, wenn mindestens zwei Dinge zusammenkommen:

a) die materielle, psychische und/oder soziale Not und Isolierung, die wie oben geschildert dazu führt, dass ein Familiensystem völlig »aus den Fugen gerät«,

b) und ein Hilfesystem, das so in die Dynamik einer Familie verstrickt und so mit eigenen (Kooperations- und Zuständigkeits-) Problemen beschäftigt ist, dass es den am jungen Menschen orientierten Blick auf eine eskalierende familiäre Situation verliert.

Dies bedeutet, dass es nicht allein spezifische Schlüsselsituationen in der Lebens- und Familiengeschichte eines jungen Menschen sind, die dazu führen, dass sie stolpern und zu Grenzfällen werden, sondern es sind eher die Schlüsselkonstellationen, d.h. die Summe der Ereignisse, Bewertungen und Dynamiken aller Beteiligten und ihrer Systeme.

Aufgrund dieses Befundes lassen sich aus unserer Sicht für ein eigenständig sozialpädagogisches Fallverstehen bzw. eine sozialpädagogische Analyse- und Deutungskompetenz vier Prüffragen formulieren, an denen sich entsprechende Konzepte und Methoden für die sozialpädagogische Praxis messen lassen müssen:

● Werden die »*zwei Seiten*« *eines Falles* gesehen, d.h. gibt es neben dem analytischen Blick auf eine Familie auch den regelhaften Blick auf den fachlich-individuellen und den institutionellen Einflussfaktor des Hilfesystems und die Wechselwirkungen zwischen Hilfe- und Klientensystem?

● Tragen die angewandten Instrumente der Komplexität von Problemkonstellationen Rechnung und gewährleisten, dass keine unreflektierten einseitigen Identifikationen stattfinden, sondern eine *fachliche Bewertung als Gruppenleistung* durch das »Zusammenwirken mehrerer Fachkräfte« entsteht?

● Erfolgt der Prozesse der Analyse und Bewertung unter Berücksichtigung der Handlungsorientierung des Arbeitsfeldes und liegen die Arbeitsschritte von fachlicher *Positionierung und Intervention* (bzw. Interventionsplanung) in einer Hand?

● Entspricht das jeweilige Verfahren dem *Handlungsrahmen des Feldes* (vgl. Kapitel 2) und ist es für die zu bearbeitenden Aufträge praktikabel?

5. Leitsätze und Kriterien sozialpädagogischen Fallverstehens

In Orientierung an den vorstehend formulierten Prüffragen wollen wir uns der Frage annähern, welche grundsätzlichen Erkenntnisse sich aus den darge-stellten erkenntnistheoretischen Problemen sowie den vorgestellten Konzep-ten für die Verstehens- und Deutungsarbeit in der sozialpädagogischen Praxis der Jugendhilfe ziehen lassen. Eine erste Antwort stellen die folgenden, acht thesenartig zugespitzten Leitsätze dar:

❶ **Fakten allein sind keine fachliche Bewertung bzw. keine Diagnose, aber eine unverzichtbare Grundlage.**

Vielfältige Fakten und Informationen, möglichst unterschiedliche Sichtweisen und Einschätzungen, vorhergehende oder begleitende Erkenntnisse und Beur-teilungen anderer Professionen und Arbeitsfelder, ausführliche Erzählungen und Berichte von Kindern und Eltern, all dies sind notwendige Grundlagen ei-ner um Verstehen bemühten Falldeutung oder einer »brauchbaren« Diagnose – aber sie sind noch nicht das Fallverstehen oder die Diagnose. Daten, Ein-schätzungen und Auskünfte, die nicht systematisch und intersubjektiv nach-vollziehbar verarbeitet, d.h. interpretiert und gedeutet werden können, blei-ben nicht nur ungenutzt und unverstanden, sie verletzen auch die Intimität ei-nes jungen Menschen oder einer Familie. Zum Schutz der KlientInnen und auch der fallzuständigen Fachkräfte sollte daher für die »Sammelphase« die Maxime gelten: »Soviel wie nötig, aber so wenig wie möglich.«

Für notwendig halten wir, dass Hinweise, Materialien, Prozesse und Ergebnis-se fallanalytischer und deutender Prozesse sowohl für jeden einzelnen Fall, aber auch in der Summe der Aufgaben und Fälle einer Arbeitsstelle nachvoll-ziehbar dokumentiert und ausgewertet werden. Eine begleitende Aufzeich-nung aller relevanten Beobachtungen, Informationen und Arbeitsschritte muss nicht nur die Erfordernisse einer geordneten Aktenführung erfüllen so-wie dem Nachweis im Falle der Rechtfertigung genügen, sondern sie gehört auch zu den grundlegenden Bausteinen professioneller sozialer Dienste. Zuverlässig kann diese Funktion aber nur eine Dokumentation erfüllen, die

● Beobachtungen und Informationen über die Lebensumstände von Kindern nach systematischen Kriterien und unter Berücksichtigung sozialwissenschaftlicher Kenntnissen (z. B. über die Entwicklung von Krisen in familiären Systemen oder die biographische Bedeutung früh erlebter Vernachlässigung) festhält,

● diese Beobachtungen jeweils zu einer zusammenfassenden Bewertung bündelt,

● sowie wiederholt und zu regelmäßigen Zeitpunkten erfolgt, damit in der Summe aller Fakten und Einschätzungen in ihrer zeitlichen Entwicklung eine riskante Versorgungs- und Betreuungssituation eines Kindes frühzeitig erkannt werden kann.

Als »Glinder Manual« ist ein solches Dokumentationssystem bekannt geworden, das von Mitarbeiterinnen und Mitarbeitern des Allgemeinen Sozialen Dienstes des Kreisjugendamtes Stormarn in Glinde, einer kleinen Gemeinde im Norden von Hamburg, im Rahmen eines Forschungsprojektes des Institutes für soziale Arbeit entwickelt wurde.[34] Solche oder ähnliche Dokumentationssysteme müssen zum verbindlichen Arbeitsinstrumentarium jedes qualifizierten sozialen Dienstes gehören.

❷ Interpretation und Deutung sind unumgänglich, aber immer subjektiv und einseitig.

Trotz aller wissenschaftlich begründeten Methoden bleibt die Hauptleistung jeder fachlichen Analyse bzw. jeder Diagnose im Kern eine personenabhängige Interpretation und Deutung.
Zum einen prägen die individuellen Wahrnehmungen der Fachkräfte, ihre eigenen Normen und Werte, ihre Grundhaltungen und lebensgeschichtlichen Erfahrungen den fachlichen Zugang zu der Situation eines jungen Menschen bzw. seiner Familie und spielen eine bedeutende Rolle im Kontakt sowie bei der Definition des individuellen Hilfebedarfes. Zum anderen steht das Fallverstehen in enger Verbindung zu dem System/ der Organisation, in dem sich eine Fachkraft bewegt. Wird z. B. in einem Jugendamt die Familienorientierung als wichtige handlungsleitende Prämisse bewertet, ist es schwieriger, auf die Aspekte eines Falles zu schauen, die danach fragen, ob ein Kind in einer Familie überhaupt noch einen emotionalen und sozialen Platz hat. Organisationstheoretisch gesprochen leitet also auch das Wertesystem einer Institution

das Handeln der in ihr tätigen Personen. Diese Einsicht hat zwei folgenreiche Auswirkungen:

❸ Menschen verstehen nur, was sie erlebt haben oder sich vorstellen können.

Am Beispiel des marokkanischen Jungen oder jungen Mannes Hassan und seiner Fluchterfahrung wurde deutlich, wie begrenzt unsere Verstehenshorizonte sind, wie abhängig von persönlicher und beruflicher Biographie, von Alter, Geschlecht, kultureller Zugehörigkeit sowie historischer und gesellschaftlicher Situation. Andererseits bleibt jede psychosoziale Fallverstehen und jede Analyse ohne das mitfühlende Nachempfinden eines Menschen für einen anderen Menschen eine im Kern unverstandene, weil »technische« Abbildung einer sozialen Situation oder einer psychischen Entwicklung. Erst die Bereitschaft und die Fähigkeit zum identifizierenden Perspektivenwechsel eröffnet einer fallzuständigen/ fallbeteiligten Fachkraft den Zugang zur Subjektivität und Eigenwilligkeit des Gegenübers. Und gerade dieser Zugang ist die Voraussetzung für jede auf die Mündigkeit, d.h. die Entwicklung von Selbständigkeit und Selbstbestimmung zielende sozialpädagogische Intervention.

❹ Der »subjektive Faktor« muss daher zugleich gepflegt und kontrolliert werden: Sozialpädagogisches Fallverstehen ist nur als Gruppenleistung möglich, bei der die Analysefähigkeit ebenso wie die Kontrollleistung reflektierter Gruppenprozesse genutzt werden.

Die besondere Abhängigkeit sozialpädagogischer Analyse vom »subjektiven Faktor« darf u.E. nicht als Defizit missverstanden werden, sondern muss zu methodischen Überlegungen anregen, wie die notwendige Ausbildung und Pflege ebenso wie die Reflexion und Kontrolle zum Schutz vor subjektiver Willkür gewährleistet werden kann.
Die Ausbildung und Pflege des »subjektiven Faktors« ist vorrangig die unverzichtbare Aufgaben von qualifizierter Ausbildung, Fortbildung und Supervision im Feld der Jugendhilfe.
Die Grundlage für den Schutz vor fachlich-individueller Beliebigkeit von Bewertungen liefert das KJHG. Die im § 36 KJHG gefundene Formulierung vom »Zusammenwirken mehrerer Fachkräfte« ist u.E. eine ausgesprochen gelungene Regelung, da sie den Streit darum, ob Teamarbeit sein muss oder nicht, auf einer aufgabenbezogenen Ebene aufzulösen hilft: Weil auch Sozialpädago-

ginnen und Sozialpädagogen Menschen mit eigener Biographie und Berufserfahrung sind, die durch »ihre Augen« einen Fall jeweils anders sehen und
beurteilen, müssen sie sich der Kontrolle und Vergewisserung anderer ausset-
zen. Aus diesem Grund ist das Zusammenwirken mehrerer Fachkräfte in einer verbindlichen methodischen Form vorgeschrieben und unverzichtbar, um
das Wohl von Kindern zu gewährleisten.

Allerdings sind, so zeigen die Ergebnisse sozialpsychologischer Forschungen
(vgl. Anm. 31), Arbeitsgruppen weder »von Natur aus« besonders kritisch,
noch streng kontrollierend, sondern eher auf Zusammenhalt durch Ausgleich
und Harmonie bedacht. Das Verstehen im Gruppenkontext beinhaltet also die
Gefahr, zwar Wege für schwierige Problemlagen zu finden, diese sich aber
dann mehr an den Werten der Gruppe bzw. der Institution orientieren als an
den Notwendigkeiten des Falles, und dass die Lösungsideen eher der Vermei-
dung von Unsicherheiten der Fachkräfte dienen als der Erarbeitung des fachlich besten Angebotes an eine Familie. Es ist daher unverzichtbar, die ge-
wünschte Leistungsfähigkeit der Gruppen- oder Teamarbeit nicht »automatisch« anzunehmen, sonder durch geschulte, d. h. methodisch bewusst gestal-
tete Arbeitsabläufe und Regeln zu entwickeln, zu pflegen und auch zu kontrollieren.

So selbstverständlich diese Forderungen klingen mögen, so wichtig ist es doch
gesondert darauf hinzuweisen, dass die skizzierten fallanalytischen oder diagnostischen Kompetenzen nicht einmal angeeignet und dann dauerhaft abgerufen werden können. Wenn schon komplizierte Maschinen nur dann zuverlässig funktionieren, wenn sie regelmäßig geprüft und sachkundig gepflegt
werden, gilt dies umso mehr für komplexe soziale und personale Prozesse.
Regelmäßige Fort- und Weiterbildung, von ArbeitgeberInnen und Vorgesetz-
ten im Rahmen ihrer Sicherungs- und Fürsorgepflichten angeordnet und
überprüft und nicht mühsam abgerungen oder nur den individuellen Vorlieben
der MitarbeiterInnen folgend, sind die Basis zur qualifizierten Erledigung der
zu erfüllenden Aufgaben. Ebenso braucht es dafür Organisationen, die sich ihres eigenen Einflusses auf die individuellen Arbeitsweisen und ihres wertege-
bundenen Handelns bewusst sind und dies fortlaufend zum Gegenstand (extern begleiteter) Reflexion machen.

⑤ **Der Fall ist mehr als eine Biographie – zu jedem Fallverstehen/ jeder
Diagnose gehört auch die »Selbstdiagnose« des Hilfesystems.**

Gerade aus den Erkenntnissen des Modellprojektes kommt diesem Leitsatz eine besondere Bedeutung für die deutenden und bewertenden Tätigkeiten in

der Jugendhilfe zu. In den untersuchten »schwierigen Fällen« gab es vielfach
sehr wirkungsmächtige aber weitgehend unverstandene Verstrickungen der
HelferInnen in ihren Systemen und mit den Systemen der KlientInnen[35]. Wichtige fallverstehenden oder diagnostische Erkenntnisse über die Dynamik eines
Falles konnten u. a. durch die regelhaft vorgenommene »Selbstdiagnose« der
HelferInnen, ihrer Verstrickungen und Konflikte gewonnen werden.

Gerade in der Jugendhilfe muss deshalb immer wieder ein Bewusstsein dafür
entwickelt werden, dass solche Verstrickungen »normal« und nicht Ergebnis
schlechter Arbeit sind. In komplexen psychosozialen Arbeitsprozessen gehört
es dazu, sich zu verstricken. Nur so entstehen Identifikation und Mitgefühl als
Voraussetzung für Entwicklung und Selbständigkeit fördernde personale Hilfebeziehungen. Entscheidend ist, dass diese notwendigen Verstrickungen nicht
unbewusst bleiben, naiv als »Parteilichkeit« interpretiert oder als zu anstrengend abgewehrt werden müssen. Erst ein Hilfesystem, dass um ausreichende
Selbsterkenntnis und Reflexion bemüht ist, kann aufmerksam werden auf die
verborgenen Ressourcen und Potenziale auch schwer beeinträchtigter und gefährdeter Familien und sich gleichzeitig vor Naivität und Überforderung schützen.

Der intensive Blick auf einen »schwierigen Fall« ist folglich immer auch ein
Blick in den Spiegel einer »schwierigen Organisation«. Erst wenn die Schwierigkeiten und Dysfunktionalitäten in der eigenen Organisation, im Team, mit
der Wirtschaftlichen Jugendhilfe, mit den FachkollegInnen beim freien Träger
oder mit den angrenzenden Systemen der Psychiatrie, Polizei oder Schule offenbar werden können, kann auch das Verstehen und vor allem das Handeln
in einem komplexen und komplizierten Fall produktiv entwickelt werden.

⑥ **Jede Fallverstehen bzw. jede Diagnose ist nur so gut wie die Intervention, die daraus folgt.**

Auf die notwendige Verbindung von Analyse/ Positionierung und Intervention
in der Praxis der Jugendhilfe wurde in diesem Beitrag schon hingewiesen. Es
gibt Verfahren, die diese Arbeitsschritte trennen, indem z. B. ein Gutachten
über einen Jugendlichen extern erstellt wird, das dann den Fachkräften im
ASD als Grundlage ihrer Handlungsplanung dienen soll. Darin steckt aus unserer Sicht die Gefahr, einen Fall nicht mehr wirklich verstehen, d. h. auch
emotional spüren zu müssen und/ oder Interventionen aus einer »externen
Diagnose« abzuleiten, an deren Zustandekommen eine fallführende Fachkraft
nicht beteiligt ist. Wir plädieren eindeutig dafür, die originäre Aufgabe des sozialpädagogischen Fallverstehens und der Planung von Interventionen in den

Händen derer zu belassen, die auch am Prozess der gesamten Hilfeplanung maßgeblich beteiligt sind und diesen steuern, und nicht ein weiteres Expertentum in Form einer Diagnose-Fachstelle o. Ä. zu schaffen.

Gemeint ist damit nicht, dass jede fachliche Bewertung bzw. Diagnose zu einer Lösung im Sinne einer sofort zu installierenden Maßnahme führen muss. Das kollegiale Fallverstehen schließt mit dem Arbeitsschritt ab, der heißt: »Wie kann ein nächster Schritt aussehen?«. Es geht also um die Klärung des weiteren Vorgehens, das sich auch auf die unmittelbare Rollengestaltung oder auf ein konkretes fachliches Angebot an eine Familie beziehen kann. Die Optionen für das Handeln müssen deutlich werden, mögliche Folgen und Wirkungen reflektiert und abgewogen werden können, auch und gerade wenn diese zuerst eine Nicht-Intervention, z. B. ein aufmerksames Beobachten oder respektvolles Abwarten, begründen.

⓻ Sozialpädagogisches Fallverstehen hat sozialpädagogische Handlungsstrategien zur Konsequenz.

Entscheidend ist, dass zu entwickelnde sozialpädagogische Handlungsstrategien in erster Linie am Leitmotiv der Pädagogik, dem Ermöglichen von (Selbst-) Bildungsprozessen, orientiert bleiben, d. h. das sie nicht die Maxime des Sanktionierens (vorrangig Aufgabe der Polizei/ Justiz) oder des Behandelns und Therapierens (vorrangig Aufgabe der Psychiatrie) in den Mittelpunkt rücken. Das eigenständige Fallverstehen innerhalb der sozialen Dienste der Jugendhilfe und die notwendige Abgrenzung zu anderen Hilfe- und Kontrollsystemen (z. B. Polizei, Psychiatrie, Schule etc.) stellen wesentliche Faktoren dar, der eine klare und tragfähige Kooperation erst ermöglichen. Demgegenüber beinhalten der Mangel an eigenem fundierten Fallverstehen und fehlendes professionelles Zu- bzw. Selbstvertrauen die Gefahr, durch das Fallverstehen anderer Professionen dominiert und in Handlungszusammenhänge gebracht zu werden, die zwar zunächst als entlastend erlebt werden, da man selbst keine eigenen Anstrengungen unternehmen muss, die aber letztlich auch für das fachliche Selbstbewusstsein unbefriedigend bleiben, weil die Gefahr der Manipulation oder Interessenkollision besteht. Die Notwendigkeit der Aushandlung von unterschiedlichen Interessen, z. B. im Hilfeplangespräch, setzt voraus, dass eigene Positionen geklärt und vorhanden sind und damit den AushandlungspartnerInnen zur Verfügung gestellt werden können.

⑧ **Ein Bewusstsein für die Risiken und die Fehleranfälligkeit sozialpädagogischer Verstehensleistungen muss wachgehalten und akzeptiert
werden.**

Sich der Begrenztheit der eigenen Erkennungsmöglichkeiten bewusst zu bleiben und nicht darauf zu vertrauen, dass man professionell ausreichend ge-
schult und administrativ genügend ausgestattet, schon alles »im Griff hat«, gehört ebenso zu einer qualifizierten und an den realen Möglichkeiten orientierten Aufgabenerledigung, wie die genannten Kompetenzen und Ressourcen.
Sozialpädagogische Deutungsanstrengungen beziehen sich immer auf Menschen, die als ebenso abhängige wie autonome Subjekte verstanden werden
wollen. Wenn auch in ihrer Eigenständigkeit und Eigensinnigkeit vielfach ver-
letzt und eingeschränkt, handeln gerade Menschen in Krisen und Gefahren-
situationen nicht wie berechenbare Maschinen, sondern bleiben eigensinnig
und damit unkalkulierbar. Der Respekt vor diesem Eigensinn ist die andere
Seite des Bewusstseins für die Begrenztheit und die strukturelle Fehleranfälligkeit professionellen (sozial-)pädagogischen Handelns.

6. Resümee: Fallverstehen und Deutung in der sozialpädagogischen Praxis
   – eine anstrengende Balance widerstreitender Anforderungen

Sozialpädagogisches Fallverstehen oder Diagnose? – Die Frage nach der »pas-
senderen« Begrifflickeit für fallanalytische und interpretierende Tätigkeiten im
Rahmen der Arbeit sozialer Dienste in der Jugendhilfe wurde zu Beginn dieser
Ausführungen mit Rückgriff auf die aktuelle Fachdebatte aufgeworfen.
Der Vielfalt und Komplexität von Lebenssituationen und Problemlagen und der
damit verbundenen strukturellen Unsicherheit sozialpädagogischer Einschätzungen und Entscheidungen angemessener, erscheint uns der Begriff des Fallverstehens bzw. der fachlichen Analyse und Beurteilung sozialer Situationen.
Gründe dafür sind im fachlichen Diskurs vielfach und ausführlich beschrieben
worden:[36]
● »Diagnose« ist ein in die Sozialpädagogik importierter Begriff aus der Medizin, die Menschen in die Kategorien »gesund« und »krank« einordnet.
  HilfeadressatInnen im Feld der Jugendhilfe sind aber nicht krank und es
  muss keine pathologische Abweichung nachgewiesen werden, sondern sie
  brauchen von den HelferInnen Beratung, Unterstützung, Förderung und/
  oder Schutz.

● Der Diagnose-Begriff suggeriert, dass es »richtige, eindeutige und personenunabhängige« Beurteilungen sozialer Situationen sowie klare Zuweisungskriterien für daraus folgende Hilfen geben kann.

● Es besteht die Gefahr, dass die Nutzung des Diagnosebegriffes sowohl die Haltung von Fachkräften als auch die von außen an sie herangetragenen Erwartungen prägt, und »durch das Vokabular (»Sachverhaltsermittlung«, »Tatsachenfeststellung« u. a.) ein Denkmuster des experten-bestimmten Gutachtens mit Wahrheitsanspruch gefestigt wird« (Merchel 1999, S. 89), dass der Intention des § 36 KJHG nicht gerecht wird.

Für wesentlicher als die definitive Entscheidung für einen der beiden Begriffe halten wir jedoch die Antworten der vorgestellten Konzepte auf die Fragen:

● Welche Funktion und Bedeutung haben Diagnose oder Fallverstehen im Rahmen eines Hilfe(plan)prozesses?

● Welche grundsätzliche innere Haltung gegenüber Kindern und Familien wird eingenommen, wenn Fachkräfte deren Lebenssituationen und Problemlagen wahrnehmen und bewerten?

Wenn folglich eine als solche bezeichnete »sozialpädagogische Diagnose«

● partizipativ zustande kommt, d. h. die KlientInnen nicht als »InformationslieferantInnen« sieht, sondern ihre Sicht der Situation als eine für die Bewertung wichtige und notwendige Grundlage anerkennt;

● wenn sie als ein Zwischenergebnis im Prozess der Hilfeplanung verstanden wird, das keinen Wahrheitsanspruch erhebt, sondern als fachliche Position der HelferInnen in den Aushandlungsprozess mit allen Beteiligten um die angemessene Hilfe eingebracht wird;

● und wenn eine innere Haltung hinter der diagnostischen Tätigkeit steht, die HilfeadressatInnen in ihrer Subjekthaftigkeit ernst nimmt, ihre Äußerungen und Wünsche als zunächst gleichwertig zu den Vorstellungen der Fachkräfte in den Hilfeplanungsprozess einbezieht und die grundsätzlich davon ausgeht, dass es für ein Problem immer unterschiedliche Lösungswege geben kann;

dann mag diese Diagnose unter Umständen einfühlsamer und »treffender« sein als ein Fallverstehen, das zwar einen für die Sozialpädagogik angemesseneren Namen trägt, aber mit einer inneren Haltung vorgenommen wird, die einer »Expertendiagnose« gleichkommt.

Für die Theorie ist der Fachstreit über die »richtigen« Begriffe wichtig, weil dadurch Begriffe geschärft, Positionen weiterentwickelt und durch den Transfer von Diskussionen auch die Praxis qualifiziert wird. Für den Alltag der

Jugendhilfe ist jedoch vorrangig, dass differenzierte, nachvollziehbare und tragfähige Bewertungen zustande kommen, die der Besonderheit des Handlungsfeldes Rechnung tragen.

Prozesse der Verstehens und der Deutung in der sozialen Arbeit, ob Fallverstehen oder Diagnostik, sind für die verantwortlichen Fachkräfte immer eine emotionale Anstrengung, teilweise auch eine erhebliche Zumutung. Perspektivübernahme und Identifikation gelingen nicht ohne Mit-Fühlen und dies bedeutet meist auch: nicht ohne Mit-Leiden. Die Fähigkeit, sich vorstellen zu können, wie es einem anderen Menschen in Not und Bedrängnis geht, wie sich Bedrohung und seelische Verletzungen »anfühlen«, ist der Kern aller sozialpädagogischen Verstehensanstrengungen. Hierbei geht es immer um eine Balance zwischen widerstreitenden Anforderungen im doppelten Sinne:
- einerseits die Gefahr, zu nahe zu kommen und sich zu sehr zu verstricken oder auf der anderen Seite zu distanziert und fremd zu bleiben und nichts zu verstehen;
- andererseits die Balance von respektvollem Mitgefühl gegenüber KlientInnen und konfrontativem »Eindringen in fremde Lebenswelten«.

Ähnlich schwierig ist die i.d.R. ungeübte Auseinandersetzung und das Hinterfragen eigener und institutioneller Arbeitsweisen, Handlungen und ggf. auch Misserfolge in ihrer Wirkung für die Entwicklung von Hilfeverläufen.

Von Methoden und Instrumenten deutender oder diagnostischer Verfahren wird daher nicht selten erwartet, sie könnten von diesen Anstrengungen entlasten, der Fachkraft eine von der eigenen Person und Organisation unabhängige, die persönliche und berufliche Biographie und Situation nicht berührende Erkenntnis über einen anderen Menschen eröffnen. Beurteilungen und Diagnosen könnten dann wie technische Prozesse ablaufen und zu »objektiven« und »richtigen« Ergebnissen führen. Wie wenig diese Hoffnung trägt, spiegelt die häufig wiederkehrende Ent-Täuschung in der Auseinandersetzung mit professionellen Methoden sozialer Arbeit – und doch können wir nicht auf diese Methoden verzichten.

Anmerkungen

1 In den Beiträgen von Ader/ Schrapper, Ader/ Thiesmeier und Ader finden sich Text-passagen, die der aktuell an der Universität Koblenz-Landau entstehenden Dissertation von Sabine Ader mit dem Arbeitstitel: »Was leitet den Blick? – Eine Analyse der Wahr-nehmungs-, Deutungs- und Interventionsprozesse sozialer Dienste im Rahmen der Hilfe-planung« entnommen sind.

2 Vgl. Salomon 1926

3 Vgl. Heiner 2001 ; Peters in Peters (Hg.) 1999

4 Vgl. Müller/ Niemeyer/ Peters (Hg.) 1986 (Einleitung); kritisch dazu: Müller, C.W. 1993; aktuell zusammenfassend: Hörster 2001

5 Vgl. z.B.: Niedersächsischer Kultusminister: Richtlinien für die Erstellung psycho-sozialer Diagnosen (PSD), Runderlass vom 28.8.1976 oder aktuell: Bayrisches Landesjugendamt (Hg.) 2001

6 Vgl. ausführlicher zu den Traditionslinien: Jakob 1999; Mollenhauer/ Uhlendorff 1992, 1995 und Uhlendorff 1997 (insb. 1992 und 1997)

7 Vgl. Mollenhauer/ Uhlendorff 1992, 1995 bzw. Uhlendorff 1997

8 Vgl. einführend: Schütze 1993

9 Vgl. Merchel 1998 a, 1999

10 Vgl. vor allem: Harnach-Beck 1997 und zusammenfassend: dies. 1999; Uhlendorff: 1997 und zusammenfassend ders. 1999

11 Vgl. aktuell und umfassend im Überblick: Kraimer (Hg.) 2000

12 Vgl. dazu Rauschenbach u.a. (Hg.) 1993, darin insbesondere die Beiträge von C.W. Mül-ler, Dörr und Schütze; Jakob/ Wensierski (Hg.) 1997; dazu kritisch: Lüders 1999; weiter-hin: Peters (Hg.) 1999; Schreiber 2000; Ader/ Schrapper/ Thiesmeier (Hg.) 2001; Fröh-lich-Gildhoff (Hg.) 2002

13 Vgl. dazu Heiner 2001

14 Vgl. zu den aktuellen Kontroversen im Überblick: Merchel 1998 a, insb. S. 15-24 und ders., in: Peters 1999

15 Vgl. dazu mit ausführlichen Hinweisen: Wiesner 2000 (zu § 36 KJHG), Münder 1998 (zu § 36 KJHG)

16 Siehe dazu z.B.: Schrapper 1998 a

17 Zum so genannten Osnabrücker Verfahren: Mörsberger/ Restemeier (Hg.) 1997; Brin-gewat 1997; zum Stuttgarter Verfahren: Schriftliches Urteil des Landgericht Stuttgart vom 17.9.1999, Geschäftsnr.: 1(15) KLs 114 Js 26273/ 96.; dazu auch: Schrapper 1996

18 Vgl. Schrapper 1998 b und c; Ader/ Schrapper 2000

19 Klatetzki 1998

20 Vgl. Schrapper 1998 b und c

21 Vgl. dazu umfassender und mit gutem Überblick über Entwicklungen der psychologi-schen Diagnostik: Heiner 2001

22 Vgl. z.B. Giesecke 1999

23 Vgl. hierzu z.B.: Wright 1991; Eberhard 1999; Kron 1999; als zusammenfassende Einführung: Dewe/ Otto 2001

24 Vgl. einführend: Friebertshäuser/ Jakob 2001 und Reuband 2001

25 Das Fallbeispiel des marokkanischen Jungen Hassan wurde von Dr. Eberhard Motzkau (Kinderschutzambulanz Düsseldorf) im Rahmen seines Beitrages zum jährlichen Fachkongress der Kinderschutzzentren am 27./28. September 2001 in Köln eingebracht. Die Dokumentation zur Tagung »Hilft die Diagnostik der Jugendhilfe?« ist im Erscheinen (Bezug: Kinderschutz-Zentrum Köln, Spichernstr. 55, 50672 Köln, Tel. 0221/569753).

26 Siehe: Woge e.V./ Institut für soziale Arbeit e.V. (Hg.) 1999

27 Vgl. aktuell z.B.: Bayrisches Landesjugendamt (Hg.) 2001

28 Vgl. dazu sehr anschaulich: Hege 2001

29 Im Literaturverzeichnis finden sich unter den Namen der jeweiligen VertreterInnen entsprechende Angaben zu den einzelnen Ansätzen und Konzepten. Die einzelnen Verfahren sind in der Übersicht nach dem Zeitpunkt ihres Entstehens sortiert.

30 Diese Form des Fallverstehens, die auf das Modell kollegialer Beratung nach Heinrich Fallner zurückgeht, wurde in den vergangenen Jahren insbesondere in Zusammenhang mit Projekten des Instituts für sozialen Arbeit e.V., Münster, und in Kooperation mit einigen dort tätigen KollegInnen entwickelt.

31 Kritisch zu gruppenorientierten Arbeitsweisen: Klatetzki 2001; Ardelt-Gattinger u.a. (Hg.) 1998

32 Vgl. z.B. Ader/ Thiesmeier in diesem Band; Schattenhofer/ Thiesmeier (2001); Schattenhofer (1997); Thiesmeier (1994)

33 Die Einschätzung, dass die Jugendhilfe Anteil an schwierigen Fallverläufen hat, ist in der Sozialpädagogik nicht völlig neu (vgl. z.B. Blandow 2000; 1997). Sie beruht aber stärker auf Erfahrungswissen und ist weniger systematisch erforscht. Die Zahl der Untersuchungen zu dieser Frage im Rahmen der Jugendhilfeforschung sind relativ gering, zudem sind diese häufig bereits recht alt (z.B. Wolff 1983; Gildemeister 1983; Lindemann 1998).

34 Schone u.a (Hg.) 1997, S. 236 ff.; Becker/ Glöckner 1997; siehe auch: Interdisziplinäre Arbeitsgemeinschaft »Hilfeplanung für vernachlässigte und misshandelte Kinder« 1997

35 Siehe dazu Fallauswertungen in diesem Band und Ader/ Schrapper 2002

36 Vgl. z.B. Merchel 1998 a; 1999; Köttgen 1999

Literatur

Ader, Sabine/ Schrapper, Christian: Wie aus Kindern in Schwierigkeiten »schwierige Fälle« werden. – Erfahrungen und Befunde aus einem neuen Forschungsprojekt zu einem alten Thema. In: Forum Erziehungshilfen, Heft 1/ 2002, S. 27-34

Ader, Sabine/ Schrapper, Christian/ Thiesmeier, Monika (Hg.): Sozialpädagogisches Fallverstehen und sozialpädagogische Diagnostik in Forschung und Praxis. Band 1 der Koblenzer Schriften zur Sozialpädagogik und Weiterbildung. Münster 2001

Ardelt-Gattinger, Elisabeth/ Lechner, Hans/ Schlögl, Walter (Hg.): Gruppendynamik. Anspruch und Wirklichkeit der Arbeit in Gruppen. Göttingen 1998

Bayrisches Landesjugendamt (Hg.): Sozialpädagogische Diagnose. Arbeitshilfe zur Feststellung des erzieherischen Bedarfs. München 2001.

Becker, Birgit/ Glöckner, Rolf: Das »Glinder Manual« – vom Aktenvermerk zum qualifizierten Beobachtungskatalog. In: Institut für soziale Arbeit e. V. (Hg.) 1997, S. 93-107

Blandow, Jürgen: Über Erziehungshilfekarrieren. Stricke und Fallen der postmodernen Jugendhilfe. In: Gintzel, U. u.a. (Hg.) 1997, S. 172-188

Blandow, Jürgen: Analysen und Strategien zum Fall »Ralf Dierks« aus der Sicht der Jugendhilfe. In Bundesministerium für Familien, Senioren, Frauen und Jugend (Hg.) 2000, S. 27-43

Bundesministerium für Familien, Senioren, Frauen und Jugend (Hg.): Entwicklung und Chancen junger Menschen in Sozialen Brennpunkten. »Strassenkarrieren« im Schnittpunkt von Jugendhilfe, Schule und Polizei. Analysen und Modelle. Bonn 2000

Bundeministerium für Jugend, Familie, Frauen und Gesundheit (Hg.): Achter Jugendbericht – Bericht über Bestrebungen und Leistungen der Jugendhilfe. Bonn 1990

Bringewat, Peter: Tod eines Kindes. Soziale Arbeit und strafrechtliche Risiken. Baden-Baden 1997

Dewe, Bernd/ Otto, Hans-Uwe: Wissenschaftstheorie. In: Otto, H.-U./ Thiersch, H. (Hg.) 2001, S. 1966-1979

Dörr, Margret: Fremdverstehen als Methode. Sozialpädagogische Beziehungsarbeit in der Kinder- und Jugendpsychiatrie. In: Rauschenbach, Th. u.a. (Hg.) 1993, S. 113-128

Eberhard, Kurt: Einführung in die Erkenntnis- und Wissenschaftstheorie. Stuttgart 1999

Fallner, Heinrich/ Gräßlin, Hans-Martin: Kollegiale Beratung. Eine Systematik zur Reflexion des beruflichen Alltags. Hille 1990

Friebertshäuser, Barbara/ Jakob, Gisela: Forschungsmethoden: qualitative. In: Otto, H.-U./ Thiersch, H. (Hg.) 2001, S. 576-591

Fröhlich-Gildhoff, Klaus (Hg.): Indikation in der Jugendhilfe. Grundlagen für die Entscheidungsfindung in Hilfeplanung und Hilfeprozess. Weinheim/ München 2002

Giesecke, Hermann: Einführung in die Pädagogik. Weinheim/ München 1999 (5. Aufl.)

Gildemeister, Regine: Als Helfer überleben. Neuwied 1983

Gintzel, Ullrich u.a. (Hg.): Jahrbuch der Sozialen Arbeit 1997. Münster 1997

Glinka, Hans-Jürgen: Ethnographische Fallarbeit. In: Ader, S./ Schrapper, Ch./ Thiesmeier, M. (Hg.) 2001, S. 45-61

Harnach-Beck, Viola: Psychosoziale Diagnostik in der Jugendhilfe – Grundlagen und Methoden für Hilfeplan, Bericht und Stellungnahme. Weinheim/ München 1997 (2. Aufl.)

Harnach-Beck, Viola: Ohne Prozessqualität keine Ergebnisqualität – Sorgfältige Diagnostik als Voraussetzung für erfolgreiche Hilfe zur Erziehung. In: Peters, F. (Hg.) 1999, S. 27-48

Hege, Marianne: Kunst oder Handwerk? – Konzeptionelle und methodische Eckpfeiler sozialpädagogischen Fallverstehens. In: Ader, S./ Schrapper, Ch./ Thiesmeier, M. (Hg.) 2001, S. 12-21

Heiner, Maja: Diagnostik: psychosoziale. In: Otto, H.-U./ Thiersch, H. (Hg.) 2001, S. 253-265

Höpfner, Norbert/ Jöbgen, Manfred: Kurzportrait: Pädagogische Diagnostik. In: Ader, S./ Schrapper, Ch./ Thiesmeier, M. (Hg.) 2001, S. 38-45

Höpfner, Norbert/ Jöbgen, Manfred/ Becker, Roland: Zur Methodisierbarkeit von Hilfe oder: Braucht die Soziale Arbeit Diagnosen? In: Peters, F. (Hg.) 1999 (a), S. 197-226

Höpfner, Norbert/ Jöbgen, Manfred: Fall-Verstehen statt falsch verstehen. Braucht die Jugendhilfe Diagnosen? In: Sozial Extra, 1-2/ 1999 (b)), S. 4-8

Hörster, Reinhard: Kasuistik/ Fallverstehen. In: Otto, H.-U./ Thiersch, H. (Hg.) 2001, S. 916-926

Institut für soziale Arbeit e.V. (Hg.): Familien in Krisen. Kinder in Not. Materialien und Beiträge zum ISA-Kongreßss 1997 in Düsseldorf. Münster 1997

Institut für soziale Arbeit (Hg.): Hilfeplanung und Betroffenenbeteiligung. Münster 1994

Interdisziplinäre Arbeitsgemeinschaft »Hilfeplanung für vernachlässigte und misshandelte Kinder« Hannover: Kindeswohlgefährdung – Suche nach Orientierung: In: Forum Erziehungshilfe, Heft 1/ 1997, S. 22-26.

Jakob, Gisela/ von Wensierski, Hans-Jürgen (Hg.): Rekonstruktive Sozialpädagogik. Konzepte und Methoden sozialpädagogischen Verstehens in Forschung und Praxis. Weinheim/ München 1997

Jakob, Gisela: Fallverstehen und Deutungsprozesse in der sozialpädagogischen Praxis. In: Peters, F. (Hg.) 1999, S. 99-125

Klatetzki, Thomas: Kollegiale Beratung als Problem, sozialpädagogische Diagnistik ohne Organisation. In: Ader, S./ Schrapper, Ch./ Thiesmeier, M. (Hg.) 2001, S. 22-29

Klatetzki, Thomas: Qualitäten der Organisation. In: Merchel 1998, S. 66-75

Kraimer, Klaus (Hg.): Die Fallrekonstruktion. Sinnverstehen in der sozialwissenschaftlichen Forschung. Frankfurt/ Main 2000

Kron, Friedrich W.: Wissenschaftstheorie für Pädagogen. München/ Basel 1999

Köttgen, Charlotte: Pro- und Contra Diagnostik – aus Sicht einer Kinder- und Jugendpsychiaterin im Feld der Jugendhilfe. In: Peters, F. (Hg.) 1999, S. 253-275

Lindemann, Karl-Heinz: Objektivität als Mythos. Die soziale Konstruktion gutachterlicher Wirklichkeit. Münster 1998

Lüders, Christian: Das Programm der rekonstruktiven Sozialpädagogik. Eine Kritik seiner Prämissen und Anmerkungen zu einigen Unterschieden zwischen sozialpädagogischem Handeln und Forschen. In: Zeitschrift für Pädagogik, 39. Beiheft, 1999, S. 203-219

Maas, Udo: Das missverstandene KJHG. Privatisierung der öffentlichen Jugendhilfe als »Neue Fachlichkeit«: Kein Auftrag, keine Verantwortung – keine Kompetenz? In: Zentralblatt für Jugendrecht, Heft 3/ 1997, S. 70-76

Merchel, Joachim: Zwischen 'Diagnose' und 'Aushandlung'. Zum Verständnis des Charakters der Hilfeplanung in der Erziehungshilfe. In: Peters, F. (Hg.) 1999, S. 73-98

Merchel, Joachim: Hilfeplanung bei der Hilfen zur Erziehung. § 36 SGB VIII. Stuttgart 1998 a

Merchel, Joachim (Hg.): Qualität in der Jugendhilfe. Münster 1998 b

Ministerium für Frauen, Jugend, Familie und Gesundheit des Landes NRW (Hg.)/ Erstellung:

Ader, Sabine/ Schrapper, Christian: Entwicklungen in der Heimerziehung. Chancen neuer Präventionskonzepte. Expertise zum 7. Kinder- und Jugendbericht der Landesregierung NRW. Düsseldorf 2000

Mollenhauer, Klaus/ Uhlendorff, Uwe: Sozialpädagogische Diagnosen I. Über Jugendliche in schwierigen Lebenslagen. Weinheim/ München 1992

Mollenhauer, Klaus/ Uhlendorff, Uwe: Sozialpädagogische Diagnosen II. Selbstdeutungen verhaltensschwieriger Jugendlicher als empirische Grundlage für Erziehungspläne. Weinheim/ München 1995

Mörsberger, Thomas/ Restemeier, Jürgen (Hg.): Helfen mit Risiko. Zur Pflichtenstellung des Jugendamtes bei Kindeswohlvernachlässigung. Dokumentation eines Strafverfahrens gegen eine Sozialarbeiterin in Osnabrück. Neuwied/ Kriftel/ Berlin 1997

Müller, Burkhard/ Niemeyer, Christian/ Peter, Hilmar (Hg.): Sozialpädagogische Kasuistik, Bielefeld 1986.

Müller, Wolfgang C.: Soziale Arbeit zwischen Größenwahn und Scham. In: Rauschenbach, Th. u.a. (Hg.) 1993, S. 83-91

Münder, Johannes u.a. (Hg.): Frankfurter Lehr- und Praxiskommentar zum KJHG/ SGB VIII. Münster 1998 (3. Auflage)

Otto, Hans-Uwe/ Thiersch, Hans (Hg.): Handbuch Sozialarbeit/ Sozialpädagogik. Neuwied 2001 (2. völlig neu überarb. und aktual. Aufl.)

Petermann, Franz/ Schmidt, Martin: Der Hilfeplan nach § 36 KJHG. Eine empirische Studie über Vorgehen und Kriterien der Erstellung. Freiburg im Breisgau 1995 (2. erw. Aufl.)

Peters, Friedhelm (Hg.): Diagnosen – Gutachten – hermeneutisches Fallverstehen. Rekonstruktive Verfahren zur Qualifizierung der Hilfeplanung. Frankfurt/ Main 1999

Peters, Friedhelm: Über Diagnosen, Gutachten, Fallverstehen, Aushandlungsprozesse – Probleme (mit) der Qualifizierung individueller Hilfeplanung. In: Peters, F. (Hg.) 1999, S. 5-23

Rauschenbach, Thomas/ Ortmann, Friedrich/ Karsten, Maria-E. (Hg.): Der sozialpädagogische Blick. Lebensweltorientierte Methoden in der Sozialen Arbeit. Weinheim/ München 1993

Reuband, Karl-Heinz: Forschungsmethoden: quantitative. In: Otto, H.-U./ Thiersch, H. (Hg.) 2001, S. 592-599

Schattenhofer, Karl/ Thiesmeier, Monika: Kollegiale Beratung und Entscheidung – Die Inszenierung einer Diagnose. In: Ader, S./ Schrapper, Ch./ Thiesmeier, M.(Hg.) 2001, S. 62-71

Schattenhofer, Karl: Fallbesprechung als Form kollegialer Beratung. In: Supervision, Heft 31/ 1997, S. 69-85

Schone, Reinhold u.a. (Hg.): Kinder in Not. Vernachlässigung im frühen Kindesalter und Perspektiven sozialer Arbeit. Münster 1997

Schrapper, Christian: Elternrecht, Kindeswohl und staatliches Wächteramt. Der verfassungsrechtliche Handlungsrahmen und der gesetzliche Handlungsauftrag der Kinder- und Jugendhilfe. In: Forum Erziehungshilfen, Heft 1/ 1998 (a), S. 4-8

Schrapper, Christian (Hg.): Qualität und Kosten im ASD. Konzepte der Planung und Steuerung der Hilfen zur Erziehung durch kommunale soziale Dienste. Münster 1998 (b), S. 7-32

Schrapper, Christian: »Gute Arbeit machen« oder »Die Arbeit gut machen«? Entwicklung und Gewährleistung von Qualitätsvorstellungen für die Arbeit im ASD. 1998 (c) In: Merchel 1998 b, S. 286-310

Schrapper, Christian: Sachverständigengutachten. In: Mörsberger, Th./ Restemeier, J. (Hg.) 1997, S. 22-53

Schrapper, Christian: »... mit einem Bein im Gefängnis?« – Über das Risiko, für die Folgen seiner Arbeit verantwortlich gemacht zu werden. In: Sozialmagazin, Heft 7/ 8 1996, S. 19-21

Schrapper, Christian: Der Hilfeplanungsprozess – Grundsätze, Arbeitsformen und methodische Umsetzung. In: Institut für soziale Arbeit (Hg.) 1994, S. 64-78

Schreiber, Werner: Zum theoretischen Ort sozialpädagogischer Diagnostik. In: Neue Praxis, Heft 6/ 2000, S. 580-586

Schütze, Fritz: Die Fallanalyse. Zur wissenschaftlichen Fundierung einer klassischen Methode der Sozialen Arbeit. In: Rauschenbach, Th. u.a. (Hg.) 1993, S. 191-221

Thiesmeier, Monika: Kollegiale Beratung. Unveröff. Manuskript. Münster 1994

Uhlendorff, Uwe: Sozialpädagogische Diagnosen III. Ein sozialpädagogisch-hermeneutisches Diagnoseverfahren für die Hilfeplanung, Weinheim/ München 1997

Uhlendorff, Uwe: Sozialpädagogisch – hermeneutische Diagnosen in der Jugendhilfe. In: Peters, F. (Hg.) 1999, S. 126-142

Wiesner, Reinhard u.a. (Hg.): Kommentar zum SGB VIII. München 2000 (2. völlig überarb. Aufl.), S. 533-571 (zu § 36 KJHG)

Woge e.V./ Institut für soziale Arbeit e.V. (Hg.): Handbuch der Sozialen Arbeit mit Kinderflüchtlingen. Münster 1999

Wolff, Stephan: Die Produktion von Fürsorglichkeit. Bielefeld 1983

Wright, Georg Henrik von: Erklären und Verstehen. Frankfurt/ Main 1991

■ Sabine Ader, Monika Thiesmeier

Kollegiales Fallverstehen und Fallkonsultationen als Instrumente sozialpädagogischer Analyse und Deutung

In dem vorstehenden Beitrag zum Fallverstehen wurde die Notwendigkeit eines eigenständig sozialpädagogischen Konzeptes der Analyse und Deutung von Lebenssituationen mit dem Ziel der Entwicklung von Angeboten der Hilfe und Unterstützung für Familien in Belastungs- und Krisensituationen konstatiert. Handlungsrahmen sowie konzeptionelle und methodische Grundzüge wurden im Ansatz entwickelt. Vor diesem Hintergrund kann zusammengefasst werden, dass ein fallanalytisches und fallverstehendes Verfahren für die sozialpädagogische Praxis der Jugendhilfe idealerweise gleichzeitig

● differenziert und anwendungsbezogen,
● methodisch strukturiert und offen,
● verstehend und handlungsorientiert,
● ressourcenorientiert und Defizite benennend,
● beteiligungsorientiert und fachlich eigenständig,
● anspruchsvoll und erlernbar zugleich sein müsste,
● und dass es versuchen müsste, die Komplexität familiärer Krisen zu reduzieren statt Probleme zu vervielfachen.

Methodische Ansätze im Sinne dieser Anforderungen bietet aus unserer Sicht das im Rahmen des »Kölner Forschungs- und Modellprojektes« praktizierte und weiterentwickelte Verfahren des *kollegialen Fallverstehens*[1], das sich in den letzten Jahren in der Beratung von Jugendämtern und freien Trägern als hilfreich und praktikabel erwiesen hat, sowie das zu Projektbeginn entwickelte Instrument der »Fallkonsultationen« für die Analyse und Beratung spezifischer (»besonders schwieriger«) Einzelfälle.
Beide Instrumente sollen in diesem Beitrag als Methoden sozialpädagogischer Analyse und Interpretation vorgestellt werden, die die im vorstehenden Beitrag formulierten Prüffragen bezüglich der Qualität ein solches Verfahrens zu erfüllen suchen.[2]

76

1. Kollegiales Fallverstehen in strukturierten Beratungs- und Entscheidungsgruppen – Arbeitsschritte und Hintergrund

Beim kollegialen Fallverstehen handelt sich um ein nach einzelnen Arbeitsphasen strukturiertes gruppenorientiertes Verfahren zur Fallanalyse und Entscheidungsfindung, das darauf zielt, einen Fall zu verstehen und nächste Handlungsschritte in der Beziehungsgestaltung zu einer Familie bzw. ein Hilfeangebot daraus abzuleiten. Das Verständnis, was genau der Fall ist, wird dabei bewusst weiter gefasst, als es in anderen Verfahren üblich ist. Leitend dafür ist die Annahme, dass das Hilfesystem bzw. seine HelferInnen den Verlauf einer Hilfegeschichte mitbestimmen, sobald ein Fall zum Fall wird, d.h. das Hilfesystem ihn als solchen definiert. Zum einen prägen die Biographie, die Haltungen und die handlungsleitenden Werte der fallbeteiligten Fachkräfte den Zugang zu der Situation eines jungen Menschen bzw. seiner Familie, zum anderen steht das Fallverstehen in enger Verbindung zu der bzw. den Organisationen, in denen die MitarbeiterInnen tätig sind. Die das kollegiale Fallverstehen anleitende These ist folglich, dass auch das System Jugendhilfe und seine KooperationspartnerInnen Einfluss auf die Entwicklung von (kritischen) Lebenssituationen hat, zum »Schwierig-Werden« von Hilfeverläufen beitragen kann und deshalb für das Verstehen »schwieriger« Fälle eine doppelte Blickrichtung der Fachkräfte zwingend erforderlich ist:[3]

Abbildung 1: Fokus des kollegialen Fallverstehens

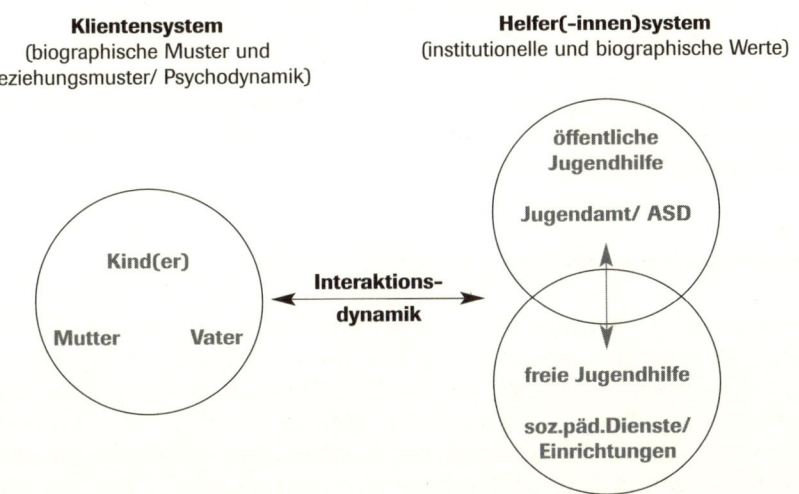

Neben diesem spezifischen Fall-Verständis stellt das kollegiale Fallverstehen eine fachlich und methodisch zuverlässige Form des »Zusammenwirkens mehrerer Fachkräfte« dar, die insbesondere mit Blick auf den § 36 KJHG (Hilfeplanung) eine besondere Bedeutung gewinnt. Das »Zusammenwirken mehrerer Fachkräfte« ist mit dem KJHG zu einem Ort der Beratung, Qualifizierung, Entscheidungsfindung und Kontrolle geworden. Hier soll in einer verbindlichen und für alle Beteiligten, also auch für Eltern und Kinder als Leistungsberechtigte, nachvollziehbaren und überprüfbaren Weise über »Art und Umfang notwendiger und erforderlicher« Leistungen beraten und entschieden werden. Das kollegiale Fallverstehen kann also, eingebunden in verbindlich vereinbarte Arbeitsformen einer Institution, Garant für ein rechtstaatliches Verfahren sein, das festlegt, ob und wie Eltern und Familien zu ihrem Recht auf Unterstützung in ihrer Erziehungsaufgabe kommen.

Der konkrete Ablauf des *kollegialen Fallverstehens* orientiert sich an zentralen Fragestellungen, die jeweils in einer Arbeitsphase bearbeitet werden:
● Was ist der Fall? Was soll beraten werden? (➜ Fallvorstellung)
● Welche Informationen sind noch wichtig? Was müssen wir noch wissen? (➜ Rückfragen)
● Wer denkt/ empfindet/ wünscht/ befürchtet was? Welche Bilder und Assoziationen zum Fall und zur Szene entstehen? (➜ Identifikation/ Fallinszenierung)
● Was wird gebraucht? Welche Aufträge gibt es an die HelferInnen? Welche Ressourcen stehen zur Verfügung? (➜ Mögliche Handlungsorientierungen)
● Wer tut was bis wann? (➜ Nächster Schritt)
● Wie war's? Was hat's gebracht? (➜ Reflexion)

Die einzelnen Arbeitsphasen bzw. -schritte können dabei wie folgt skizziert werden (siehe dazu auch: Verlaufsschema des kollegialen Fallverstehens am Ende dieses Artikels):[4]

❶ **Fallvorstellung und Rückfragen**

Durch die fallvorstellende Fachkraft wird der Fall möglichst schriftlich und mit einem Genogramm vorgestellt. Die Zeit für die Fallvorstellung sollte vorher festgelegt werden, sie beträgt ca. zehn bis fünfzehn Minuten. Zum Abschluss dieser Fallvorstellung formuliert die zuständige Fachkraft ihre Beratungsfrage, d.h. das Thema, die Fragestellung, das Problem, mit dem sie aktuell in dem Fall beschäftigt ist und für deren weitere Bearbeitung sie die Unterstützung der Gruppe braucht. Anschließend werden Rückfragen gestellt, die der Information dienen und für die Beratung erforderlich sind, die jedoch keinerlei Bewertung und Interpretation beinhalten sollen.

❷ Fallverstehen/ Fallinszenierung

Im zweiten Arbeitsschritt geht es um die bewusste Inszenierung des Falles, d.h. die in dem Fall vorgestellten handelnden Personen werden als Rollen zur Identifikation an die Mitglieder der Beratungsrunde verteilt; ggf. werden auch zentrale Rollen aus dem Hilfesystem besetzt. Die fallvorstellende Fachkraft übernimmt keine Identifikation. Sinn dieser Identifikationsrunde ist die Möglichkeit, die in einer Familie vorhandenen Beziehungsmuster, Ängste, Hoffnungen, Erwartungen und Befürchtungen, die bei den handelnden Personen als widersprüchlich und entgegengesetzt vorhanden sind, zu entfalten. Darüber soll ein differenzierterer und vielfältigerer Zugang zu dem eröffnet werden, was die Familie und ihre Mitglieder zur Zeit bewegt, und es soll eine erste Vorstellung darüber entstehen werden, wie es weitergehen soll. Auch lenkt die Identifikation einen Blick auf die Dynamik zwischen Klienten- und Hilfesystem. Entscheidend ist es in dieser Phase aus den Augen der jeweiligen Personen (der Mutter, des Vaters, der Kinder, ggf. der fallführenden Mitarbeiterin etc.) zu beschreiben, wie sie jeweils die derzeitige Lebenssituation und den Kontakt untereinander erleben.
Im Anschluss daran werden alle (auch widerstreitenden) Bilder, Stimmungen, Assoziationen, die in dieser Arbeitsphase entstanden sind, eingesammelt und dokumentiert, nicht aber schon diskutiert.

❸ Was wird gebraucht? Wie können nächste Schritte aussehen?

Nach der Fallinszenierung/ Identifikation geht es in der nächsten Arbeitsphase um das systematische Ordnen und Strukturieren der vorab gesammelten Eindrücke und Ergebnisse. Dazu ist es notwendig sich zu vergegenwärtigen, was aufgrund der bisherigen Aussagen in den Identifikationen und in der Fallvorstellung von einem jungen Menschen und ggf. seiner Familie gebraucht und was eventuell von ihnen als Auftrag an die HelferInnen formuliert wurde, um dann wie in einem Brainstorming mögliche Handlungsorientierungen und nächste Arbeitsschritte zusammenzustellen. Die fallzuständige Fachkraft soll hier eine Vorstellung davon bekommen, welche unterschiedlichen Ideen und Handlungsstrategien es gibt. In diesem Verständnis von kollegialem Fallverstehen gibt es kein »Entweder-oder«, kein »richtig« und »falsch«, kein »professionell« oder »unprofessionell«. Statt dessen gibt es immer ein »Sowohl-als-auch«; auch widersprüchliche Gedanken, Einfälle und Ideen haben ihre Berechtigung und es gilt, sie miteinander zu verbinden, da alle Einfälle Teile der Dynamik der Familie und der Wechselwirkungen zwischen Klienten- und Hilfesystem repräsentieren.

❹ Reflexion

Im letzten Arbeitsschritt geht es um die Reflexion der Arbeit, um die Zufriedenheit in der Beantwortung der Beratungsfrage und der Arbeitsmöglichkeiten der Gruppe. Dieser Schritt ist wichtig, um miteinander eine Kultur der Rückmeldung und Beratung zu entwickeln, in der kritische Einschätzungen über unterschiedliche Vorstellungen, Werte und Arbeitsweisen einen Platz haben, dies aber mit einer grundsätzlichen Haltung der »Fehlerfreundlichkeit« geschieht.[5]

So viel im Überblick zum methodischen Aufbau des *kollegialen Fallverstehens*. Zentral dabei ist, um es noch einmal hervorzuheben, die Phase der Fallinszenierung mittels einer verteilten Identifikation der Beteiligten zu der Fragestellung was ein Familien-/ Klientensystem kennzeichnet (→ Beziehungsmuster, Entwicklungsdynamik, Wünsche/ Erwartungen, Ängste). Der Hintergrund dieser szenischen Form des Fallverstehens und die damit verbundene Auffassung von der Eigenart eines sozialpädagogischen Verstehens soll in *fünf Thesen* vorgestellt werden:

Das szenische Fallverstehen ist keine »Expert(inn)endiagnose«, sondern die »Inszenierung von Wahrnehmung und Deutung«.

Im szenischen Fallverstehen geht es um die Öffnung des Falles[6] (als Teilschritt des Fallverstehens) und um die Abbildung der Beziehungsdynamiken, die sowohl die Familie in ihren Beziehungen untereinander, in ihren Ängsten, Enttäuschungen, Aggressionen, Zufriedenheiten u. Ä. veranschaulicht als auch die Beziehungen zwischen den Familienmitgliedern und den Mitgliedern des Hilfesystems. Diese Beziehungsdynamiken werden in der Szene des Fallverstehens durch Rollenidentifikation und das Einsammeln von assoziativen Gedanken, Bildern und Gefühlen reaktiviert und damit in das Bewusstsein der Beteiligten gehoben. Diese Technik leitet sich aus der Balint-Gruppenarbeit ab, die ursprünglich von Michael Balint[7] für MedizinerInnen und TherapeutInnen zum besseren Verstehen ihres Klientensystems und der Beziehungsbedeutungen entwickelt wurde, sowie auch aus der psychoanalytischen Pädagogik[8].

Ohne Verstehen des Hilfesystems ist Fallverstehen nicht möglich.

Das Hilfesystem ist Teil des Falles, sobald es ihn als solchen definiert. Vorab geht es um Menschen in schwierigen, problematischen oder gar verzweifelten Lebenssituationen. Erst aber durch das Daraufschauen wird eine solche Lebenssituation zu einem Fall für ein äußeres System. Wie dieser Fall dann von außen betrachtet, erlebt und verstanden wird, ist abhängig von der Person, die ihn betrachtet, und von der Institution, in der sie sich in ihrer Berufspraxis bewegt und die es ihr überhaupt ermöglicht bzw. sie dazu zwingt, diese Lebenssituation als Fall zu definieren (s. o.). Eine Reihe von Beispielen aus der jeweils eigenen Praxis dürften bekannt sein, in denen Einzelpersonen, Teams, Gruppen, ja sogar ganze Institutionen in die Dynamik eines Falles verwickelt wurden, sich reaktiv auf das Handeln der betroffenen Personen erlebten und wenig Möglichkeiten sahen, von sich aus agierend tätig zu werden.
Das Hilfesystem ist in diesem Zusammenhang immer unter zwei Aspekten zu betrachten: zum einen unter der institutionellen Perspektive, die danach fragt, welche Normen und Werte die Institution im Hinblick auf den Umgang mit Fällen bietet bzw. fordert, und welche Möglichkeiten sie als Antwort auf problematische Lebenssituationen bereithält. In welche Grenzen fühlt sie sich selbst gesetzt oder welche definiert sie aktiv für sich? Zum anderen geht es um das so genannte Spiegelungsphänomen[9], d. h. dass sich im System der HelferInnen die Grunddynamiken, Ängste, Abwehrstrategien, Überforderungsgefühle u. Ä. des Klientensystems widerspiegeln. Dieses Spiegelungsphänomen, das in der Literatur der Psychoanalyse aber auch der Gruppendynamik als wichtiges diagnostisches Mittel beschrieben wird, gilt es innerhalb eines Hilfesystems zu verstehen. Wir betrachten es als ein zentrales Werkzeug zum Fallverstehen.

Ohne Verwicklung keine Entwicklung.

Hintergrund für diese These ist der Begriff der Beziehungsdiagnostik. Thea Bauriedel (1998) prägt in ihrem Buch »Beziehungsanalyse« den Begriff der intuitiven Empirie. Diesen Begriff wendet sie auf psychoanalytische Verfahren an, da sich darin Natur- und Geisteswissenschaft treffen. In der Arbeit mit KlientInnen gilt es demgemäß einerseits etwas zu erfahren (→ objektive Daten), und andererseits etwas zu erspüren (→ subjektive Bedeutungen und Emotionen). Neben dem Zusammentragen von Fakten, Informationen und Beobachtungen braucht es zwingend die emotionale Einfühlung in die Empfindungen, Wünsche, Ängste und Wirklichkeitsdeutungen von KlientInnen. Ohne das Spüren dessen, was von den KlientInnen geäußerte Tatsachen, Mitteilungen u.Ä. für diese emotional bedeuten, ist es nicht möglich zu verstehen, wie es ihnen geht und damit herauszufinden, was sie in der Folge brauchen, um eine Verbesserung ihrer Lebenssituation zu erreichen. Voraussetzung für eine Beziehungsdiagnostik ist also die Fähigkeit der fallzuständigen Fachkraft, sich verwickeln zu lassen, d.h. mit Hilfe ihrer Intuition, ihrer emotionalen Beteiligung und ihrer Anteilnahme zu hören, was und eben wie etwas gesagt wird. Dabei geht sie zwangsläufig das Risiko ein, aufgrund ihrer eigenen emotionalen Disposition biographischer und beruflicher Begebenheiten angesprochen und verwickelt zu werden. In der Analyse und Reflexion dieser Verwicklung, die Psychoanalyse hat dafür den Begriff der Gegenübertragung geprägt, kann es gelingen, eine Entwicklung im doppelten Sinne zu erreichen. Entwicklung aus der emotionalen Befangenheit der fallzuständigen Fachkraft und Entwicklung der weiteren Beziehung zwischen Hilfesystem und Klientensystem.

Ein wesentliches Ziel des Fallverstehens ist die Gestaltung und Klärung der Helfer(innen)rolle.

Das szenische Fallverstehen dient nicht in erster Linie dazu, über konkrete Maßnahmen zu entscheiden, die für eine Familie oder Teile einer Familie notwendig und angemessen sind. Es dient zunächst dazu, schwierige Lebenssituationen von Familien zu verstehen sowie die Interaktionsdynamik zwischen dem Klienten- und dem Hilfesystem und die eigene Rolle als HelferIn. Die eigene Position im Fall, die institutionelle Anbindung und Abhängigkeit sowie die eigene fachliche Bewertung zu klären und zu konturieren, ist die Voraussetzung, damit die nächste Intervention in der Familie eine ist, die zu Weiterentwicklung und Öffnung von festgefahrenen Interaktions- und Kommunikationsstrukturen führen kann.

Analyse und Deutung sind nur dann eine sozialpädagogische Analyse, wenn sie in sozialpädagogische Handlungsstrategien münden.[10]

Das *kollegiale Fallverstehen* schließt mit dem Arbeitsschritt ab, der heißt: »Wie kann ein nächster Schritt aussehen?«. Es geht also um die Klärung des weiteren Vorgehens, sei es bezogen auf die unmittelbare Rollengestaltung oder auf ein konkretes fachliches Angebot an eine Familie. Entscheidend ist, dass sozialpädagogisches Fallverstehen zwingend in einer Handlungsstrategie münden muss und somit ergebnisorientiert ist. Es orientiert sich an der Beratungsfrage der fallzuständigen Fachkraft, d.h. richtungsweisend für das gesamte Fallverstehen ist das Thema, die Fragestellung oder das Problem, das der fallvorstellenden Fachkraft in dieser Situation am nächsten ist. An dieser Beratungsfrage orientieren sich auch die Handlungsstrategien: es geht um Orientierung, Hinweise und Unterstützung für das weitere Vorgehen im Fall.
Sozialpädagogisches Handeln setzt demgemäß Verstehen im doppelten Sinne voraus: Verstehen im analytischen Sinne, d.h. im Zusammentragen von Daten, Fakten und Einschätzungen bezüglich ihrer Bedeutung. Und Verstehen im emotional intuitiven Sinne, d.h. innerlich mitzugehen, um spüren zu können, was die vorgefundene Situation an emotionaler Bedeutung für die Betroffenen hat. Was folgt, ist ein Vorgehen im Sinne einer Thesenbildung und dem sich anschließenden Herausfinden, ob diese These für das Klientensystem und das Hilfesystem eine angemessene ist. Handlungsstrategien richten sich dabei immer auf beide Systeme und unterscheiden sich damit von Behandlungen im medizinischen Sinne. Zudem geht es bei der Entwicklung von Handlungsmöglichkeiten auch um die notwendige Abgrenzung zu anderen Hilfe- und Kontrollsystemen (z.B. Polizei, Psychiatrie, Schule etc.), die eine klare und tragfähige Kooperation erst ermöglicht. Nur ein eigenständiges Fallverstehen innerhalb der sozialen Dienste der Jugendhilfe und das Wissen um die eigenen Aufgaben und Begrenzungen ermöglicht die Kooperation mit anderen Institutionen.

2. Fallkonsultationen als ein zentraler Baustein des Modellprojektes

Die erläuterten Thesen, die zur systematischen Begründung der Methode des *kollegialen Fallverstehens* in weiterer Theorie- und Forschungsarbeit noch differenzierter entwickelt werden müssen, weisen darauf hin, dass eine der zentralen Aufgaben sozialer Dienste in der Jugendhilfe, nämlich das Verstehen kritischer Lebenssituationen und prinzipiell fremder Lebenswelten, eine anspruchsvolle und komplizierte Aufgabe ist. Ähnlich schwierig ist es zu analysieren, wieso Lebensgeschichten eskalieren, wieso Fälle zu »schwierigen Fällen« werden und welche Bedeutung dabei professionellem Handeln zukommt. Letztere Aufgabe war im Rahmen des Modellprojektes zu bewältigen, dass die Fragen beantworten sollte, wie Kinder in besondere Schwierigkeiten geraten, woran Professionelle dies frühzeitig erkennen können, welche Formen der Unterstützung für Kinder und ihre Familien in eskalierenden Lebenssituationen hilfreich sind und wie sich diese Hilfearrangements realisieren lassen.

Den methodischen Zugang zu diesen Fragestellungen bildeten die Einzelfallanalysen von aktuell laufenden Hilfeprozessen, bei denen es sich um so genannte »schwierige Fälle« handelt. Um sich der Komplexität, der Kontextualität und Dynamik der Einzelfälle angemessen nähern zu können, wurde für das Projekt das Instrument der Fallkonsultationen entwickelt und angewandt, eine Mischung von intensiv vorbereiteter Fallvorstellung und methodisch festgelegter Fallberatung mit allen fallbeteiligten Fachkräften am Vormittag sowie einer anschließenden Reflexion von fallbezogenen und fallübergreifenden Aspekten in einer kontinuierlich an allen Fallkonsultationen beteiligten Gruppe am Nachmittag. Mit dieser Form der Analyse von Einzelfällen aus der laufenden Arbeit des ASD in dem entwickelten Setting wurden zwei Intentionen verfolgt:

- Zum einen sollten durch die Fallberatungen Erkenntnisse darüber zusammengetragen werden, warum Kinder und Familien in kritischen Lebenssituationen in der Einschätzung der bearbeitenden Fachkräfte zu »besonders schwierigen« Fällen werden,
- zum anderen sollten für die jeweils vorgestellten Fälle konkrete Handlungsoptionen für die weitere Arbeit im Fall erarbeitet werden.

Der Begriff »Fallkonsultationen« steht in Erweiterung der Methode des *kollegialen Fallverstehens* für eine strukturierte Falldarstellung, -analyse, -beratung und -reflexion nach vorgegebenen Arbeitsschritten in einer Gruppe, die extern – durch die Universität Koblenz-Landau – moderiert wurde. Die Mitglieder dieser Gruppe, d.h. die fallbeteiligten Fachkräfte – kannten sich alle mehr oder weniger gut, saßen in dieser Konstellation jedoch nicht regelhaft zusammen. Es handelte sich folglich nicht um eine Situation aus dem Arbeitsalltag der Fachkräfte, sondern um eine im Rahmen des Projektes hergestellte Situation, die den Rahmen schaffen sollte, um »schwierigen Fälle« in einer spezifischen und ungewohnten Form zu analysieren, zu verstehen und zu beraten.

Trotz des arrangierten Settings als Veränderung gegenüber den geübten Formen des Fallverstehens wiesen die Fallkonsultationen im Rahmen der Untersuchung deutliche Ähnlichkeiten zu den den teilnehmenden Fachkräften vertrauten Arbeitssituationen auf (z. B. Hilfeplangespräche, Helferkonferenzen). Zudem waren sie über einen Zeitraum von drei Monaten vorbereitet worden, so dass Vertrauen gegenüber der externen Begleitung und den vorgeschlagenen Arbeitsweisen gewachsen war.

Die Fallkonsultationen fanden in einem Zeitraum von sechzehn Monaten statt und dauerten jeweils einen Arbeitstag lang, wobei die konkrete Einzelfallberatung den Vormittag einnahm (ca. drei bis dreieinhalb Stunden) und die fallübergreifende Auswertung i.d.R. zwei bis zweieinhalb Stunden dauerte; einige der insgesamt elf vorgestellten Fälle wurden mehrfach beraten. Die Runde der TeilnehmerInnen setzte sich konkret aus drei Gruppierungen zusammen:

❶ die fallbezogenen Fachkräfte der örtlichen Jugendhilfe und angrenzender Bezugssysteme (Polizei, Schule, Psychiatrie), die nur einmalig an diesen Runden teilnahmen, um ihren Fall vorzustellen und zu beraten;[11]

❷ die Fachkräfte der örtlichen Jugendhilfe, die kontinuierlich über den gesamten Zeitraum an diesen Runden teilnahmen (= Kerngruppe);

❸ und das dreiköpfige Team der Universität Koblenz-Landau, das das Projekt wissenschaftlich begleitete und das jeweils mit unterschiedlichen Aufgaben und in unterschiedlichen Rollen an allen Beratungen teilnahm.

Der Verlauf der Fallkonsultationen war bezüglich der Struktur bzw. der angewandten Methode immer gleich: Am Vormittag wurde ein Fall vorgestellt und beraten, am Nachmittag fand eine fallübergreifende Auswertung des vorgestellten Falls statt, um Parallelen und Unterschiede in den Fallverläufen zu benennen und typische Entscheidungs- und Handlungsmuster herauszuarbeiten. Vormittags wurde mit einem spezifischen Setting gearbeitet: Es gab einen Innen- und einen Außenkreis, wobei die fallbezogenen TeilnehmerInnen sowie die Moderation der Fallberatung (Universität Koblenz-Landau; Monika Thiesmeier) dem Innenkreis angehörten, und die kontinuierlichen Mitglieder der Kerngruppe sowie die beiden anderen Mitglieder des »Uni-Teams« den Außenkreis bildeten.

Aufgabe des Innenkreises war es, den Fall nach dem Verlaufsmodell *kollegialen Fallverstehens* zu beraten, ein gemeinsames Fallverständnis sowie nächste Schritte und Handlungsoptionen für das weitere Vorgehen im Fall zu entwickeln. Die Struktur der Beratung, d.h. die Abfolge festgelegter Arbeitsphasen, wurde dabei durch die Moderation gewährleistet. Das heißt, sie nahm insofern Einfluss auf den Verlauf der Beratung, als durch die Moderation eine strenge Orientierung am vereinbarten Verfahren erfolgte und dadurch der Fokus der Betrachtung insbesondere auf das Wahrnehmen und Deuten der Fachkräfte, die psychodynamische Ebene des Falles und auf das affektive/ szenische Verstehen gerichtet wurde. Andere Dimensionen der Fallbetrachtung (z. B. der detaillierte Blick auf die materielle Situation einer Familie) rückten durch diese Schwerpunktsetzung bewusst in den Hintergrund.

Der Außenkreis hatte während dessen die Aufgabe, den Prozess zu beobachten und punktuell die Beratung des Innenkreises inhaltlich zu ergänzen. Zudem wurde der Prozess seitens der beiden im Außenkreis sitzenden KollegInnen des »Uni-Teams« dokumentiert.

Nachmittags bzw. bei weiteren übergreifenderen Fallauswertungen an anderen Terminen nahmen die fallbezogenen TeilnehmerInnen nicht mehr an der übergreifenden Auswertung teil bzw. wenn, dann in einer eher passiven Rolle.

Abbildung 2: Setting der Fallkonsultationen

vormittags:

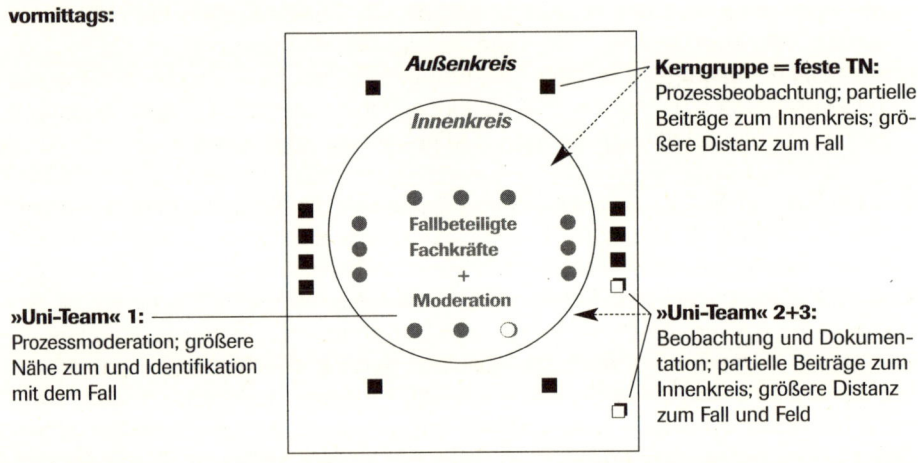

nachmittags:

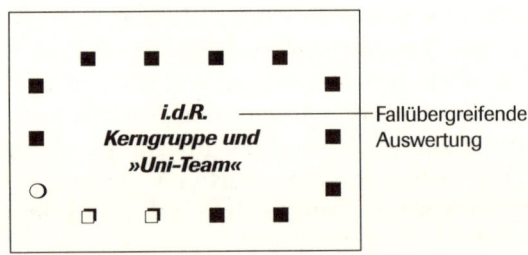

Zur inhaltlichen Vorbereitung jeder Fallkonsultationen wurde seitens der wissenschaftlichen Begleitung aus den Fallakten ein Genogramm sowie eine Zusammenfassung und Gegenüberstellung der jeweiligen Lebens- und Hilfegeschichte eines jungen Menschen bzw. einer Familie erstellt. Diese Materialien wurden den TeilnehmerInnen der Fallkonsultationen vorab zugeschickt. Das Genogramm diente dem Ziel, dass sich die Teilnehmenden im Vorfeld der Fallberatung und unabhängig von der Falldarstellung der fallverantwortlichen Fachkraft

● ein Gesamtbild der vorgestellten Familie machen konnten,
● wesentliche lebens- und familiengeschichtliche Daten und Informationen über mehrere Generationen hinweg erhielten,
● und so erste Hinweise auf zentrale (generative) Muster und Themen sowie mögliche Problemlagen und Konfliktfelder sammeln konnten.

In Ergänzung dessen wurde mit der chronologischen Zusammenfassung und Gegenüberstellung der Lebens- und Hilfegeschichte der Fall in seiner Geschichte und seiner Entwicklung dargestellt, um durch den Blick »auf das Ganze« Hinweise auf

● familiäre (Interaktions-)Muster und Dynamiken,
● die Interventionsstrategien und die Rolle der HelferInnen und des Hilfesystems,
● die Interaktion(-sdynamik) zwischen Familie und HelferInnen bzw. Hilfesystem,
● und Verläufe, Zusammenhänge und Bezüge hinsichtlich des Falls zu erhalten.

Die beiden zentralen Phasen des fallbezogenen Teils der Fallkonsultation selbst waren als Auftakt der Beratung der mündliche Bericht über den Fall seitens der fallverantwortlichen Fachkraft im ASD, der ergänzt werden konnte durch die Fachkräfte der anderen fallbeteiligten Träger, und die Phase der Fallinszenierung und des szenischen/ affektiven Verstehens, das darauf folgte. Durch die narrative Falldarstellung sowie die Ergänzungen der weiteren fallbeteiligten Professionellen wurde eine Beschreibung der individuell-fachlichen Sichtweisen und Deutungen bezogen auf den Fall, die Familie, die eigene Rolle und die des Hilfesystems vorgenommen, die im weiteren Verlauf sowie im Nachgang bezogen auf ihre impliziten Wahrnehmungs-, Deutungs- und Handlungsroutinen ausgewertet wurde.

In der nachfolgenden Phase der Fallinszenierung/ Identifikation erfolgte dann die Erweiterung der Perspektiven auf den Fall bzw. die Generierung möglicher (und bislang unbeachteter) »Lesarten«. Durch diese Form des affektiven/ szenischen Verstehens, konnten Hinweise auf »blinde Flecken« im bisherigen Verstehen des Falls bezogen auf

a) die Familiendynamik (soweit verstanden),

b) die Rolle und die Interventionen der HelferInnen,

c) die Rolle, die Interventionen und die (Binnen-)Dynamik des Hilfesystems,

d) und die Interaktionsdynamik zwischen Familie und Hilfesystem gewonnen werden.

An diesem Punkt der Fallberatung stand also eine Form des Verstehens im Vordergrund, die von den Elementen der Einfühlung und Intuition geprägt war und die eine u. E. notwendige Ergänzung zum methodisch strukturierten Sinnverstehen der anderen Arbeitsphasen darstellt.

Der zentrale Erkenntniswert des ersten Teils der Fallkonsultation lag folglich in der Offenlegung der Differenz zwischen dem, was i.d.R. im Verlauf der Wahrnehmungs- und Deutungsprozesse der sozialen Dienste gesehen wird und welche Handlungen daraus folgen und dem, was gesehen werden kann, wenn in einer Form gearbeitet wird, die den Blick auf zwei zentrale Dimensionen eines Falles, das Klienten- und das Hilfesystem, richtet und die sich daraus ergebende Dynamik auch in einer aktuellen Inszenierung freisetzt. Denn durch die systematische Auswertung dieser Differenz lassen sich Schlussfolgerungen hinsichtlich der Frage ziehen, was beim Fallverstehen von Professionellen gesehen wird, was ihren Blick leitet, und auch was oftmals nicht im Blick ist bzw. ausgeblendet wird.

Die Sicherung der im Rahmen dieser Fallkonsultationen gewonnenen Daten erfolgte während des Beratungsprozesses durch eine gemeinsame schriftliche Ergebnissicherung (Flip-Charts) und umfangreiche Notizen der wissenschaftlichen Begleitung, aus denen unmittelbar nach jeder Fallkonsultation ein ausführliches Protokoll mit Originalzitaten angefertigt wurde. Zudem wurden einige Fallkonsultationen als Tonaufnahmen mitgeschnitten und transkribiert.

Mit dem hier vorgestellten Instrument der Fallkonsultationen konnten Einsichten und Ergebnisse bezüglich der leitenden Fragestellungen des Modellprojektes gewonnen werden. Neben der Analyse materieller, psychosozialer und biographischer Belastungen, die junge Menschen in krisenhaft zugespitzte Situationen bringen, konnten damit vor allem auch die Reaktions- und Handlungsmuster des Hilfesystems in den Blick genommen und die Wechselwirkungen zwischen Klienten- und Hilfesystem untersucht werden.

Über die Funktionalität der Methode »Fallkonsultationen« hinsichtlich der projektspezifischen Ausgangsfragen hinaus, entwickelten sich dieses Instrument im Verlauf der Einzelfallanalysen aber auch zu einem aus unserer Sicht hilfreichen Verfahren für solche Fälle, die in einem Hilfesystem als »besonders schwierig« erscheinen bzw. die ein hohes Maß an instutioneller und – wenn sie in die lokalen Medien geraten – nicht selten auch öffentlicher Aufmerksamkeit erfahren. Als Charakteristika gegenüber der anzustrebenden Regelfallbearbeitung mit der Methode des *kollegialen Fallverstehens* sind für die Fallkonsultationen zu nennen:

- die externe Moderation, die keine eigenen Interessen in dem vorgestellten Fall verfolgt;
- die Zusammensetzung der Beratungsrunde: fallbeteiligte MitarbeiterInnen und Leitungskräfte der öffentlichen und der freien Jugendhilfe; fallbeteiligte VertreterInnen anderer Bezugssysteme (Schule, Psychiatrie, Polizei etc.); fallbeteiligte Fachkräfte aus der Geschichte des Falles;
- die durch die Zusammensetzung der Runde ermöglichte Perspektivenvielfalt und »Tiefe« der Einsichten (➔ Geschichte und Komplexität eines Falles);
- die differenzierte Vorbereitung und Dokumentation/Auswertung;
- die zu gewährleistende Absicherung der fallführenden Fachkräfte, ebenso wie die klare Verteilung von Kompetenzen und Verantwortlichkeiten sowie deren Kontrolle gerade in »schwierigen« Fällen in und zwischen unterschiedlichen Unterstützungs-, Hilfe- und Kontrollsystemen.

3. Rahmenbedingungen für kollegiales Fallverstehen und Fallkonsultationen

Das *kollegiale Fallverstehen* und die Fallkonsultationen wurden in diesem Beitrag als Instrumente sozialpädagogischer Analyse und Deutung vorgestellt. Sie sind jedoch nicht als bloße Techniken zu verstehen, die unabhängig von äußeren Bedingungen anwendbar sind, wenn sie die in ihnen steckende Produktivität entfalten sollen. Sowohl das kollegiale Fallverstehen als auch dessen Spezifizierung in Form von Fallkonsultationen sind in ihrer Anwendung nicht folgenlos für Personen und Institutionen. Notwendige Rahmenbedingungen dafür sind auf verschiedenen Ebenen anzusiedeln; es geht dabei um die Verbindung der drei Elemente Personen, Konzepte und Strukturen.

Sich als *Person* auf diese schwierige Aufgabe der Beratung und Unterstützung von Menschen in schwierigen Lebenssituationen einzulassen, muss mit der Gestaltung einer Berufsrolle einhergehen, die in einer besonderen Weise subjektiv geprägt ist, und die die enorme Spannung der beschriebenen Gratwanderung auszuhalten vermag.[12] Erforderlich ist dafür eine innere Haltung,

● die bereit ist, auch in chaotisierten Familien die Potentiale und Ressourcen zu erkennen und zu stärken,
● als auch – abgegrenzt davon – einzuschätzen, ob Kinder einen emotionalen, sozialen und realen Platz in ihrer Familie haben, und sie das erhalten, was sie brauchen und worauf sie ein Recht haben, auch gegenüber den eigenen Eltern.

Neben fundierten sozialwissenschaftlichen Kenntnissen, z. B. über die Entwicklung von Krisen in familiären Systemen oder die biographische Bedeutung früh erlebter Vernachlässigung ist dafür insbesondere die Entwicklung einer subjektiven Wahrnehmungs- und Deutungskompetenz als »geschulte Intuition« notwendig.

Auf der *Ebene der Konzepte* ist die Gestaltung gemeinsamer Arbeitsprozesse in Gruppen[13] zwischen den Polen *Integration* und *Differenzierung* ein Qualitätsmerkmal.[14] Der Komplexität des Einzelfalls und der Gefahr einer unreflektierten »Verstrickung« der zuständigen Fachkraft kann in einem kontrollierten und bewusst entwickelten Gruppenkontext entgegengewirkt werden, in dem die Erkenntnisse und Kompetenzen verschiedener Personen als kritisches Korrektiv zum Tragen kommen, aber keine persönlichen Angriffe und unproduktiven Durchsetzungsstrategien hinter einer pseudo-fachlichen Fassade ausgetragen werden. Gerade weil sozialpädagogische Beurteilungen und Entscheidungen letztlich nicht objektivierbar und eindeutig sind, sind verbindliche Formen *kollegialen Fallverstehens* eine gute Möglichkeit, den schwierigen gesetzlichen Handlungsauftrag zwischen Unterstützung und Wächteramt angemessen zu bewältigen und eventuelle Fehleinschätzungen oder nicht nachvollziehbare Prognosen aufzudecken und rechtzeitig zu revidieren. Denn die in der Aufgabe sozialer Dienste begründete Vielfalt und Komplexität zuzulassen, sichtbar zu machen und gleichzeitig die professionelle Distanz zu sichern, die vor der Vereinnahmung schützt, ist u. E. nur als Gruppenleistung in einem Team oder einer Arbeitsgruppe möglich. Durch den Gruppenkontext kann die Identifikation mit und die stellvertretende Repräsentanz der unterschiedlichen HilfeadressatInnen gewährleistet werden, und ebenso die Unterstützung wie auch die Kontrolle der fallzuständigen Fachkraft.

Ein in beschriebener Weise gestalteter Arbeitsprozess braucht allerdings zwingend die Absicherung, Förderung und Kontrolle durch die Organisation, d. h. vor allem durch ihre zuständigen Leitungskräfte. *Strukturell erforderlich* sind

- die Verbindlichkeit von Zeit und Raum,
- die Absicherung eines geregelten Verfahrens,
- die Einrichtung kontinuierlicher Beratungsteams,
- und die Verbindung von Prozess und Entscheidungskompetenz.[15]

Aufgabe der Leitungskräfte ist es, hierfür die Voraussetzungen zu schaffen:

- Verbindliche Orte heißt, dass durch die Leitung eine Struktur gestaltet und geschützt wird, in der die sensiblen Prozesse *kollegialen Fallverstehens* ablaufen können, und die von allen Mitgliedern der Institution anerkannt, geachtet und ernst genommen wird. Konkret geht es also um den Zeitpunkt und die Dauer für die Beratungsprozesse, um den Kreis der TeilnehmerInnen, für den nicht nur das Kriterium gegenseitiger Sympathie ausschlaggebend sein sollte, und um den konkreten Raum, d. h. Treffpunkt.

- Die Absicherung eines geregelten Verfahrens, das mit der Gestaltung gemeinsamer Arbeitsprozesse einhergeht, gewährleistet, dass die Wahrnehmungs- und Deutungsprozesse in sozialen Diensten in einer nachvollziehbaren und intersubjektiv zu überprüfenden Form stattfinden. Entscheidend für die Qualität des Verfahrens ist eine klarer Strukturierung des Prozessverlaufes und der Rollengestaltung der Beteiligten sowie eine bewusste Trennung der Elemente *Wahrnehmung, Deutung/ Interpretation* und *Bewertung*. Aufgabe der Moderation in der Beratung ist es hier, die Struktur des Prozesses zu sichern; sie ist inhaltlich fachlich nicht beteiligt, sondern achtet auf die saubere Trennung der einzelnen Arbeitsschritte und schützt damit die fallvorstellende Fachkraft und die Gruppe in ihrer Dynamik.

- Die Einrichtung fester Beratungsteams ist hilfreich und erforderlich, um Kontinuität und Vertrauen herzustellen sowie die unterschiedlichen Kompetenzen der einzelnen – bedingt durch Ausbildung, Berufserfahrung, Lebensalter, Geschlecht usw. – sinnvoll miteinander in Kontakt zu bringen und zu nutzen. Vertrauen und miteinander Geübt-Sein ist dabei eine nicht zu unterschätzende Rahmenbedingung, weil sowohl die individuelle Fachlichkeit und Kompetenz als auch die Ängste und Schwächen der einzelnen KollegInnen im Team Gegenstand der Reflexion und Auseinandersetzung sind.

- Die Verbindung von Prozess und Entscheidungskompetenz schafft den notwendigen Ernstcharakter des *kollegialen Fallverstehens*. Bleiben die Beratungsergebnisse folgenlos für das weitere Handeln der zuständigen Fachkraft und den Fallverlauf, reduziert sich dadurch das Engagement der Kol-

Übersicht: Arbeitsablauf des kollegialen Fallverstehens (Dauer: ca. 60-80 Minuten)

	INHALTE	MODERATIONSAUFGABEN
1. Fallvorstellung ca. 5 Minuten	Vorstellung anhand a) der Daten und Fakten (möglichst schematisiert z.B. Genogramm) b) des aktuellen Beziehungserlebens zu den beteiligten Personen c) Welche Einbindung gibt es in Umfeld und Sozialraum?	Darauf achten, dass die Fallvorstellung ungestört von Zwischenfragen erfolgen kann.
2. Beratungsfrage ca. 5 Minuten	Die fallvorstellende Fachkraft formuliert ihr Problem, ihr Anliegen, zu dem sie beraten werden will.	Die Beratungsfrage muss bearbeitbar sein und von dem Team akzeptiert werden.
3. Rückfragen ca. 5 Minuten	Die TeilnehmerInnen stellen nur solche Informationsfragen, die erforderlich sind, um die Beratungsfrage bearbeiten zu können.	Informationsfragen dürfen keine Interpretationen, vorzeitige Lösungsvorschläge oder verdeckte fachliche Angriffe sein.
3. Identifikationsrunde/ Fallinszenierung ca. 15 Minuten	Die TeilnehmerInnen übernehmen jeweils eine Rolle aus dem betroffenen Klienten- und ggf. Hilfesystem und beschreiben aus dieser Rolle heraus das derzeitige Erleben der Einzelnen. Welche Wünsche und Befürchtungen haben die Einzelnen?	Die zu identifizierenden Personen werden benannt und die Rollen verteilt, am Ende der Runde fragt die Moderation nach spontanen Antworten, Erwiderungen untereinander, achtet darauf, dass jeder zu Wort kommt, fragt die Wünsche der Beteiligten ab.

Fortsetzung Übersicht: Arbeitsablauf des kollegialen Fallverstehens

5. Sammeln von Bildern, Stimmungen, Eindrücken während der Identifikationsrunde ca. 10 Minuten	Die aufgetauchten Gefühle, Befindlichkeiten, Begriffen, Bilder etc. werden genannt, die zurzeit herrschende Atmosphäre im Team beschrieben, Assoziationen zusammengetragen. Rückmeldung der fallvorstellenden Fachkraft.	Die Begriffe und Einfälle werden aufgeschrieben, keine Diskussion, alles ist wichtig, am Ende Rückfrage an die fallvorstellende Fachkraft zu ihren Eindrücken und ihrer Befindlichkeit.
6. Was wird gebraucht? ca. 10 Minuten	Einfälle werden zusammengetragen, die noch keine konkreten Lösungsschritte sein sollen.	Einfälle und Wünsche werden zusammengetragen, die noch keine konkreten Lösungsschritte sein sollen.
7. Wie kann ein erster Schritt aussehen? ca. 10 Minuten	Mögliche erste Schritte in der weiteren Fallbearbeitung werden zusammengetragen, die fallzuständige Fachkraft entscheidet welchen Schritt sie machen will.	Einfälle der Gruppe aufschreiben und die fallzuständige Fachkraft fragen, wie sie sich entscheiden will und ob das Team diese Entscheidung mittragen will; bei gegensätzlichen Lösungsschritten nach Verbindung suchen.
8. Reflexion ca. 10 Minuten	Wie hat sich das Team in seiner Beratungskompetenz erlebt, wurde die Beratungsfrage zufriedenstellend beantwortet, wie war die Arbeitsatmosphäre, welche Probleme in der Zusammenarbeit, der Institution, den Rahmenbedingungen sind aufgetaucht, wie können sie angegangen werden?	Darauf achten, dass dieser Punkt nicht verloren geht und sorgfältig bearbeitet wird.

Universität Koblenz-Landau: Ader/ Schrapper/ Thiesmeier (Stand: September 2001) legInnen, einen Fall angemessen und ernsthaft zu beraten. Deshalb muss das Ergebnis der Beratung eine Bedeutung haben, ohne dass dadurch die individuelle Verantwortung der oder des Fallzuständigen aufgelöst wird.

Werden diese Rahmenbedingungen in einer Institution sichergestellt und dauerhaft gestützt, so sind u. E. gute Voraussetzungen gegeben, um Fälle qualifiziert zu beraten und zu entscheiden. Von hoher Bedeutung ist dabei insbesondere die kontinuierliche Unterstützung, Qualifizierung und Kontrolle der Beratungsgruppe durch die Leitung. Denn Gruppen bringen nicht per se eine gute Arbeit hervor, sondern tun das dann, wenn sie Kompetenzen für die Bearbeitung ihrer Aufgaben entwickeln können und dadurch dem entgegengewirkt wird, dass sie ihren eigenen Dynamiken und Verzerrungstendenzen (z. B. Streben nach Einmütigkeit; mangelndes Denken in Alternativen) unreflektiert erliegen.[16]

Anmerkungen

1   Die Methode des kollegialen Fallverstehens in strukturierten Beratungs- und Entscheidungsgruppen geht in ihrer Systematik auf das Modell kollegialer Beratung nach Heinrich Fallner und Hans-Martin Gräßlin (1990) zurück, das von Thiesmeier/ Schrapper/ Ader u. a. in den vergangenen Jahren insbesondere in Zusammenhang mit Projekten des Instituts für sozialen Arbeit e.V., Münster, und in Kooperation mit einigen dort tätigen KollegInnen weiterentwickelt wurde.

2   Als Prüfkriterien wurden benannt: die regelhafte Analyse der »zwei Seiten« eines Falles (Klienten- und Hilfesystem), das »Zusammenwirken mehrerer Fachkräfte«, die Verknüpfung von fachlicher Bewertung und Intervention und die Orientierung am spezifischen Handlungsrahmen des Feldes.

3   Im Rahmen der Einzelfallanalysen des Modellprojektes hat sich diese These bestätigt; vgl. insbesondere Beiträge zur Fallauswertung (Ader) und zum sozialpädagogischen Fallverstehen (Ader/ Schrapper) in diesem Buch.

4   Die Skizzierung der Arbeitsphasen fasst die zentralen Fragestellungen in vier großen Arbeitsschritte zusammen.

5   Zur »Gruppendynamik des Zusammenwirkens« und den Bedingungen einer konstruktiven Teamarbeit vgl. Jansen/ Schrapper 1994.

6   Vgl. Beitrag zum Fallverstehen von Ader/Schrapper in diesem Band (ÿ erkenntnislogisches Grundproblem).

7   Vgl. dazu z. B. Roth 1994; Sedlak/ Gerber (Hg.) 1992

8   Vgl. dazu z. B. Trescher 2001

9   Vgl. zum Spiegelungsphänomen: Mertens 1993-2000; Muck/ Trescher 2001

10 Vgl. dazu Beitrag zum Fallverstehen von Ader/ Schrapper in diesem Buch (→ Leitsätze).

11 In diese Runde wurden auch Fachkräfte einbezogen, die im Rahmen der Hilfegeschichte in der Vergangenheit eines jungen Menschen eine wichtige Rolle hatten.

12 Vgl. Schrapper 1998

13 Die Gruppen für das Fallverstehen sollten mindestens fünf Personen umfassen, da es neben der fallvorstellenden Fachkraft und der Moderation ausreichend Personen geben muss, die die Identifikation mit den handelnden Personen übernehmen können.

14 Vgl. Jansen/ Schrapper 1994

15 Vgl. Thiesmeier (1994)

16 vgl. Klatetzki 2001; Ardelt-Gattinger u. a. 1998

Literatur

Ader, Sabine/ Schrapper, Christian: Wie aus Kindern in Schwierigkeiten »schwierige Fälle« werden. – Erfahrungen und Befunde aus einem neuen Forschungsprojekt zu einem alten Thema. In: Forum Erziehungshilfen, Heft 1/2002, S. 27-34

Ader, Sabine: Handlungsrationalität contra Erkenntnisrationalität? – oder: Was müssen professionelle HelferInnen verstehen? In: Ader/Schrapper/Thiesmeier, 2001 (Angabe siehe nachstehend)

Ader, Sabine/ Schrapper, Christian/ Thiesmeier, Monika (Hg.): Sozialpädagogisches Fallverstehen und sozialpädagogische Diagnostik in Forschung und Praxis. Band 1 der Koblenzer Schriften zur Sozialpädagogik und Weiterbildung. Münster 2001

Ardelt-Gattinger, Elisabeth/ Lechner, Hans/ Schlögl, Walter (Hg.): Gruppendynamik. Anspruch und Wirklichkeit der Arbeit in Gruppen. Göttingen 1998

Bauriedl, Thea: Beziehunmgsanalyse. Frankfurt am Main 1998

Erdmann, Michael (Hg.): Die hilfreiche Beziehung in der Psychoanalyse. Göttingen 1996

Fallner, Heinrich/ Gräßlin, Hans-Martin: Kollegiale Beratung. Eine Systematik zur Reflexion des beruflichen Alltags. Hille 1990

Hartwig, Luise/ Schrapper, Christian: Von »Zwangserziehung« bis »Geschlossene Unterbringung« – die Betreuung »Schwersterziehbarer« in der Heimerziehung. In: Otto Speck/ Klaus-Rainer Martin (Hg.): Handbuch der Sonderpädagogik. Band 10, Berlin 1990, S. 392-402

Institut für soziale Arbeit (Hg.): Hilfeplanung und Betroffenenbeteiligung. Münster 1994

Jansen Bernd/Schrapper, Christian: Zur Gruppendynamik des »Zusammenwirkens mehrerer Fachkräfte«. In: Institut für soziale Arbeit (Hg.) 1994, S. 102-112

Klatetzki, Thomas: Kollegiale Beratung als Problem, sozialpädagogische Diagnostik ohne Organisation. In: Ader/ Schrapper/ Thiesmeier, 2001 (Angabe siehe oben)

Kuhlmann, Carola, Schrapper, Christian: Wie und warum Kinder öffentlich versorgt und erzogen wurden. Zur Geschichte der Erziehungshilfen von der Armenpflege bis zu den Hilfen zur Erziehung. In: Vera Birtsch, Klaus Münstermann, Wolfgang Trede (Hg.): Handbuch der Erziehungshilfen, Münster 2001, S. 282-328

Mertens, Wolfgang: Einführung in die psychoanalytische Therapie. Bde. 1-3. Stuttgart 1993-2000 (insb. Bd. 3: Stichworte zur Gegenübertragung)

Muck, Mario/ Trescher, Hans-Georg (Hg.): Grundlagen der Psychoanalytischen Pädagogik. Gießen 2001 (unveränderte Neuauflage der Ausg. von 1993)

Roth, Jörg Kaspar: Hilfe für Helfer: Balint-Gruppen. München 1984

Schrapper, Christian: »Gute Arbeit machen« oder »Die Arbeit gut machen«? Entwicklung und Gewährleistung von Qualitätsvorstellungen für die Arbeit im ASD. In: Merchel, Joachim (Hg.): Qualität in der Jugendhilfe. Münster 1998, S. 286-310

Sedlak, Franz/ Gerber, Gisela (Hg.): Beziehung als Therapie. Therapie als Beziehung. Michael Balints Beitrag zur heilenden Begegnung. München 1992

Thiesmeier, Monika: Kollegiale Beratung. Unveröffentlichtes Manuskript eines Vortrags beim Landesjugendamt Westfalen-Lippe. Münster 1994

Trescher, Hans-Georg: Handlungstheoretische Aspekte der Psychoanalytischen Pädagogik. In: Muck, Mario/Trescher, Hans-Georg (Hg.) 2001, S. 167-201

■ Wilhelm Schomaker

Welche Betreuungsarrangements brauchen die »schwierigen Kinder«?

Die Frage, welche Betreuungsarrangements die »schwierigen« Kinder brauchen, lässt sich aus dem Modellprojekt heraus in dieser generellen Form nicht beantworten. Die Jugendhilfe bewegt sich in ihrer Arbeit mit Kindern, Jugendlichen, Familien und größeren Systemen sinnvollerweise am Einzelfall entlang, sie entwickelt Angebote und Hilfen, die bezogen auf die individuelle Lebenssituation des einzelnen Kindes Halt, Stabilität und Entwicklung ermöglichen sollen.

Das Modellprojekt hat sich gerade mit den Einzelfällen beschäftigt, in denen Hilfe und Unterstützung zunächst nicht gelungen sind. Es wäre vermessen gewesen, diese Arbeit mit der Erwartung zu beginnen, dass am Ende generalisierbare Patentrezepte für »schwierige« Kinder herauskommen. Und, um es vorwegzunehmen, die »allein selig machende Wahrheit« haben auch wir sicher nicht gefunden. Einige der im Projekt entwickelten Betreuungsarrangements haben gegriffen und waren hilfreich, einzelne haben ihr Ziel verfehlt. Generalisieren lässt sich daraus zunächst einmal nur die Erkenntnis,

● dass Jugendhilfemaßnahmen in ihrem Ergebnis letztlich nicht planbar sind, weil der Eigensinn von Kindern und Familien sowie die Eigendynamik von Fällen nicht durchgehend berechenbar sind, und
● dass die Jugendhilfe in vielen Fällen erfolgreich arbeitet, aber nicht in allen Fällen über geeignete Hilfearrangements verfügt bzw. diese nicht immer realisieren kann.

Für Einzelfälle gibt es also keine Patentrezepte. Wir denken aber, dass sich aus den im Modellprojekt entwickelten Betreuungsarrangements übergreifende Aspekte ableiten lassen, die einen Beitrag zum besseren Verständnis der problembelasteten Lebenssituationen von Kindern und Jugendlichen leisten und die Hinweise für angemessene Interventionen und die Entwicklung konkreter Angebote geben können.

Im Projekt haben wir Hilfeverläufe auf tragfähige und belastbare Bedingungen hin untersucht und diese unter dem Begriff Wirkfaktoren gesammelt. Eine der Grundannahmen dabei war, dass eine schwerwiegende Krise im Klientensystem sich auch als Krise im Helfersystem bemerkbar macht. Auf der Grundlage dieser Annahme wurden in der Analyse der Fälle drei Aspekte besonders fokussiert:

● die wirtschaftlichen, psychosozialen und biografischen Belastungen, die Krisen beim Einzelnen und in Familien verursachen,
● die Reaktions- und Handlungsmuster des Hilfesystems und
● die wechselseitigen Bezüge und Verstrickungen zwischen Klienten- und Helfersystem sowie innerhalb des Helfersystems.

Im Ergebnis spiegeln die Wirkfaktoren diesen Zusammenhang exakt wider. Daher muss auch die Frage nach den Betreuungsarrangements für »schwierige« Kinder ergänzt werden um die Frage nach hilfreichen Arrangements und Vereinbarungen für die Arbeit des Hilfesystems. Wenn der Fall so schwierig geworden ist, dass das bestehende Setting nicht mehr greift, lässt sich in der Regel leichter das Setting bzw. die Kooperation im Hilfesystem verändern als der gesamte Fall.

Wirkfaktoren für tragfähige Betreuungsarrangements

Auffälligkeiten als Überlebensstrategie verstehen

In den »schwierigen« Fällen geht es in der Regel um eine Zuspitzung existenzieller Fragen und Sicherheiten für Kinder und Jugendliche. Jungen und Mädchen tun in der Regel das, was sie für erfolgreich halten. Sie tun es aus ihrer Weltsicht und aus dem, was sie in ihrem Umfeld gelernt haben. Wenn sie stehlen, gewalttätig sind oder weglaufen tun sie das, weil es ihnen in diesem Augenblick ihres Lebens als tauglichste Verhaltensweise erscheint. Und das gilt es zu verstehen. Wir kennen das aus allen Jugendhilfemaßnahmen: Was wir vor der Aufnahme nicht verstanden haben, erleben wir nach der Aufnahme in bzw. mit dem Fall. Wenn wir anstelle der ungeliebten Verhaltensauffälligkeiten andere Überlebensstrategien anbieten wollen, müssen wir zunächst einmal verstanden haben, welchen Zweck die alten Strategien und Muster im Leben eines jungen Menschen erfüllt haben.

Handlungsleitende Frage: Was erleben und bewerten Kinder und Jugendliche als hilfreich?

Wenn eine Krise deutlich zugespitzt ist, stehen alle Beteiligten stark unter Druck. Werden Jugendhilfemaßnahmen dann von Kindern und Jugendlichen eher als eine Verschlechterung ihrer Situation erleben, können die Angebote bei ihnen wenig Vertrauen erwecken und motivieren sie nicht zur Mitarbeit. Die Maßnahmen verstärken eher das Gegeneinander und die Überlebensstrategien im Bereich der Verhaltensauffälligkeit. Daher müssen Arrangements so gestaltet werden, dass sie von Kindern und Jugendlichen als hilfreich erlebt werden können. Damit ist ausdrücklich nicht gesagt, dass Mädchen und Jungen ihr Arrangement selbst stricken sollen. Auch klare Setzungen im Sinne von Begrenzung oder von Trennungen von Familienmitgliedern sind damit ausdrücklich nicht ausgeschlossen. Entscheidend ist, dass die betroffenen Kinder oder Jugendlichen verstehen, was mit ihnen passiert und im Ergebnis – manchmal auch erst im Rückblick – eine wirksame und hilfreiche Maßnahme erleben.

Personale Bezüge schaffen/ Beziehung ermöglichen

Im Verlauf der so genannten »schwierigen« Fälle zeigen sich immer wieder Erschöpfungssymptome. Schwierigkeiten werden nicht mehr als Schwierigkeiten von Kindern und Familien oder Schwierigkeiten des Jugendhilfesystems erlebt, sondern als Schwierigkeiten die junge Menschen den HelferInnen machen. Die Überforderung der HelferInnen führt zu Ab- und Ausstoßungstendenzen des Hilfesystems. Wenn die Überforderung im Hilfesystem nicht toleriert werden kann, zeigen sich oft zwei Tendenzen:

❶ Im Hilfesystem werden die Schwierigkeiten der HelferInnen zugedeckt, die Kommunikation wird kompliziert, unterschiedliche Wahrnehmungen und Spaltungen prägen die Zusammenarbeit.

❷ Es erfolgt eine verstärkte diagnostische Attribution an das Kind oder an Angehörige. Schwierigkeiten werden festgeschrieben, Lösungsansätze nicht mehr gesehen.

Wenn nichts mehr geht, steht die Entscheidung im Raum, ob die Weiterentwicklung im geschlossenen Rahmen erzwungen wird oder eine Beziehung zum Fall neu angeworben werden soll. Im zweiten Fall sind folgende Aspekte zu beachten: Kinder und Jugendliche in Krisen bilden eine Erwartung an die Verlässlichkeit konkreter Personen aus und prüfen diese ab. In dieser Phase wird auch die Krise anhalten. Fachkräfte, die hier neu in Beziehung treten, dürfen nicht durch unlösbare Aufträge überladen werden. Die gleichzeitige Wahrnehmung von Aufsichtspflicht, Bildungszwang, Polizeifunktion, Kontrolle und Erziehung kann hier nicht durchgehalten werden. Der Auftrag muss so gestaltet sein, dass die Beziehung halten kann was sie verspricht und nicht mehr verspricht als sie hält.

Transparenz für- und Beteiligung von Kindern und Jugendlichen

Wenn wir Alternativen zu verhaltensauffälligen Überlebensstrategien für Kinder- und Jugendliche anbieten wollen, müssen wir das Betreuungsarrangement transparent gestalten. Funktionen, Aufgaben, Ziele und Verantwortungen der einzelnen Beteiligten müssen für den jungen Menschen erkennbar sein. Die Beteiligung von Kindern und Jugendlichen an der Entwicklung und Fortschreibung von Betreuungsarrangements erhöht die Erfolgswahrscheinlichkeit.

Lebensweltbezug und pädagogischer Schutz- und Schonraum

Die Betreuungsarrangements müssen den Lebensweltbezug des jungen Menschen aufgreifen und in das Setting einbeziehen. Sie müssen zugleich einen ausreichenden Schutz- und Schonraum gewährleisten, damit der junge Mensch entlastet wird und die Situation sich entspannen kann.
Wenn ein junger Mensch sich früh auf der Straße durchgeschlagen und hier seine eigenen Entscheidungen getroffen hat, spricht das eher gegen die Unterbringung in einem stark reglementierenden stationären Gruppensetting. Die frühe Selbständigkeit bringt in der Regel Defizite in der Sozialisation und aktive und passive Erfahrungen von Grenzüberschreitung mit sich. Sie hat zugleich auch eine haltgebende Funktion, die durch eine starke Reglementierung verloren geht. Es zeigt sich in der Biographie des jungen Menschen eine Überlastung durch familiäre Rettungs- und Versorgungsaufträge (z. B. bei Drogenmissbrauch der Eltern). Aufgrund einer ausgeprägten Double-Bind-Struktur zu einem Elternteil kann eine zumindest zeitweilige Trennung von der Familie notwendig sein. Treten beide Aspekte zusammen, erscheint ein mittelfristig

angelegtes individualpädagogisches Auslandsprojekt geeignet, ausreichend Schutz- und Schonraum sicher zu stellen, ohne haltegebende Aspekte zu gefährden.

Belastbare und reflektierte MitarbeiterInnen finden

Belastbare und reflektierte Fachkräfte sind ein wesentlicher Bestandteil aller Betreuungsarrangements. Bei den so genannten »Schwierigsten« zeigten sich in den Fallanalysen regelmäßig seelische Schwergewichte in der Familiengeschichte und in der aktuellen Familie, die nicht so einfach zu tragen waren bzw. sind.
Kinder und Jugendliche spüren gut und schnell, wen sie ernstnehmen wollen und wen nicht. Fachkräfte, die in Betreuungsarrangements für »Schwierigste« arbeiten, müssen deshalb in der Lage sein, die seelischen Belastungen der Kinder und Jugendlichen auszuhalten und mitzutragen. Sie müssen in der Lage sein, die Krise mit dem Kind auszuhalten ohne sich davon »umhauen« zu lassen. Kinder und Jugendliche orientieren sich in der Bewertung ihrer Erfahrungen und Möglichkeiten stark an dem, was sie damit bei Erwachsenen auslösen.

Keine Allmacht der HelferInnen

Die Geschichte der Abbrüche spiegelt oftmals einen typischen Verlauf der Beziehungsgeschichte zwischen Kind und BetreuerIn im Verlauf des gemeinsamen Kontaktes und der Beziehung. Eine neue Hilfe beginnt oftmals mit einer von allseits guten Gefühlen getragenen Aufnahme und einer eher kurzen aber dafür euphorischen Anfangsphase, die nach einer Phase mit erträglichen Schwierigkeiten kurz aber sehr heftig eskaliert und häufig zum Abbruch der Betreuung führt. In jeder längeren Berufslaufbahn der Jugendhilfe gibt es Fallbeispiele, wo die Passung so glücklich war, dass ein junger Mensch sich tatsächlich in der Beziehung zu einer Fachkraft dauerhaft positiv entwickeln konnte. Dies darf aber nicht zu Allmachtsphantasien führen, die einzelne Fachkräfte überlastende Aufträge übernehmen lassen und diese anschließend mit Frustration und Ärger abbrechen.

In den Fallanalysen und den dabei entwickelten Betreuungsarrangements hat sich gezeigt, dass es sinnvoll ist, schwere pädagogische Arbeit auf mehrere

Schultern zu verteilen, indem man sowohl im ASD als auch beim freien Jugendhilfeträger Partnerschaften bildet. Für diese Partnerschaften sind die Steuerung und die Abstimmung der handelnden Personen von großer Bedeutung. Bedeutsam sind aber auch die Auftragsbegrenzung, die Selbstbegrenzung und die Grundhaltung. Wir können als Fachkräfte unser Verhalten jederzeit verändern. Die Kinder und Jugendlichen entscheiden darüber, ob sie in Folge ihr Verhalten ebenfalls ändern wollen oder nicht. Die Fachkräfte sind allerdings nur für die fachliche und inhaltliche Umsetzung der vereinbarten Aufträge verantwortlich, letztlich aber nicht für das Verhalten der Kinder oder Jugendlichen.

Keine »Rettungsidee« entwickeln, sondern realistische Versuche, die auch den Irrtumsmöglichkeit zulassen

Betreuungssettings, nicht nur für »Schwierigste«, müssen sich durch fortlaufende Reflexions- und Korrekturmöglichkeiten auszeichnen. Wenn sie Qualitäten der Ausschließlichkeit (»nur so kann es gehen«) ohne die Möglichkeit zur Veränderung beinhalten, haben sie wenig Aussicht auf Erfolg. Besonders die nicht selten angebotene »letzte Chance« ist geradezu eine Einladung zum Scheitern. Das gilt nicht nur für die »schwierigen« Fälle. Am besten streichen wir die Idee von der letzten Chance komplett in der gesamten Jugendhilfe.

Klare Zuständigkeit und Kontinuität

Eindeutige Zuständigkeit, eindeutige Verantwortung und Kontinuität im Helfersystem sind wesentliche Bausteine tauglicher Betreuungsarrangements. Dabei muss geklärt sein, wer genau für was und bis wann, allein oder mit wem zusammen zuständig ist, wer steuert, wer berät, wer ausführt, wer prüft usw. Klare Zuständigkeit und Kontinuität beziehen sich aber auch auf die Kooperation zwischen Jugendhilfe und anderen gesellschaftlichen Systemen, wie z.B. der Schule, der Polizei, den Vereinen, Organisation und Behörden im Sozialraum oder der Kinder- und Jugendpsychiatrie. In der Kooperation ist wichtig, dass jedes System seine Arbeit entsprechend der eigenen Vorgaben und Aufgaben machen kann. Generell zeigt sich, dass Kooperation da gut funktioniert, wo sie zwischen Personen schon eingeübt ist. Wenn Kooperation nicht zwischen Personen eingeübt, nicht innerhalb des einzelnen Systems gewollt und nicht zwischen den Systemen geregelt ist, funktioniert sie eher schlecht. Insofern empfiehlt sich die Förderung und Entwicklung von Kooperationsformen innerhalb der Jugendhilfe und zwischen der Jugendhilfe und anderen gesellschaftlichen Systemen. Tragfähige Betreuungsarrangements benötigen nicht nur eindeutige Zuständigkeiten, ausreichende Kompetenzen und gute Kooperation, sondern auch oftmals schnelles Handeln. Wenn Kooperationsformen in der Krise erst noch entwickelt werden müssen, kann das die Arbeit wesentlich erschweren.

Geregelte Übergänge

Die zahlreichen Abbrüche im Verlauf der »schwierigen Fälle« weisen darauf hin, dass Übergänge von einem Angebot zu einem nächsten oder von einem Träger zu einem anderen in der Jugendhilfe oftmals noch nicht gut geregelt sind. An den Fallkonsultationen haben sich viele Fachkräfte beteiligt, deren Träger für den Fall aktuell oder schon länger nicht mehr zuständig waren. Dies zeigt, dass Bereitschaft zur planvollen Gestaltung von Übergängen in der Jugendhilfe vorhanden ist oder zumindest erreicht werden kann. Aus den im Modellprojekt vorgestellten Fälle lässt sich folgern, dass das Konzept »ein neuer Ort ohne eine neue Idee« nicht funktioniert. Neuer Ort ohne neue Idee bedeutet im Ergebnis meist mehr oder schlimmeres vom selben in kürzerer Zeit. Daher ist es für ein neues Betreuungsarrangement wichtig, die vorangegangenen Arrangements auszuwerten und dabei nicht nur Berichte heranzuziehen, sondern vormals beteiligte Fachkräfte einzubeziehen.
Übergänge und Wechsel müssen für einen jungen Menschen nicht grundsätzlich schlecht sein, sie können sogar notwendig sein, um ein taugliches Betreuungsarrangement zu finden. Die entscheidende Frage ist, wie die Übergänge, das Ende und der (manchmal schon häufig erlebte) Neubeginn gestaltet werden.
Übergänge können auch innerhalb eines bestehenden Arrangements, d.h. innerhalb eines Hilfesystems sinnvoll sein. So kann z.B. ein 'Staffellauf' durch mehrere stationäre Gruppen einer Einrichtung hilfreich sein. Die beteiligten Kinder, Jugendlichen und Teams sind im Rahmen eines zeitbegrenzten Auftrags oft eher bereit, starke Belastungen auszuhalten und zu tragen. Wenn z.B. der Wechsel innerhalb einer Einrichtung von vornherein mit einem Jugendlichen vereinbart ist, kann das eine Chance sein, die richtige Gruppe zu finden und zugleich die Erfahrung vermeiden, überall »rauszufliegen und für eine Gruppe nicht mehr tragfähig zu sein«.

Ein solches Arrangement kann vor allem auch die Fachkräfte vor Überlastung schützen, wenn eine Arbeitsgruppe von MitarbeiterInnen jeweils auf Zeit die Zuständigkeit für einen jungen Menschen übernimmt. Eine enorm hohe Belastung durch einen jungen Menschen kann durch die begrenzte Zuständigkeit für ein oder zwei Wochen mit der Sicherheit, anschließend zwei Wochen oder vier Wochen frei zu haben, möglicherweise leichter getragen werden als durch andere Arbeitsbedingungen.

Verfahrenssicherheit

Tragfähige und belastbare Betreuungsarrangements brauchen sichere Verfahren, wenn sie zeitnah entwickelt werden sollen. Für das Einberufen einer Fallkonsultation und für die Teilnahme daran, müssen taugliche Modelle und Vereinbaren vorliegen. Die beteiligten Fachkräfte des ASD müssen dabei z. B. inhaltlich und konzeptionell handlungs- und entscheidungsfähig sein. Die Beteiligung der wirtschaftlichen Jugendhilfe ist zu diesem Zweck in manchen Fällen ebenfalls sinnvoll, damit die Umsetzung nicht an der Budgetverantwortung scheitert.

»Kundenorientierung«: Den Veränderungsdruck bei den Konzepten ansetzen, nicht vorrangig bei den Jugendlichen

Mit Blick auf die Wirksamkeit von Betreuungsarrangements in der Jugendhilfe möchte ich einen Vergleich ziehen, der natürlich auch hinkt, wie das Vergleiche eben tun. Jede und jeder von uns würde sich sehr wundern, wenn er im Rahmen einer medizinischen Behandlung vom Arzt ausgeschimpft würde, weil bei ihm das Antibiotikum nicht gegriffen hat. Wenn im Rahmen einer Operation eine Komplikation aufgetreten ist, die möglicherweise noch zu Folgeschäden führt, wären wir durch Vorwürfe schon sehr brüskiert. Hier erwarten wir mindestens eine fundierte Erklärung, wenn wir nicht gar schon über das Einforderung einer Entschädigung nachdenken. Natürlich hinkt dieser Vergleich. Aber dennoch kann man die Frage stellen, ob es richtig ist, wenn wir in der Jugendhilfe sagen, der junge Mensch hat sich dem richtigen pädagogischen Ansatz immer wieder entzogen oder wenn wir sagen, der junge Mensch war für diese Maßnahme nicht geeignet. Kundenorientierung heißt in diesem Kontext einen anderen Umgang zu finden mit eigenen Allmachtswün-

schen und Ohnmachtserfahrungen. Nicht der junge Mensch ist für ein Hilfe-
konzept ungeeignet, sondern das Konzept ist offensichtlich dann für diesen
jungen Menschen ungeeignet, wenn es keine Erfolge zeigt. Dass eine Jugendhilfemaßnahme scheitert besagt weder, dass das Konzept generell schlecht ist,
noch dass die beteiligten Fachkräfte »ahnungslose Pfuscher« sind. Sicher ist
im Einzelfall zu prüfen, ob der Auftrag gemeinsam mit dem Jugendamt richtig beschrieben und ausgestattet war und ob in der Umsetzung ordentlich gearbeitet worden ist. Ebenso wichtig ist aber auch festzustellen, dass ein Betreuungsarrangement nicht funktioniert hat und darum für diesen jungen
Menschen nicht geeignet war. Wenn ein Betreuungsarrangement nicht funktioniert, ist es notwendig zu prüfen, woran es lag und was erforderlich ist, damit ein taugliches Arrangement geschaffen werden kann. Das Netzwerk der
Jugendhilfe ist komplex und oftmals nicht nur komplex, sondern auch kompliziert. Auch das ist eine Erfahrung aus dem Modellprojekt. Am Anfang eines
tauglichen Betreuungsarrangements steht ein taugliches Verfahren und eine
arbeitsfähige Arbeitsgruppe, die in der Lage ist, das Komplizierte an den
»schwierigen Fällen« wieder auf konkrete Arbeitsschritte und Aufgabentei-
lungen zurückzuführen.

Schlussbemerkung

Die hier skizzierten Faktoren reflektieren die konkreten Erfahrungen aus dem
Modellprojekt. Als Ergebnissammlung bezogen auf tragfähige Betreuungsarrangements erheben sie weder den Anspruch auf Vollständigkeit, noch sind
sie grundlegend neu. Sie bieten kein Patentrezept für die Entwicklung von
wunderbaren Lösungen und behaupten keine Ausschließlichkeit gegenüber
anderen Ansätzen. Sie betonen die Bedeutung von verbindlichen Vereinbarungen und die Qualität der Zusammenarbeit im Hilfesystem. Aus dieser Perspektive können sie hilfreiche Hinweise und Schritte in der Begleitung von jungen Menschen in Krisen anbieten.

Kapitel 2
Projekterfahrungen und Befunde

■ Sabine Ader

Wie werdem aus Kindern in Schwierigkeiten die »besonders Schwierigen«?
Erkenntnisse aus den Fallkonsultationen und Fallanalysen

1. Komplexe Zusammenhänge müssen verstanden, nicht (nur) gezählt werden – Begründung des qualitativen Projektdesigns

Eine der zentralen Ausgangsfragen des Modellprojektes, die im Titel dieses Beitrages anklingt, ist für die Jugendhilfe keine neue Frage[1], aber sie ist nach wie vor hochaktuell. Denn immer wieder gibt es Kinder und Jugendliche, die das Hilfesystem ratlos machen und an seine Grenzen bringen: an die Grenzen von Strukturen und Handlungskonzepten, von Zuständigkeiten, gesetzlichen Aufträgen und Finanzen, an die Grenzen der Geduld von Professionellen und auch an die Grenzen öffentlicher Akzeptanz für abweichendes und auffälliges Verhalten.

Mit der Entscheidung des Landschaftsverbandes Rheinland/ Landesjugendamtes für das durchgeführte Forschungs- und Modellprojekt war deshalb der Versuch verbunden differenzierter herauszuarbeiten, welche Wirkfaktoren zur Eskalation von Lebenssituationen und Hilfeverläufen beitragen. Da es sich dabei nicht um eine vorrangig operationalisierbare und quantitativ auszuzählende Fragestellung handelt, wurde als zentraler Zugang für das Projekt die Analyse und Rekonstruktion von Einzelfällen gewählt.

Ausgehend von aktuellen Lebens- und Hilfegeschichten, die von bzw. in Kooperation mit den sozialen Diensten des Jugendamtes Köln bearbeitet wurden/ werden, sollte analysiert werden, welche materiellen, psychosozialen und biographischen Belastungen und Krisen Kinder in besondere Schwierigkeiten bringen, die sich dann in »besonderes schwierigen« Verhaltensweisen aktualisieren können.[2] Zudem sollte überprüft werden, ob es in den unterschiedlichen Lebensverläufen wiederkehrende Schlüsselsituationen gibt, aus denen im Sinne eines »Frühwarnsystems« Kriterien abgeleitet werden können, um die krisenhafte Zuspitzung von familiären Situationen möglichst frühzeitig zu erkennen und unterstützend tätig werden zu können.

Aufgrund dieses Projektzuschnittes lag bei der Auswahl und Entwicklung der methodischen Instrumente ein qualitativ orientiertes Untersuchungsdesign vor allem aus drei Gründen nahe:

● Im Zentrum der Analyse sollte das Verstehen von komplexen Zusammenhängen stehen. Es ging darum, einen sinnverstehenden Zugang zu prinzipiell fremden Lebenswelten zu eröffnen und die Rekonstruktion von Routinen des professionellen Alltags zu ermöglichen. Das heißt Spezifika, Abläufe, Mechanismen, Interpretationsmuster und Strukturmerkmale sollten aufgezeigt und bezüglich ihrer Bedeutung interpretiert werden, um dadurch zu einem tieferen Verständnis sozialer Wirklichkeiten (und ihrer Konstruktionsweisen) beizutragen.

● Obwohl in den fachlichen Diskussionen der Jugendhilfe die Einschätzung, dass das Hilfesystem einen aktiven Beitrag dazu leistet (z. B. Blandow 1996), dass Kinder in Schwierigkeiten zu »schwierigen« Fällen werden, vielfach auf Zustimmung stößt, ging es im Modellprojekt um die Erschließung eines bislang wenig systematisch erforschten Feldes. Die Zahl der Untersuchungen zu dieser Fragestellung im Rahmen der Jugendhilfeforschung ist relativ gering, zudem sind diese häufig bereits recht alt[3]. Der Gegenstand der Untersuchung konnte folglich vorab nicht exakt eingegrenzt werden und somit konnten auch keine Hypothesen entwickelt werden, die in operationalisierter Form hätten geprüft werden können. Statt dessen stand die Exploration von Zusammenhängen im Mittelpunkt.

● Materialbasis für das Projekt war eine geringe Zahl von Einzelfällen, um konkrete Hilfeprozesse in ihrer Gesamtheit, ihrem Verlauf und in ihrem Bedingungsgefüge untersuchen zu können. Erst in einem zweiten Schritt sollten die Fälle vergleichend und verallgemeinernd zusammengefasst und/ oder einander gegenübergestellt werden.

Die relativ kleine Anzahl untersuchter Einzelfälle – insgesamt wurden im Zeitraum der Fallkonsultationen elf Fälle vorgestellt und beraten (einige davon mehrfach) – darf jedoch nicht gleichgesetzt werden mit der Bedeutung der erarbeiteten Befunde.

Die Intention qualitativer Untersuchungen ist es, durch die differenzierte und möglichst vielschichtige Rekonstruktion von Einzelfällen spezifische Merkmale und Muster (das »Typische« in Einzelfällen) herauszuarbeiten, um ausgehend davon Kategorisierungen oder Typenbildungen vorzunehmen, die über den konkreten Fall hinaus Gültigkeit haben.[4] Aus dem jeweils zugrunde liegenden Material sollen spezifische Strukturen »im Besonderen« (des Einzelfalls) in plausibler und nachvollziehbarer Weise herausgearbeitet und auf diesen Weg theoretische Erkenntnisse generiert werden. Die Schlussfolgerungen vom »Besonderen auf das Allgemeine« müssen dabei den Gütekriterien qualitativer Forschung Rechnung tragen, um als fundierte Forschungsergebnisse gelten zu können. Zentrale methodische Standards qualitativer Untersuchungen sind:

- Arbeitsformen und Analyseschritte (Planung, Durchführung, Verlauf, Erkenntnissgewinnung und Deutung) werden ausführlich expliziert und dokumentiert.
- Es werden möglichst mehrere und verschiedenartige Methoden eingesetzt, um zu Ergebnissen zu gelangen (Methodentriangulation). Die unterschiedlichen Ergebnisse werden miteinander abgeglichen (Vergleich; Kontrastierung von Ergebnissen) .
- Die Interpretation des Materials erfolgt idealerweise in Gruppen, um der Subjektgebundenheit von Interpretationen entgegenzuwirken (diskursiver Charakter qualitativer Forschung).
- Untersuchungsergebnisse werden differenziert begründet und sind intersubjektiv nachvollziehbar.
- Sie werden zu bereits bestehenden Wissenbeständen in Beziehung gesetzt (Anschlussfähigkeit an den Stand der Theoriebildung).
- Die Situations- und Kontextgebundenheit von Ergebnissen wird beschrieben (»Für welche Situationen, Zeiten und Zusammenhänge gelten die Befunde?«).
- Daten und Ergebnisse werden den »Untersuchten« vorgelegt, mit ihnen diskutiert und von ihnen hinsichtlich ihrer Gültigkeit bewertet (kommunikative Validierung).

Werden die hier nur skizzenhaft nachgezeichneten Prüfkriterien qualitativer Forschung befolgt, so ist auch – wie im Modellprojekt – die Analyse von elf Einzelfällen von grundsätzlicher Bedeutung für die Gestaltung der Jugendhilfe, z.B. in einer Großstadt wie Köln mit über einer Million EinwohnerInnen, ca. 1000 laufenden Heimfällen und insgesamt über 4.500 vom ASD zu bearbeitenden Fällen jährlich.

Im Sinne dieses qualitativen Paradigmas fasst der vorliegende Artikel die wesentlichen Erkenntnisse und Schlussfolgerungen aus den vorgestellten und beratenen Fällen zusammen, die im Rahmen des Projektes in unterschiedlichen Arbeitszusammenhängen (Kerngruppe, wissenschaftliche Begleitung, Fachgespräche etc.) und in diskursiver Form entstanden sind. Gedankt sei hier nochmals den Mitgliedern der Kerngruppe, die über drei Jahre hinweg einen wesentlichen Beitrag zum konstruktiven Verlauf und zum inhaltlichen Ertrag des Projektes beigetragen haben.

Die nachstehenden Fallauswertungen orientieren sich an folgenden inhalt-
lichen Fragestellungen und Aspekten:
- Welche Risikofaktoren bedingen schwierige und krisenhafte Lebenssituationen, »schwierige« Fälle und »schwierige« Hilfesysteme?
- Welchen Ertrag haben die Fallkonsultationen mit Blick auf die erarbeiteten
  Betreuungssettings erbracht und welche Schlussfolgerungen lassen sich daraus ziehen?
- Wie haben sich die beratenen Fälle im weiteren Verlauf entwickelt?[5]
- Was bedeuten die Ergebnisse der Fallanalysen für die Gestaltung der Jugendhilfe, insbesondere für das Fallverstehen und der Fallbearbeitung in
  den sozialen Diensten öffentlicher und freier Träger?

2. Risikofaktoren »schwieriger« Hilfeverläufe

a) Fallauswahl und Übersicht der Einzelfälle

Bei den beratenen und analysierten Fällen, die im Projekt in einem Zeitraum
von insgesamt sechzehn Monaten vorgestellt wurden, handelte es sich um aktuelle Fälle aus dem Zuständigkeitsbereich des Allgemeinen Sozialen Dienstes
(ASD) der Stadt Köln. Laufende Fälle wurde aus dem Grund als Materialbasis
gewählt, weil der Fokus der Untersuchung u.a. auf dem dynamischen Aspekt
und der Interaktionen der fallbeteiligten Fachkräfte untereinander und mit
dem Klientensystem liegen sollte, die durch eine lediglich retrospektive Betrachtung über z.B. Akten oder nachgehende Interviews nicht abzubilden gewesen wäre. Geleitet wurde dieses Vorgehen von der These, dass die Jugendhilfe selbst erheblichen Anteil an der Entwicklung »schwieriger« Hilfeverläufe
hat, weil die Suche nach schnellen Lösungen aufgrund hohen Problemdrucks
ein angemessenes Verstehen und das Erkennen der eigenen »Verstrickung« in
die Dynamik familärer Krisen behindert und Methoden eines eigenständig sozialpädagogischen Fallverstehens nicht ausreichend entwickelt sind.
Auswahlkriterien für die untersuchten Fälle waren vor diesem Hintergrund
- die Aktualität der Fälle, die sich jeweils in einer anstehenden Hilfeentscheidung ausdrückte;
- die Kategorisierung eines Falles als »(besonders) schwieriger Fall« durch
  die jeweils fallzuständige Fachkraft im ASD;
- die Möglichkeit zur Einsicht in alle fallspezifischen Dokumente (Hilfepläne,
  Entwicklungsberichte, Gutachten etc.) durch die wissenschaftliche Begleitung der Universität Koblenz;

111

● und die Bereitschaft aller aktuell in den Fall eingebundenen Fachkräfte des öffentlichen Trägers sowie der freien Träger, sich auf die gemeinsame Beratung und Analyse des Falls in dem festgelegten Setting[6] einzulassen.

Das Kriterium »(besonders) schwieriger Fall« ergab sich aus einer der Ausgangsfragen des Projektes. Anzunehmen ist aber, dass sich in den Fällen, die subjektiv als »besonders schwierig« wahrgenommen werden, die fallimmanenten Schwierigkeiten wie unter einem Brennglas darstellen. Das heißt, die spezifischen Muster werden in diesen Fällen vermutlich besonders deutlich, stehen aber in ihrer grundlegenden Beschaffenheit gleichsam exemplarisch für eine Reihe von Fällen, auch solchen, die als weniger »schwierig« eingeschätzt werden.

Vorbereitet wurde die Durchführung der Fallkonsultationen in einer bewusst lang angesetzten, dreimonatigen Arbeitsphase, in der Kontakte zu den beteiligten Fachkräften und Institutionen hergestellt wurden. Damit das »Projekt als soziale Veranstaltung«, d. h. als ein gemeinsamer, von wechselseitiger Akzeptanz geprägter Arbeitsprozess in Gang kommen konnte, fanden in dieser Zeit folgende Aktivitäten statt:

● Besuche des »Uni-Teams« bei allen teilnehmenden Trägern der öffentlichen und der freien Jugendhilfe: Gespräche mit TrägervertreterInnen und MitarbeiterInnen;

● Konstituierung der Lenkungsgruppe des Projektes, an der TrägervertreterInnen aller beteiligten Institutionen teilnahmen, sowie erste Abstimmungs- und Planungsgespräche;

● Konstituierung der Kerngruppe des Projektes, an der die Fachkräfte der projektbeteiligten Träger teilnahmen, sowie erste Abstimmungs- und Planungsgespräche;

● eine schriftliche Information über das Projekt, die geplanten Arbeitsweisen und die Beteiligungsmöglichkeiten an alle bezirklichen ASD's.

All diese Tätigkeiten hatten zum Ziel, das Projekt vorzustellen, offene Fragen der teilnehmenden Institutionen und Fachkräfte zu beantworten, die beteiligten Träger kennenzulernen, Vorgehensweisen miteinander abzustimmen und eine Vertrauensbasis zu schaffen, soweit dies ohne bereits geteilte Erfahrungen vertrauensvoller Zusammenarbeit möglich ist.

Aufgrund dieser relativ intensiven Einstiegsphase war es im Anschluss möglich, die Fallkonsultationen sowohl als Ort kritischer Analyse zu nutzen als auch als Möglichkeit, in konstruktiver Form konkrete Handlungsoptionen für solche Fälle zu entwickeln, die die involvierten HelferInnen und ihre Systemen »ratlos« machen bzw. zumindest ihre professionellen Handlungskompetenzen an die Grenzen bringen. Bevor im folgenden Kapitel des Beitrages die in den Fallanalysen herausgefilterten Risikofaktoren »schwieriger« Fälle differenzierter dargestellt werden sollen, soll zunächst ein kurzer Überblick über die beratenen Fälle gegeben werden:

Fall	Geschlecht + Geb.datum	Nationalität	Anmerkungen zum Fall
1	Junge, geb. Jul 87 (12 J.)*	Deutschland	• amb. + stat. Psychiatrieerfahrung
2	Junge, geb. Jul 84 (15 J.)	Deutschland	• amb. Psychiatrieerfahrung
			• »geschlossene Unterbringung«**
3	Junge, geb. Apr 88 (11 J.)	Türkei	• amb. Psychiatrieerfahrung
			• Antrag auf GU ist gestellt, aber letztlich nicht umgesetzt worden
4	Junge, geb. Feb 91 (9 J.)	Sinti	• keine Psychiatrieerfahrungen
			• Antrag auf GU ist gestellt, aber letztlich nicht umgesetzt worden
5	Mädchen, geb. Jul 82 (17 J.)	Polen	• amb. + stat. Psychiatrieerfahrung
6	Mädchen, geb. Aug 86 (14 J.)	Deutschland	• amb. Psychiatrieerfahrung
			• »geschlossene Unterbringung«
7	Junge, geb. Jul 84 (15 J.)	Tunesien	• amb. + stat. Psychiatrieerfahrung
			• »geschlossene Unterbringung«
8	Junge, geb. Jan. 90 (10 J.)	Deutschland	• amb. + stat. Psychiatrieerfahrung
9	Junge, geb. März 86 (14 J.)	Deutschland	• keine Psychiatrieerfahrungen
10	Junge, geb. Juli 84 (16 J.)	Deutschland	• amb. + stat. Psychiatrieerfahrung
11	Junge, geb. Aug. 85 (15 J.)	Deutschland	• amb. + stat. Psychiatrieerfahrung

* in der Klammer ist jeweils das Alter des/ der Jugendlichen zum Zeitpunkt der Fallkonsultation aufgeführt

** die »geschlossene Unterbringung« war in diesen Fällen jeweils vor den Fallkonsultationen beantragt und umgesetzt worden

Aus der Übersicht ist zu entnehmen,
- dass in neun Hilfegeschichten Jungen/junge Männer im Mittelpunkt standen und nur zwei Mal Mädchen/junge Frauen.
- Vier Kinder kamen aus Familien mit Migrationshintergrund.
- Von den elf Kindern und Jugendlichen haben neun Erfahrungen mit der Psychiatrie gemacht; oftmals waren sie dort zu verschiedenen Zeitpunkten ihrer Lebensgeschichte entweder in ambulanter oder häufig auch stationärer Behandlung.
- Die »geschlossene Unterbringung« wurde vor den Fallkonsultationen in fünf der beratenen Fälle angedacht (➜ erfolgte Antragstellung), in drei Fällen auch umgesetzt.

● Zudem ist zu ergänzen, dass alle Kinder und Jugendlichen der Jugendhilfe in Köln schon lange bzw. zumindest über einen längeren Zeitraum bekannt waren, die Jugendhilfe also nicht »plötzlich mit Problemen konfrontiert wurde, die durch den Zuzug einer Familie nach Köln importiert wurden« (so eine Wahrnehmung der Professionellen bezüglich der »besonders Schwierigen« zu Projektbeginn).[7]

In der Gesamtschau der Fälle zeigt sich, dass die »Schwierigen« nicht anhand klar festzulegender Kriterien beschrieben werden können und in Folge daran zu erkennen sind. Es gibt keine eindeutige Definition dessen, wer oder was »schwierige« Kinder und Jugendliche sind, auch wenn die Jugendhilfeleistungsstudie JULE als aktuellste quantitative Forschungsarbeit vier bzw. fünf Gruppen junger Menschen benennt, die in der bzw. für die Erziehungshilfe als »schwierig« gelten (vgl. JULE-Studie 1998; Schwabe 2001)[8]. Gemeinsamkeiten zeigen sich jedoch in den Lebensläufen und in den biographischen Erfahrungen der Mädchen und Jungen, deren Anzahl insgesamt sicherlich geringer ist, als Medienberichte und aufgeregte fachpolitische Diskussionen es vermuten lassen. Im Rahmen der Fallauswertungen haben wir deshalb versucht, spezifische Risikofaktoren herauszuarbeiten und zu systematisieren, die sich in der Mehrzahl der beratenen Fälle zeigten und Hinweise dafür sein können, dass Probleme sich – abhängig von Person, Umfeld und Situation – zuspitzen und der frühzeitigen Aufmerksamkeit der Jugendhilfe und ihrer Akteure/ Akteurinnen bedürfen.

b) Welche Faktoren prägen schwierige und krisenhafte Lebenssituationen?

● *Materielle Not:*
Die Lebenssituationen vieler Familien in belasteten Lebenssituationen ist u. a. dadurch gekennzeichnet, dass ihre finanziellen Spielräume extrem eng sind. Eltern bzw. allein erziehende Elternteile (dabei handelt es sich i.d.R. um die Mütter) sind vielfach arbeitslos oder haben keine feste Arbeitsstelle und verfügen somit nicht über ein geregeltes Einkommen; sie leben vom Arbeitslosen- oder Sozialhilfebezug. Damit einher gehen in einer Vielzahl von Fällen sehr beengte Wohnverhältnisse. Große Familien leben auf wenigen Quadratmetern, Eltern und/ oder Kinder haben kein eigenes Zimmer, häufig auch keine Rückzugsräume, manchmal sogar kein eigenes Bett. Die Möglichkeiten dieser Familien, am gesellschaftlichen Alltagsleben teilzunehmen, sind aufgrund des so-

zioökonomischen Mangels ebenfalls eingeschränkt, da für vieles, was in anderen Familien »normal« ist, kein Geld da ist, das ausgegeben werden haben. Um dennoch über bestimmte Statussymbole (Markenkleidung, Computer, Handy etc.) zu verfügen, mit denen zumindest die Illusion verbunden ist, dass »es einem gut geht und man mit anderen mithalten kann«, verschulden sich viele Familien. Meist beginnt damit ein nicht endender Kreislauf, der mit sich bringen kann, dass Familien ihre Wohnung verlieren, obdachlos werden oder in eine noch kleinere,Wohnung ziehen müssen. In den »Kölner Fällen« war lediglich die Situation einer Familie nicht von offensichtlichem materiellen Mangel gekennzeichnet.

● *Individuelle Beeinträchtigungen der Eltern bzw. Erziehungspersonen:*
In einer Vielzahl der beratenen Fälle wurde deutlich, dass auch die Eltern »schwieriger« Kinder in ihrer eigenen Lebensgeschichte massive Erfahrungen von Vernachlässigung, Gewalt und Missbrauch gemacht haben. Auch sie hatten keine ausreichenden familialen und sozialen Bedingungen für ein gesundes Aufwachsen. Die Jugendhilfe wurde für sie nicht erst bei den eigenen Kindern zu einem Begriff, sondern vielfach waren auch die heutigen Eltern »Kinder der Jugendhilfe« und verbinden mit ihr nicht selten leidvolle Erinnerungen und einschneidende Lebensereignisse.
Die individuelle Beeinträchtigung von Eltern äußert sich zudem darin, dass sie häufig über geringe schulische Qualifikation verfügen, das Bildungsniveau niedrig ist und somit die beruflichen Qualifikationen und Perspektiven ebenfalls eingegrenzt sind. »Bildung« und »Ausbildung« werden von ihnen emotional negativ besetzt und so fällt es ihnen schwer, ihren Kindern die Schule als bedeutsame Institution und als wichtig für ihr weiteres Leben zu vermitteln.
Hinzu kommt, dass sich das erfahrene Leid von Müttern und Vätern in Sucht oder psychischen Störungen einen Ausdruck sucht. Die erlittene Not wird an die Kinder weitergegeben, oftmals verbunden mit der Hoffnung, die Kinder könnten zur Lösung der eigenen Konflikte beitragen.

● *Eingeschränkte Erziehungskompetenz:*
Die Elternrolle konnte in keinem der beratenen Fällen ausreichend ausgefüllt werden. Durch die individuellen Einschränkungen in der eigenen Biographie, aber ebenso durch frühe Elternschaft, unerwünschte Schwangerschaft o. ä. waren die Eltern bzw. die Mütter von ihrer eigenen Problematik »überschwemmt« und mit der Erziehungsaufgabe überfordert. Für die Kinder hatte dies zur Folge, dass sie widersprüchliche, oftmals unberechenbare Erfahrungen mit ihren primären Bezugspersonen machten und eine emotional sichere und vertrauensvolle Beziehung nicht entstehen konnte: entweder waren

die Eltern ihren Kindern punktuell sehr nah und »überschütteten« sie mit Zuwendung oder sie waren emotional sehr distanziert, repressiv und es herrschte Sprachlosigkeit zwischen Eltern und Kindern. Kinder in diesen Familien können oftmals nicht wirklich Kind sein, weil sie von ihren Müttern oder Vätern nicht altersgemäß behandelt und in eine ihnen gleichwertige Rolle gebracht werden: Sie sollen eher Partner(in), Beschützer(in) oder die Eltern Versorgende sein, nicht aber Kinder, die der Zuwendung und Fürsorge ihrer Eltern bedürfen. Die Generationengrenzen verschwinden, es findet eine Parentisierung der Kinder statt und eine damit einhergehende permanente Überforderung. Die Mutter-Sohn- bzw. Mutter-Tochter-Beziehung ist dabei offensichtlich von jeweils spezifischen Eigenarten geprägt:

In den »Kölner Fällen« waren die Beziehungen zwischen Müttern und Söhnen häufig dadurch gekennzeichnet, dass die Jungen in die Rolle des abwesenden Vaters/ Partners traten bzw. gleichsam von den Müttern hineingedrängt wurden, d.h. die Jungen übernahmen eine für ihr Alter unangemessene Rolle als Ersatzvater, als Familienvorstand, als Beschützer oder gar als Liebhaber der Mutter. Sofern es Väter oder Stiefväter in den Familien gab, erlebten Jungen (und auch die Mädchen) sie und damit die Männerrolle durchgängig als gewalttätig und aggressiv, d.h. die Rolle, die Jungen in diesen Familien geschlechtsspezifisch erlernten, war meist die des gewalttätigen Aggressors und des rücksichtslosen Patriarchen.

In den beiden Fällen, in denen es um Mädchen/junge Frauen ging, hatten diese eine extrem belastete Beziehung zu ihren Müttern. Die Lebensgeschichten der Mütter und der Töchter glichen einander frappierend, es fand aber keine Stärkung der Töchter durch ihre Mütter statt (»Meiner Tochter soll es besser ergehen als mir.«). Eine tiefe emotionale Bindung zwischen ihnen existierte nicht, statt dessen gingen die Mütter in deutliche Distanz zu ihren Töchtern und zu deren Zorn und Aggressivität. Ein Deutungsmuster für dieses Verhalten ist, dass die Töchter ein »schrecklicher Spiegel« für die Mütter sind, die ihre eigene leidvolle Geschichte repräsentieren. Da die Traumatisierungen der Mütter häufig unbearbeitet sind, wollen die Mütter nicht zurückblicken und agieren gegen die Töchter. Es scheint, als würde der aggressive Teil des erfahrenen Leids von den Töchtern ausgelebt und von den Müttern abgespalten. Eine emotionale oder verbale Verständigung darüber war in keinem der beiden Fälle möglich.

● *Gewalterfahrungen von Kindern:*
Gewalt ist eine der zentralen Erfahrungen, die sich in allen untersuchten Lebensgeschichten der »schwierigen« Kinder fand, die sie sowohl bei ihren Eltern erlebt als auch selbst massiv erlitten hatten: Gewalt als Mittel der Durch-

setzung eigener Interessen, Gewalt als Möglichkeit der Konfliktlösung und Gewalt als Mittel, andere zu unterwerfen oder auf sich aufmerksam zu machen. Die Formen der Gewalt sind dabei vielfältig: psychische, körperliche und sexuelle Gewalt gegen Mädchen und Jungen, aber auch Mangelversorgung und Vernachlässigung kindlicher Bedürfnisse sind eine alltägliche Erfahrung dieser Kinder.

Folge davon ist, dass Kinder in ihren ersten Lebensmonaten und Jahren früheste Traumatisierungen und existenzielle Bedrohungen erleben. Ob ihre Grundbedürfnisse nach Nahrung, Schutz, Pflege, Fürsorge, Zuwendung, Förderung, Liebe und Akzeptanz befriedigt werden, ob sich überhaupt jemand um sie kümmert, ist für sie nicht berechenbar und immer mit der berechtigten Angst verbunden, dass es nicht geschieht.

● *Bindungs- und Beziehungslosigkeit:*
In den Lebensgeschcihten der vorgestellten Mädchen und Jungen gab es oftmals nicht eine einzige Bindung an eine feste Bezugsperson, die ihnen über einen langen Zeitraum zur Verfügung stand und dabei nicht selbst von eigenen Schwierigkeiten vereinnahmt war. Statt dessen waren zerstittene Beziehungen und Trennungserfahrungen für diese Kinder Alltag; Familie haben sie nur selten vollständig erlebt, oftmals lebten sie nur mit ihren leiblichen Mütter zusammen oder aber in neu zusamengesetzten Stieffamilien mit (wechselnden) Partnern der Mutter. Damit einher ging in der Mehrzahl der Fälle, dass Kontakte zum leiblichen Vater oder früheren Partnern der Mütter abbrachen und diese von den Müttern auch abgewertet wurden (»Der ist ein Versager, mit dem brauchst Du Dich nicht mehr abgeben.«). Folgen davon waren häufig wechselnde Bezugspersonen, frühe Bindungsverluste, plötzliche Beziehungsabbrüche und massive Konflikte zwischen Kindern/ Jugendlichen und ihren Stiefvätern.

In diesem Zusammenhang konnten sich die Kinder der Loyalität ihrer Mütter nicht gewiss sein. Gerade in der Phase des Neubeginns von Partnerschaften solidarisieren sich Mütter häufig mit dem neuen Partner, in dem Wunsch »endlich den Richtigen gefunden zu haben und mit ihm eine glückliche Beziehung zu führen« – notfalls auch gegen die Kinder, die emotional nicht nachkommen, die permanenten Veränderungen und Verluste in ihrem Leben zu verarbeiten und in ihrer Ohnmacht dagegen rebellieren.

● *Migration:*
In vier der im Modellprojekt beratenen elf Fälle hatten Kinder einen Migrationshintergrund, d.h. sie hatten selber Migrationserfahrung oder aber ihre Eltern waren vor der Geburt der Kinder nach Deutschland gekommen. Bei

zwei dieser Familien war zumindest über einen längeren Zeitraum der Aufenthaltsstatus nicht gesichert und es war unklar, ob sie dauerhaft in Deutschland leben konnten. Neben dieser Unsicherheit bezüglich des Lebensortes wurde in den Fallberatungen aber vor allem deutlich, wie fremd sich Familien(mitglieder) und HelferInnen waren und wie schwierig es für die HelferInnen war, die kulturell andersartige Lebensweise zu verstehen und zu akzeptieren. Häufig kam es zu einer massiven Konfrontation kultureller Werte, die die prinzipiell wahrnehmbare Distanz von nicht-deutschen Familien gegenüber helfenden Instanzen nochmals vergrößerte.

● *Soziale Isolation/ »Netzwerklosigkeit« und Ausgrenzung:*
Für die nicht ausgefüllte Elternrolle gab es in keinem der Fälle ausreichende Möglichkeiten der Kompensation durch Verwandtschaft, Nachbarschaft oder das soziale Umfeld. Auffällig in den Fallanalysen war, dass die Familien (nicht zuletzt auch aufgrund häufiger Wohnortwechsel) i.d.R. sozial isoliert und nicht in Netzwerke eingebunden waren. Sofern es Großeltern gab, zeigt sich oftmals, dass die Familie zerstritten waren oder die Großeltern mit den Eltern in Konkurrenz gingen. Wenn Nachbarn oder Nachbarinnen in Erscheinung traten, dann häufig in der Rolle, sich über die Familien und ihre Lebensweisen zu beschweren oder helfenden Instanzen Hinweise bezüglich des mangelnden Wohlergehens der Kinder zu geben.
Hinzu kam, dass Sozialisationsinstanzen, wie z.B. Kindertageseinrichtungen oder Schulen, die im Sinne frühzeitiger Unterstützung tätig werden könnten, auf auffälliges und störendes Verhalten von Kindern in ihrer eigenen Hilflosigkeit oder dem Wunsch, sich des Problems zu entledigen, eher mit Ausgrenzungsmechanismen reagieren (»Dieses Kind ist für die Gruppe nicht mehr tragbar, es braucht eine besondere Förderung.«). Die Schwellenängste von Familien in Schwierigkeiten gegenüber diesen Institutionen wurden dadurch noch verstärkt.

● *Nähe zu subkulturellen Milieus:*
In fast allen beratenen Fällen hatten die Kinder und Jugendlichen, meist aber auch ihre Familien einen Zugang zu subkulturellen Milieus. Die Jungen/ jungen Männer hatten überwiegend Verbindungen zur Pädophilen-/Pädokriminellenszene, die einen großen Reiz für diese Zielgruppe auszustrahlen scheint. Geld, Konsumgüter, vermeintliche Zuwendung – all das scheint in greifbarer Nähe, wenn Jungen sich in diese Szene einbinden lassen.
Zudem wurde in den Fallberatungen auch die Nähe zu gefährdeten peergroups, zur Kleinkriminalität, zur Drogen- und Prostitutionsszene deutlich. Je mehr Kinder und Jugendliche sich in diese Milieus hineinbegaben, desto stär-

ker fand eine Abwendung von gesellschaftlich akzeptierten Verhaltensspiel-räumen statt.

Nimmt man alle aufgezeigten Faktoren zusammen, so ist für eine Vielzahl von »schwierigen« Kinder und Jugendlichen typisch, dass die biographischen Erfahrungen der Mädchen und Jungen in belastenden Lebenssituationen durch ein hohes Maß an Unzuverlässigkeit und Unsicherheit, Vernachlässi-gung und Gewalt, Versagung und Enttäuschung geprägt sind. Auch ihre Eltern sind schon in vielfältiger Weise in ihren Entwicklungsbedürfnissen und Le-bensgrundlagen eingegrenzt worden; erlittene Not wird weitergegeben und realisiert sich für die Kinder in Form von Beziehungsunfähigkeit der Eltern, Verlusten von Bezugspersonen, zerstrittenen Beziehungen, häufig scheitern-den Anläufen, es in neuen Partnerbeziehungen besser zu machen, in ambiva-lenten Versuchen, eine 'gute Mutter' oder ein 'guter Vater' zu sein oder in re-signativem Rückzug und hilflosem Protest (vgl. auch Blandow 2000, S. 28). Die nicht lösbaren Probleme aller Beteiligten verschränken sich zu eskalierenden beidseitigen Enttäuschungen, Beziehungskonflikten und Machtdemonstratio-nen und werden für das Umfeld häufig als Symptome von Dissozialiät und Grenzüberschreitung sichtbar.
Zu diesem Faktorenbündel kommen meist sozioökonomisch belastende und aktuell krisenhaft zugespitzte Familien- und Lebensverhältnisse hinzu. Armut, Arbeitslosigkeit, Wohnungsnot und Konflikte wie Alkoholismus und Drogen-sucht prägen den Alltag vieler Familien.

Unsere Analysen im Rahmen der Fallkonsultationen haben allerdings auch ge-zeigt, dass dies allein zur Erklärung eines »schwierigen« Falles nicht aus-reicht. Hoch belastete Lebens*situationen* von Kindern und Familien werden offensichtlich immer dann zu »besonders schwierigen« *Fällen*, wenn mindes-tens zwei Dinge zusammenkommen:
a) die materielle, psychische und/oder soziale Not und Isolierung, die wie oben geschildert dazu führt, dass ein Familiensystem völlig »aus den Fugen gerät«,
b) und ein Hilfesystem, das so in die Dynamik einer Familie verstrickt und so mit eigenen (Kooperations- und Zuständigkeits-) Problemen beschäftigt ist, dass es den am jungen Menschen orientierten Blick auf eine eskalierende familiäre Situation verliert.

Um die Bedeutung der Wahrnehmungs-, Deutungs- und Handlungsmuster der Hilfesysteme, insbesondere der Jugendhilfe, für die Entwicklung von Fallver-läufen soll es im Folgenden gehen. Auch hier haben wir versucht, die sich in den Fällen spiegelnden Risikofaktoren zu bündeln.

c) Welche Faktoren bedingen »schwierige« Hilfesysteme?

In diesem Absatz werden die Arbeitsweisen der Jugendhilfe vor allem in ihrer Dysfunktionalität betrachtet. Die Analyse der elf Fälle soll Hinweise darauf geben, wo sich in ihrem Handeln »Knackpunkte« finden, die größerer Aufmerksamkeit und der Qualifizierung bedürfen. Vergessen werden sollte bei dieser kritischen Bestandsaufnahme jedoch nicht, dass es der Jugendhilfe und ihrer MitarbeiterInnen in der Mehrzahl der Fälle gelingt, Kinder und ihre Familien in Belastungs- und Krisensituationen hilfreich zu unterstützen und zu entlasten.

Hier aber jetzt zu den Faktoren, die zu einer Verschärfung von »schwierigen« Fallverläufen beitragen können:

● *Mangelnde Binnen- und Trägerkooperation:*
Die »schwierigen« Fälle zeichneten sich alle dadurch aus, dass auch die Kooperation der beteiligten HelferInnen sich als schwierig und konflikthaft erwiesen hat. Dies gilt sowohl für die Binnenkooperation innerhalb einer Institution, z.B. eines Großstadtjugendamtes wie Köln mit einem zentralen Fachamt und neun bezirklichen Jugendämtern, als auch für die Zusammenarbeit zwischen unterschiedlichen Trägern sowie zwischen verschiedenen Hilfe, Unterstützungs- und Kontrollsystemen. Schwierigkeiten liegen vor allem darin,
– dass Träger bzw. ihre Leistungen häufig nicht ausreichend koordiniert sind,
– die unterschiedlichen HelferInnen selten alle gemeinsam »an einem Tisch sitzen«,
– es kaum gesicherte Zuständigkeit und Kompetenz für »den roten Faden« gibt,
– es nur wenig wirklich tragfähige Kooperationen gibt,
– Träger eher nebeneinander arbeiten als miteinander,
– und spezifische Trägerinteressen den Zuschnitt individueller Hilfen bestimmen.

Innerhalb einer Organisation prägten insbesondere wechselseitige Zuständigkeitszuschreibungen, aber auch unklare Kompetenzregelungen und Entscheidungsstrukturen die Konfliktlinien. Gerade in einer Institution, die nochmals in Unterorganisationen aufgespalten ist, welche auch räumlich weit auseinanderliegen und jeweils eine Eigenlogik entfalten, bestimmten Unstimmigkeiten zwischen Subsystemen, hier zwischen Bezirken und Zentrale sowie zwischen den einzelnen Bezirken, die Fallbearbeitung.
Zwischen unterschiedlichen Trägern und auch zwischen unterschiedlichen Systemen (z.B. Jugendhilfe, Polizei, Psychiatrie, Schule) kam es aufgrund un-

terschiedlicher Aufträge und Zielvorstellungen häufig zu massiven Interessenkollisionen. Gerade in den so genannten »schwierigen« Fällen funktionierte die Kooperation immer weniger, je mehr Fälle und Situationen eskalierten. Sich anbahnende Eskalationen führten dazu, dass sich die beteiligten Organisationen und Systeme zunehmend auf die eigenen Grenzen und Zuständigkeiten zurückzogen, eine Negativbewertung der Kooperationspartner vornahmen und weniger »lösungsorientiert« dachten und kooperierten. Anfällige und ungeübte Kooperation wurden in dem Maße brüchig, in dem der Außendruck in einer kritischen Situation wuchs.

Insgesamt hat sich gezeigt, dass es in Köln eine Vielzahl gelingender und produktiver Einzelkooperationen gibt, die jedoch meist in hohem Maße personenabhängig sind. Gleichzeitig gibt es nur wenige tragfähige Strukturen, Rituale und Erfahrungen, auf denen die Zusammenarbeit der Personen grundsätzlich beruht. Dies gilt insbesondere für das Verhältnis des Jugendamtes zur Schule, Polizei und zur Psychiatrie, aber auch für das Verhältnis zwischen dem Jugendamt und den freien Träger der Jugendhilfe.

Darüber hinaus wurde in den Fallanalysen deutlich, dass es kaum »Sicherungsschleifen« gibt, d. h. keine vorgedachten Strategien oder Absprachen für eine in einem Fall ggf. absehbare und notwendig werdende Krisenintervention. Folge ist, dass sich der Druck in akut zugespitzten Situationen über das erträgliche Maß hinaus steigert und Träger mehr mit sich selbst beschäftigt sind als mit dem Fall; hier bietet die Jugendhilfe und ihre Partner den Klientensystemen viel Raum für Spaltungen.

● *Übergewicht normativer Orientierungen:*

Ob und wie ein Problem wahrgenommen und bewertet wird, hängt in nicht unerheblichen Maß von der Person ab, die diese Einschätzung vornimmt. Die Bewertung ist geprägt von den Werten, Haltungen und Idealen der jeweiligen Fachkraft, aber auch von dem, was die Institution, der sie angehört, für fachlich und normativ richtig hält. Ob es aber sinnvoll ist, in einer Familie, in der ein Kind real und emotional keinen Platz mehr hat, das Ideal der Familie hochzuhalten und eine Mutter dazu zu bewegen, eine »bessere Mutter« zu sein, auch wenn sie dies nicht sein will/ kann, ist höchst fraglich. In den Fallanaylsen zeigte sich, dass die Existenz und Wirksamkeit persönlicher und institutioneller Werte für den Verlauf eines Hilfeprozesses oftmals nicht im Bewusstsein der Fachkräfte sind und deshalb selten selbstkritisch reflektiert werden. Offiziell gibt es vielfach »keine verbindlichen fachlichen Standards«, dennoch werden die »heimlichen Wertorientierungen« und die Vorstellungen der Professionellen darüber, »was für ein Kind gut ist« gegenüber den Vorstellungen der Familie höher bewertet. Kriterium für »erkennbare Fortschritte einer Familie« war in einigen der Fälle z. B. die Annäherung der Familien an die Wert-vorstellungen der Jugendhilfe.

Hinzu kommt, dass die Jugendhilfe-Fachkräfte nicht selten in ein Dilemma ge-raten: Sie wollen *»das Beste für ein Kind erreichen und erfahrenes Leid wie-der gut machen«*, angesichts sozialer Realitäten und begrenzter eigener Hand-lungsmöglichkeiten können sie dieses »Beste« aber nicht erreichen. Gefühle der Enttäuschung und Ohnmacht entstehen, weil die eigenen »Rettungsideen« nicht eingelöst werden können, und sie werden gegen diejenigen gerichtet, die sie auslösen: Kinder und Familien geraten damit in Gefahr, 'Opfer der Ideale der Jugendhilfe' zu werden.

● *Symptomorientierung:*
Die Fallbearbeitung ist häufig eindimensional auf das auffällige Verhalten ei-nes Kindes/ Jugendlichen fixiert, der Blick auf das Familien- und Hilfesystem spielt demgegenüber nur eine geringe Rolle. Die verselbständigte Symptoma-tik schiebt sich zunehmend in den Vordergrund, wodurch die Geschichte und die Genese eines problematischen Lebensverlaufes in seinem familiären und sozialen Zusammenhang aus dem Blick gerät. Hinzu kommt, dass HelferInnen häufig nur über begrenztes »Faktenwissen« in einem Fall verfügen; ob es z. B. bestimmte Themen gibt, die sich durch die Generationen einer Familie ziehen (Missbrauch, Tod; Suizid; früh sterbende Väter o. Ä.), ist oft nicht bekannt. Der Blick auf die Ressourcen, Talente und Fähigkeiten eines Kindes oder einzelner Familienmitglieder bleibt in diesem Kontext ebenfalls ausgespart. Verbunden mit der Aufgabe, eine Hilfebedarf nachzuweisen und eine Hilfe innerhalb der eigenen Institution bewilligt zu bekommen, bleibt der ressourcenorientierte Blick nicht selten auf der Strecke. Durch diese Orientierung findet eine Fokus-sierung auf den oder die Symptomträger/-in statt, die oftmals zu weiterer Aus-grenzung eines Kindes innerhalb der Familie und des Umfeldes führt und Hil-fen hervorbringt, die schnell wieder scheitern, weil sie nicht auf das Gesamt-systems hin ausgerichtet sind und nicht von allen Beteiligten innerlich mitge-tragen werden.

Ein weiterer Nebeneffekt der Symptomotientierung darf nicht unerwähnt blei-ben: Wird von Professionellen vorrangig auf auffälliges, aggressives und stö-rendes Verhalten von Jugendlichen geschaut, so drohen Mädchen und junge Frauen aus dem Wahrnehmungsraster herauszufallen, weil dieses mädchen-spezifische Ausdrucksformen für erfahrenes Leid nicht erfasst und ihnen so-mit den Zugang zu Hilfen deutlich erschwert. Trotz mehrfacher Anregung wurden im Modellprojekt nur zwei Fälle in den Fallberatungen eingebracht, in denen Mädchen/ junge Frauen im Vordergrund standen. Dies kann jedoch mehr als Indiz für eine weniger sensible Aufmerksamkeit gegenüber ihren

Problemen gewertet werden und nicht als Beleg dafür, dass Mädchen/ junge Frauen in »besseren« Lebenssituationen aufwachsen als Jungen oder sie selbst ihre Lebenssituation als »weniger schwierig« erleben und sich nicht in ihrer Weise dagegen auflehnen.

● *Überbewertung institutioneller Interessen:*
In der Mehrzahl der beratenen Fälle wurde eine massive Konfrontation unterschiedlicher Wertesysteme deutlich. Die persönlichen Vorstellungen der Familien standen häufig konträr zu den institutionellen Interessen der HelferInnen und ihrer Organisationen. Aufgrund hohen Problemdruck fand bei den Fachkräften häufig eine vorschnelle Maßnahmeorientierung statt: Bevor ein Problem richtig verstanden wurde, lag die Lösung dafür schon auf dem Tisch. Die Fallbeispiele haben gezeigt, dass sich Hilfeentscheidungen in Institutionen oftmals sehr nach dem richten, was organisationskonform ist (z.B. »ambulant vor stationär, weil billiger«) oder was regional an Hilfeangeboten zur Verfügung steht, jedoch weniger danach, was eine Familie oder ein junger Mensch wirklich braucht.

● *Unreflektierte »Verstrickung« in die Familiendynamik:*
In vielen der beratenen Fälle wurde eine unreflektierte »Verstrickung« der Fachkräfte in die Familiendynamik deutlich, die sich an zwei Phänomenen verdeutlichen lässt:
– Häufig fanden einseitige, unverstandene Identifikationen mit einzelnen Mitgliedern des Klientensystems, insbesondere mit einem Elternteil, statt. Die familiäre Situation wurde allein aus dieser Perspektive heraus wahrgenommen und bewertet, was gleichzeitig eine differenzierte Problemwahrnehmung verhinderte. Eine Situation nur aus den Augen einer jungen Mutter zu bewerten, heißt u.U. die Schutzbedürfnisse eines Säuglings nicht ausreichend zu berücksichtigen. Sich lediglich mit dem Wunsch eines zehnjährigen Jungen zu verbünden, der nichts anderes will, als bei seiner Familie zu leben, heißt u.U. zu übersehen, dass dort kein Platz mehr für ihn ist, weil alle Familienmitglieder ihre Probleme auf ihn übertragen haben und er in diesem System keine Chance mehr hat, aus der Rolle des »ungeliebten Schuldigen« herauszukommen. Einseitige Wahrnehmungen verengen also den Blick und verhindern eine möglichst differenzierte und den unterschiedlichen Interessen gerecht werdende Wahrnehmung und Interpretation der Lebenssituation einer Familie.
– In diesem Kontext war in den Fallanalysen festzustellen, dass die Sichtweisen der HelferInnen häufig mit denen der Mütter oder der Väter identifiziert waren. Kinder und Jugendliche »geraten eher aus dem Blick«, oder

aber der Kindeswille und das Kindeswohl wird gleichgesetzt. Gerade an diesen Stellen korrespondiert der Kindeswille dann häufig auch auf ungute Weise mit den subjektiven wie institutionellen Werten, z. B. der Familienorientierung der Jugendhilfe, und es gelingt nicht, einem jungen Menschen neue Entwicklungsoptionen außerhalb seiner Herkunftsfamilie zu eröffnen.
Ein weiteres zu beobachtendes Phänomen war, dass die Jugendhilfe und ihre Akteure und Akteurinnen anfällig dafür sind, familiäre Muster zu reproduzieren. Die »schwierigen« Kinder haben oftmals lange und vielfältige Erfahrungen mit der Jugendhilfe, häufig auch mit der Psychiatrie – als GrenzgängerInnen zwischen den Systemen. In den »Maßnahmeketten«, die sie durchlaufen haben – jeweils bis zu dem Zeitpunkt, an dem sie »für eine Maßnahme nicht mehr tragbar waren« – wiederholen bzw. spiegeln sich die Ambivalenzen und Diskontinuitäten ihrer Familien: der Wechsel von Neubeginn und Abbruch, von Hoffnung und Enttäuschung, von Zuwendung und Gleichgültigkeit, von Übergriffigkeit und Begrenzung (vgl. Blandow 1996).
Das Fehlen eines regelhaften Verstehens der eigenen Helferrolle in einem Fall trägt folglich dazu bei, dass das grundsätzlich notwendige Mitfühlen und die damit verbundene punktuelle »Verstrickung« unverstanden bleibt und in Folge ungewollten, z. T. problemverschärfenden Einfluss auf die Fallentwicklung nimmt.

● *Ausblendung des »subjektiven Faktors«:*
SozialpädagogInnen müssen »professionell« arbeiten, verbunden damit ist nicht selten die Einschätzung und der Anspruch, sie dürften »nicht so sehr mit-fühlen« und sich dem Klientensystem nähern. Der Effekt dieser Anforderung ist, dass die eigenen Gefühle und Wahrnehmungen im Kontakt zu den KlientInnen oftmals unterdrückt werden und die Interkation »leblos« oder »formal« zu werden droht: eine Betreuerin empfindet sich in einer Situation als hilflos, meint aber dies als ein Zeichen von Schwäche nicht ausdrücken zu dürfen. Eine Sozialpädagoge fühlt sich von einem Vater verbal attackiert, bleibt aber sehr höflich und äußert den Wunsch »doch bitte anders mit ihm zu sprechen«, statt den Vater deutlich zu sagen, »dass das Gespräch für heute beendet sei, wenn es nicht in anderer Form ginge«. Eigene Grenzen aufzuzeigen, klare Einschätzungen und Bewertungen zur Verfügung zu stellen, mit Eltern auch einmal »Tacheles zu reden«, all das wird häufig als mögliche professsionelle Intervention ausgeblendet. Verstärkt wird dies von der vorfindbaren Alleinzuständigeit/ -verantwortlichkeit von Fachkräften, die mangels teamorientierter Arbeitsweisen die Balance von Nähe und Distanz zu einer Familie schlecht auspendeln können, weil es kein kollegiales Korrektiv für ihre Subjektivität gibt. Die Sorge, sich zu sehr in eine Familiendynamik zu »verstricken«, behindert die Notwendigkeit, dies zu tun.

124

In diesem Kontext gehört auch, dass zu wenig Aufmerksamkeit auf die »Passung von Personen« gerichtet wird. Ob ein Betreuer und ein Jugendlicher einen »Draht zueinander finden«, ist zwar für die Erfolgsaussichten einer Betreuung existentiell, für die Auswahl des konkreten Angebotes und der konkreten Person aber oftmals nachrangig. Folge der Ausblendung des »subjektiven Faktors« ist, dass Kinder und Familien kein »klares, spürbares Gegenüber« haben, oftmals nicht wissen, »wo sie dran sind«, die Produktivität emotionaler Kompetenz ungenutzt bleibt und personale Beziehungen nicht entwickelt werden können.

● *Ausgrenzungsmechansimen im Hilfesystem:*
Auch die Jugendhilfe grenzt Kinder und Jugendliche aus. Die Differenzierung von Maßnahmen, die zielgruppenbezogene Spezialisierung und die Professionalisierung von Handlungskonzepten haben neben den positiven Effekten auch ein für die betroffenen jungen Menschen tragisches 'Prinzip der Delegation' zur Folge: für jedes Problem gibt es eine Lösung und für jede Lösung ein spezifisches Angebot. Problemlagen von Kindern und Jugendlichen werden »in Scheibchen zerlegt« und weitergereicht.
Die Genese eines problematischen Lebensverlaufes in seinem familiären und sozialen Zusammenhang gerät aus dem Blick, je mehr sich die verselbständigte Symptomatik in den Vordergrund schiebt. Das Hilfesystem wird Teil der Dynamik, weil es den Kontext des auffälligen Verhaltens ausblendet bzw. gar nicht kennt.
Oftmals war in den Fallakten und den Fallbesprechungen die Rede davon, dass ein Jugendlicher für eine Maßnahme oder eine Gruppe »nicht mehr tragbar« war. Warum aber soll ein Jugendlicher sich einlassen, an einem Ort heimisch werden und sich dazugehörig fühlen, wenn er regelmäßig und aufgrund unterschiedlicher Selektionskriterien aus Maßnahmen »herausfliegt« und immer wieder neu beginnen muss?
Ausgrenzung findet aber auch dann statt, wenn Jugendliche (vor allem Jungen) in geschlossenen Systemen untergebracht werden, es für diesen weitreichenden Eingriff in ihr Leben jedoch keine klare Indikation gibt, sondern dies eher davon abhängig ist, wie in einem Bezirk gearbeitet wird oder ob es eine mediale Aufmerksamkeit für einen Fall gibt. In den »Kölner Fällen«, in denen vor den Fallkonsultationen eine »geschlossene Unterbringung« beantragt und z.T. auch umgesetzt wurde, waren die dominierenden handlungsleitenden Kriterien dafür die Hilf- und Ratlosigkeit der Professionellen und der durch die Medien ausgeübte Druck auf die fallzuständigen Fachkräfte bzw. deren Leitungen und Organisationen. Den mit der »geschlossenen Unterbringung« meist erhofften Ertrag, d.h. die Jugendlichen »sicher unterzubringen« (sodass

sie nicht »entweichen« können) oder »das Problem längerfristig vom Tisch zu haben«, hat diese Maßnahme in den Fällen allerdings nicht erbringen können.

● *Dysfunktionale Arbeitsweisen und Konzepte:*
Dysfunktionale Arbeitsweisen und Konzepte behindern den positiven Verlauf von Hilfegeschichten. In allen beratenen Fällen wurde deutlich, dass es in der Vergangenheit der Fallgeschichten keine regelhaft gruppenorientierten Arbeitsweisen gegeben hat, um einen Fall möglichst umfassend zu verstehen. In welcher Form fachliche Einschätzungen zustande kommen, welches Faktenwissen und welche Methoden dafür verwendet werden, war meist der Entscheidung der einzelnen Fachkraft überlassen und kann mit dem Stichwort »methodischer Beliebigkeit« beschrieben werden, die jedoch gleichzeitig in ein oftmals starres »Organisations-Korsett« von hierarchisch geordneten Dienst-, Informations- und Entscheidungswegen eingebunden war.
Ein weiterer Aspekt war, dass (in manchen Fällen sicherlich sinnvolle) Übergänge und Wechsel, das Ende und der Neubeginn einer Maßnahme nicht planvoll, kommunikativ und selbstreflexiv gestaltet wurden. Eine neue Maßnahme begann immer mit der Verheißung, dass es »diesmal besser werde«, was aber genau besser werden sollte und was bei einer vorherigen Maßnahme nicht funktioniert hat, blieb unreflektiert. In den Fallanalysen wurde deutlich, dass es keine Kultur gibt, Übergänge zu gestalten, die vergangene Arbeit – Erfolge wie Misserfolge – als Professionelle kritisch miteinander zu reflektieren und dies als »Planungsgrundlage« für Neues zu nehmen.
Die mangelnde Übung im Umgang mit Krisen, kam in diesen Fällen häufig hinzu: gerade in Krisensituationen leitete hoher Handlungs- und Legitimationsdruck die Fallarbeit; die Sorge, ein »schwieriger« Fall könnte in die Medien geraten, verhinderte die Notwendigkeit, den Druck aus diesen Situationen herauszunehmen und weniger übereilt nach angemessen Handlungsschritten zu suchen. Schnelles Handeln diente oftmals der Kompensation eigener Ohnmacht.

Nimmt man die beschriebenen, klienten- wie hilfesystembezogenen Risikofaktoren zusammen, so kann bezogen auf »schwierige« Hilfeverläufe und das »Schwierig-Werden« von Kindern und Jugendlichen folgendes Resümee gezogen werden: Es sind nicht spezifische Schlüsselsituationen in den Lebens- und Familiengeschichten junger Menschen, die dazu führen, dass sie stolpern und zu Grenzfällen werden, sondern es sind eher die Schlüsselkonstellationen, d.h. die Summe der Ereignisse, Bewertungen und Dynamiken aller Beteiligten und ihrer Systeme.
Nachstehendes Schaubild soll dies verdeutlichen und fasst die beschriebenen Risikofaktoren zusammen.

126

Wie werden aus Kindern in Schwierigkeiten die »besonders Schwierigen«?
Risikofaktoren »schwieriger« Hilfeverläufe

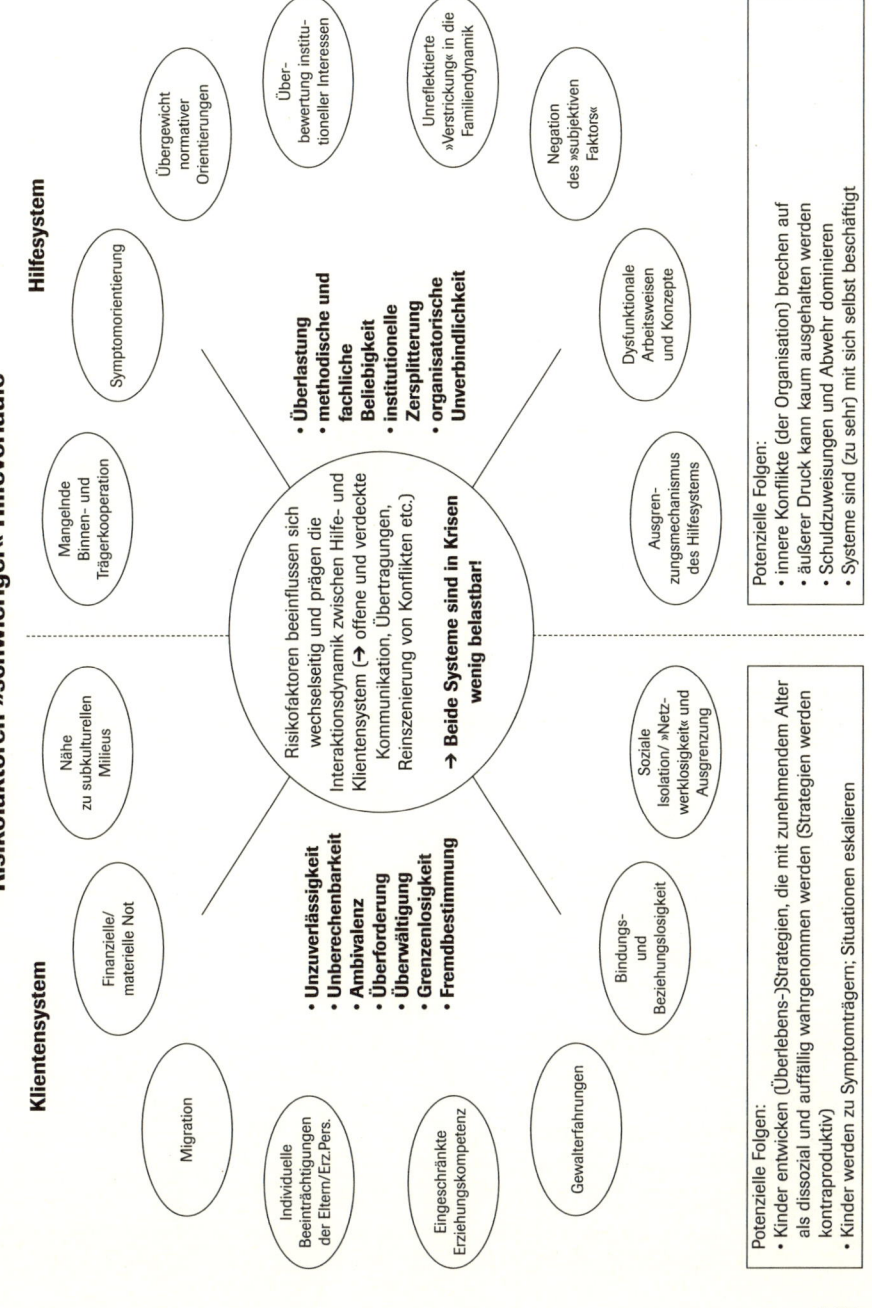

Klientensystem

- Finanzielle/ materielle Not
- Nähe zu subkulturellen Milieus
- Individuelle Beeinträchtigungen der Eltern/Erz.Pers.
- Migration
- Eingeschränkte Erziehungskompetenz
- Gewalterfahrungen
- Bindungs- und Beziehungslosigkeit

· Unzuverlässigkeit
· Unberechenbarkeit
· Ambivalenz
· Überforderung
· Überwältigung
· Grenzenlosigkeit
· Fremdbestimmung

Risikofaktoren beeinflussen sich wechselseitig und prägen die Interaktionsdynamik zwischen Hilfe- und Klientensystem (→ offene und verdeckte Kommunikation, Übertragungen, Reinszenierung von Konflikten etc.)
→ **Beide Systeme sind in Krisen wenig belastbar!**

· **Überlastung**
· **methodische und fachliche Beliebigkeit**
· **institutionelle Zersplitterung**
· **organisatorische Unverbindlichkeit**

Hilfesystem

- Symptomorientierung
- Mangelnde Binnen- und Trägerkooperation
- Übergewicht normativer Orientierungen
- Über- bewertung insti- tutioneller Interessen
- Unreflektierte »Verstrickung« in die Familiendynamik
- Negation des »subjektiven Faktors«
- Dysfunktionale Arbeitsweisen und Konzepte
- Ausgren- zungsmechanismus des Hilfesystems
- Soziale Isolation/ »Netz- werklosigkeit« und Ausgrenzung

Potenzielle Folgen:
· Kinder entwicken (Überlebens-)Strategien, die mit zunehmendem Alter als dissozial und auffällig wahrgenommen werden (Strategien werden kontraproduktiv)
· Kinder werden zu Symptomträgern; Situationen eskalieren

Potenzielle Folgen:
· innere Konflikte (der Organisation) brechen auf
· äußerer Druck kann kaum ausgehalten werden
· Schuldzuweisungen und Abwehr dominieren
· Systeme sind (zu sehr) mit sich selbst beschäftigt

Übersicht: Risikofaktoren »schwieriger« Hilfeverläufe

1. Risikofaktoren im Klientensystem

Materielle Not
- Arbeitslosigkeit
- kein geregeltes Einkommen/ Arbeitslosen– oder Sozialhilfebezug
- geringe finanzielle Möglichkeiten
- beengte Wohnverhältnisse
- unzureichende Wohnausstattung
- Verschuldung
- Obdachlosigkeit
➔ sozioökonomischer Mangel

Individuelle Beeinträchtigungen der Eltern bzw. Erziehungspersonen
- eigene biographische Erfahrungen von Vernachlässigung, Gewalt und Missbrauch
- (leidvolle) Erfahrungen mit der Jugendhilfe ➔ bereits die Eltern waren »Kinder der Jugendhilfe«
- geringe schulische und berufliche Qualifikation/ niedriges Bildungsniveau
- Sucht
- psychische Störungen
➔ erlittene Not wird weitergegeben

Eingeschränkte Erziehungskompetenz
- frühe Elternschaft
- unerwünschte Schwangerschaft
- ambivalentes Erziehungsverhalten
- stark wechselnde Loyalitäten (auch gegen die Kinder)
- permanenter Wechsel von (zu großer) Nähe/ Zuwendung und (zu großer) emotionaler Distanz
- Verschwimmen der Generationengrenze; Parentisierung der Kinder
- keine Konfliktlösungskompetenz
➔ Überforderung; Elternrolle kann von Müttern und Väter nicht ausreichend ausgefüllt werden

Gewalterfahrungen von Kindern
- gewalttätige Eltern-/ Partnerbeziehungen
- eigenes Erleben von psychischer, körperlicher und sexueller Gewalt
- Mangelversorgung und Vernachlässigung
➔ existenzielle Bedrohung und früheste Traumatisierung; Gewalt als gängiges Konfliktlösungsmuster

Bindungs- und Beziehungslosigkeit
- zerstrittene Partnerschaften/ Trennungssituationen
- plötzliche Beziehungsabbrüche
- frühe Bindungsverluste
- häufig wechselnde Bezugspersonen
- »abwesende« Väter
- Familien sind häufig Stieffamilien oder Ein-Eltern-Familien (Mütter !)
➔ keine sichere Bindung an eine Bezugsperson

Migration
- ungesicherter Aufenthaltsstatus
- kulturelle Fremdheit
- Konfrontation kultureller Werte
- große Distanz zu Hilfeeinrichtungen
→ wechselseitiges Unverständnis

Soziale Isolation/ »Netzwerklosigkeit«
- keine verlässlichen Bindungen durch Verwandtschaft, Nachbarschaft, soziales Umfeld
- häufige Wohnortwechsel
- Ausgrenzung durch Sozialisationsinstanzen (Kindertageseinrichtungen, Schule, Vereine etc.)
- Schwellenängste in Familien gegenüber helfenden Einrichtungen und Diensten
→ mangelnde Kompensationsmöglichkeiten der nicht-ausgefüllten Elternrolle

Nähe zu subkulturellen Milieus
- gefährdete peer-groups
- Kriminalität
- Pädophilen-/Pädokriminellenszene
- Drogenszene
- Prostitution
→ Abwendung von gesellschaftlich akzeptierten Verhaltensspielräumen

2. Risikofaktoren im Hilfesystem

Mangelnde Binnen- und Trägerkooperation
- ungeübte Kooperation ist anfällig und kollabiert in Krisen
- Interessenkollisionen aufgrund unterschiedlicher Aufträge, Ziele und Werte (ÿ Jugendhilfe, Schule, Polizei/Justiz und Psychiatrie)
- wechselseitige Zuständigkeitszuschreibungen innerhalb von Institutionen und zwischen Trägern
- unklare Kompetenzen und Entscheidungsstrukturen behindern die Fallarbeit
- »Sicherungsschleifen«, d.h. Strategien für eine in einem Fall ggf. notwendig werdende Krisenintervention werden nicht vorgedacht
→ Träger sind mehr mit sich selbst beschäftigt als mit dem Fall; Jugendhilfe ist anfällig für Spaltungen

Übergewicht normativer Orientierungen
- individuell-fachliche sowie institutionelle Werte, Ideale und Haltungen leiten die Wahrnehmung, Deutung und Interaktion: Idealisierung von Familienbildern und Beziehungsbedeutungen
- keine ausreichende oder eine falsch verstandene Parteilichkeit für die Interessen von Kindern und Jugendlichen
- »Rettungsideen« und Allmachtsphantasien der HelferInnen
→ Kinder und Familien stehen in der Gefahr, »Opfer der Ideale der Jugendhilfe« zu werden

Symptomorientierung
- eindimensionaler Fokus auf das auffällige Verhalten von Kindern und Jugendlichen
- mangelnder Blick auf Fähigkeiten und Ressourcen
- unzureichendes Faktenwissen
- Unwissen über bzw. Ausblendung der Fallgeschichte und der Kontextualität von Problemen

- Mädchen/junge Frauen fallen häufig durch das Wahrnehmungsraster der Fachkräfte: die »Schwierigen« sind i.d.R. auffällig, laut, aggressiv, zeigen kriminelles Verhalten etc. (= Jungen) → mädchenspezifische Ausdrucksformen von Not sind weniger im Blickpunkt
→ Eingrenzung der Probleme auf den »Symptomträger(in)«, d.h. häufig das Kinder oder den/die Jugendliche

Überbewertung eigener Interessen
- Maßnahmeorientierung: Streben nach schnellen Lösungen
- Orientierung an vorhandenen, regional verfügbaren Hilfeangeboten
- massive Konfrontation unterschiedlicher normativer Wertesysteme zwischen HelferInnen und Familien
→ organisationskonforme Entscheidungen haben Vorrang

Unreflektierte »Verstrickung« in die Familiendynamik
- einseitige, unverstandene Identifikationen mit einzelnen Mitgliedern des Klientensystems, häufig mit einem Elternteil
- Jugendhilfe wiederholt Ambivalenzen und Diskontinuitäten der Familien: Wechsel von Neubeginn und Abbruch, Hoffnung und Enttäuschung, Zuwendung und Gleichgültigkeit, Übergriffigkeit und Begrenzung
- Jugendhilfe ist anfällig für Spaltungen
→ kein regelhaftes Verstehen der eigenen Helfer(innen)rolle

Ausblendung des »subjektiven Faktors«
- Fähigkeit des Einfühlens und der Nähe zum Klientensystem wird häufig als »unproffesionell« abgewertet
- Alleinzuständigeit/ -verantwortlichkeit erschwert die Balance von Nähe und Distanz
- eigene Gefühle und Wahrnehmungen werden im Kontakt mit den KlientInnen oftmals unterdrückt; Rückzug auf formale Positionen und Forderungen
- »Passungsverhältnis« zwischen Personen spielt häufig keine Rolle (»Finden ein Jugendlicher und ein Betreuer 'einen Draht' zueinander?«)
→ Kinder und Familien haben kein »klares, spürbares Gegenüber«; Produktivität emotionaler Kompetenz bleibt ungenutzt

Ausgrenzungsmechansimen im Hilfesystem
- Selektionskriterien einzelner Einrichtungen und Dienste
- Delegation von Problemen, wenn ein Kind/Jugendlicher »nicht mehr tragbar« ist
- Maßnahmeabbrüche und nicht gestalteter Neubeginn
→ Jugendhilfe handelt entgegen eigener Intentionen

Dysfunktionale Arbeitsweisen und Konzepte
- subjektive methodische Beliebigkeit im starren »Organisations-Korsett« → keine regelhaft gruppenorietierten Arbeitsweisen, statt dessen hierarchisch geordnete Dienst-, Informations- und Entscheidungswege
- keine geregelten Orte der Reflexion und Beratung
- mangelnde planvolle, kommunikative und selbstreflexive Gestaltung von Zuständigkeitswechseln und Übergängen; mangelnde »Fehlerfreundlichkeit«
- Handlungs- und Legitimationsdrucks leitet die Fallarbeit
- hohe Medienabhängigkeit der Jugendhilfe gerade in »schwierigen« Fällen
→ schnelles Handeln dient oftmals der Kompensation eigener Ohnmacht

3. Inhaltlicher Ertrag der Fallkonsultationen

Mit den Fallanalysen und Fallberatungen im Verlauf des Modellprojektes waren zwei Intentionen verknüpft[9], zum einen sollten Antworten auf die Frage gesucht werden, wieso Kinder, die in belasteten Lebenssituationen aufwachsen, zu den »schwierigen« Kindern und Jugendlichen werden. Zum anderen sollten die vorgestellten Fälle nicht nur untersucht werden und damit Gegenstand wissenschaftlicher Analyse sein, sondern in den Fallkonsultationen sollten auch konkrete Handlungsoptionen für die weitere Arbeit in den Fällen erarbeitet werden.

Das Forschungsprojekt war so gleichzeitig dem Anspruch verpflichtet, sich bereits in seinem Verlauf für die Praxis als nützlich zu erweisen, ohne jedoch den Auftrag bzw. die Zuständigkeit für die konkrete Umsetzung der entwickelten Handlungsoptionen zu übernehmen.

a) Welchen Ertrag haben die Fallkonsultationen mit Blick auf die erarbeiteten Betreuungssettings erbracht?[10]

Im Rahmen dieses Beitrags kann nicht im Detail auf die in den elf Fällen erarbeiteten Handlungsschritte eingegangen werden. Dennoch soll in einem kurzen Überblick verdeutlicht werden, in welche Richtungen jeweils die Handlungsoptionen in den beratenen Fällen gingen, was zentrale Erkenntnisse der Fallkonsultationen waren und welche Schlüssen grundsätzlich daraus gezogen werden können.

Zunächst eine Übersicht über Handlungsorientierungen und Befunde des *kollegialen Fallverstehens*.

Ergebnisse der Fallkonsultationen → nächster Handlungsschritt/ Hilfearrangement + zentrale Erkenntnis der Fallreflexion

Fall 1: Junge, 12 Jahre
Bei A. stand im Prinzip schon vor der Fallkonsultation eine nächste Jugendhilfe-Maßnahme fest; der Junge sollte für die Dauer von etwa zwei Jahren in einem Standprojekt im Ausland untergebracht werden. Eine »langfristige Perspektive außerhalb der Herkunftsfamilie« schien dem zuständigen ASD angezeigt. Die Unterbringung kam in Anschluss an die Fallkonsultation (= FK) auch zustande.

131

Erkenntnisse der FK waren u. a.:

– Zuständigkeits- und Kompetenzfragen leiteten die Fallarbeit: das Bezirksamt brauchte die formale Zustimmung der Zentrale für eine innerlich bereits getroffene und vorbereitete Entscheidung; die Familie bzw. der Junge, saß bereits »auf gepackten Koffern«

– Werteorientierung: der Familienerhalt, vor allem das Ideal einer »guten Mutter« wurde seitens des ASD höher bewertet als die Tatsache, dass die getrennt lebenden Elternteile ihren Sohn beide »um keinen Preis« mehr haben wollten.

– Perspektivenwechsel durch FK: in dem Fall war die zuständige Kollegin im ASD, auch aufgrund ihrer eigenen Werteorientierung, sehr mit dem Jungen identifiziert. Es kam zu einer »falsch verstandenen« Parteilichkeit für den Jungen, verbunden mit dem Versuch, »aus der Mutter eine bessere Mutter zu machen«, die sie nicht sein konnte/wollte.

– Die Jugendhilfe wiederholte über Jahre die Vermeidungsstrategie der Familie, in dem sie das »Hin und Her« der Eltern tolerierte und nicht deutlich in Richtung eines verlässlichen (neuen) Lebensortes für den Jungen intervenierte.

Fall 2: Junge, 15 Jahre

F. war zum Zeitpunkt der Fallkonsultation bereits seit einiger Zeit »geschlossenen untergebracht«. Die Maßnahme wurde fortgeführt.

Erkenntnisse der FK waren u. a.:

– Wiederholung der familiären Erfahrungen: Der in der Herkunftsfamilie erlebte sexuelle Missbrauch wiederholte sich in einer Jugendhilfeeinrichtung. Dieses Erlebnis wurde seitens der Jugendhilfe mit dem Jungen nie offensiv und verbunden mit einer Entschuldigung für das von ihm erneut erlebte Leid bearbeitet.

– Die »geschlossene Unterbringung« wurde in dem Fall nicht die »fachlich beste Lösung« bewertet, sondern aus »Ratlosigkeit« des Hilfesystems ausgewählt. (»Die Unterbringung war der Versuch, den Jungen festzuhalten, damit er greifbar ist, um überhaupt erzogen zu werden.«)

– In der Jugendhilfe gibt es keine bzw. kaum eine Kultur offener fachlicher Rückmeldung und Bewertung gibt: trotz Unzufriedenheit des ASD mit der Qualität der Leistungserbringung änderte sich im Betreuungsgeschehen nichts, weil es keine fachliche Kommunikation darüber gab.

Fall 3: Junge, 11 Jahre (Türkei)

In der FK wurde die Idee der »geschlossenen Unterbringung« verworfen. Statt dessen wurde ein vorübergehendes Hilfearrangement entwickelt, dass sich auf mehrere Träger bzw. Personen verteilte: Grundversorgung in Köln ➔ Schlafplatz, Versorgung und Betreuung während des Tages, Möglichkeit der Beschulung, Absicherung von Kontrolle. Aus diesem Hilfearrangement heraus sollten dann weitere Schritte im Fall entwickelt werden. – Unter anderem dieser Fall wurde mehrfach beraten, darauf wird aufgrund der gebotenen Kürze hier jedoch nicht weiter eingegangen.

Erkenntnisse der FK waren u. a.:
– Zwang in der Familiengeschichte wird durch die Jugendhilfe immer wieder reinszeniert: Sorgerechtsentzug, zwangsweise Heimunterbringung des Jungen; zwanghafter Kampf um das Sorgerecht etc.
– Unklare Zuständigkeits- und Kompetenzfragen leiteten die Fallarbeit.
– Unklarheit im Hilfesystem lässt der Mutter viel Spielraum, dieses zu spalten und zu nutzen.
– Durch den Blick auf das auffällige Verhalten des Jungen und die Sorge, in die Schlagzeilen zu geraten, geht die Aufmerksamkeit für seine positiven Ressourcen und Talente verloren.

Fall 4: Junge, 9 Jahre (Sinti)
In dem Fall wurde in der Fallkonsultation keine konkrete Maßnahme angedacht, sondern eine inhaltliche 'Kehrtwendung' der Jugendhilfe und eine Reflexion der die Fallarbeit leitenden eigenen Werte vollzogen: der bereits beantragte Sorgerechtsentzug wurde zurückgezogen und es fand ein »Truppenabzug« der Jugendhilfe sowie der anderen Hilfesysteme statt.

Erkenntnisse der FK waren u. a.:
– Eigentlicher Schauplatz der Auseinandersetzungen war das Spannungsfeld unterschiedlicher Einschätzungen/Erwartungen der verschiedenen HelferInnen und ihrer Systeme (Schule, Polizei, Jugendhilfe) darüber, was Aufgabe der Jugendhilfe sei. Unklare »Federführung« im Fall; unklare eigene Grenzsetzung der Jugendhilfe gegenüber den Kooperationspartnern.
– Institutionelle und persönliche Werte des Hilfesystems bestimmten die Arbeit im Fall: »deutsche« Werte gegen die Werte der Sintifamilie. Die Familie wurde von der Jugendhilfe »belagert«.
– Hohe Medienabhängigkeit der Jugendhilfe, die auf Druck der Presse in ein »Zuständigkeitsgerangel« kam, als der Fall »in der Zeitung stand«.

Fall 5: Mädchen, 17 Jahre (Polen)
Die wesentliche Handlungsorientierung richtete sich darauf, die veränderte Perspektive und die damit verbundene Parteilichkeit für die junge Frau umzusetzen: den Druck aus dem Fall zu nehmen (nahende Volljährigkeit = Beendigung der Hilfe), M. dadurch Entlastung zu verschaffen (z. B. zu diesem Zweck die Hilfeplangespräche als »Pflichtveranstaltung« zunächst auszusetzen) und der jungen Frau Angebote zu machen, die für sie keine Zwangscharakter hatten (»Futternäpfe für sie aufstellen«).

133

Erkenntnisse der FK waren u. a.:

– Perspektivenwechsel: die junge Frau geriet in den Mittelpunkt, vorher war die Jugendhilfe einseitig mit der Mutter »verbündet«. Die zwangsweise Ver-Rückheit der jungen Frau, aus ihrer Heimat und aus ihrer Familie (angestoßen durch ihre eigene Mutter), wurde in ihrer unendlich leidvollen Wirkung auf die junge Frau erstmals wirklich verstanden.

– Die Übergabe bei verschiedenen Zuständigkeitswechseln, auch zwischen Jugendämtern unterschiedlicher Orte, wurde nicht gestaltet.

– Die Kooperation zwischen Jugendhilfe und Psychiatrie gelang mehrfach nicht: wechselseitige Zuschreibungen und Negativbewertungen, nicht stattfindende Kommunikation und Information kennzeichneten den Kontakt der Systeme zueinander.

– Nahende Volljährigkeit wurde zum »Druckmittel« gegenüber der jungen Frau; hoher Anforderungsdruck bei mangelndem Verstehen des erfahren Leids (u. a. mehrfacher Missbrauch durch unterschiedliche (Stief-)Väter.

Fall 6: Mädchen, 14 Jahre

Im Fall des vierzehnjährigen Mädchens J., das von der Jugendhilfe für ca. zwei Jahre »geschlossen untergebracht« worden war, dann aus der Einrichtung »herausgeflogen« ist und zum Zeitpunkt der Fallkonsultation auf der Straße lebte, war der nächste Schritt eine »vertrauensbildende« Maßnahme seitens der Jugendhilfe. Zunächst sollte kurzfristig Sicherheit und Schutz für das Mädchen organisiert werden: über einen kurzen Zeitraum sollte für 24 Stunden am Tag eine 1:1 – Betreuung installiert werden, in der mehrere Helferinnen kooperierten und für es für die junge Frau potenziell 'rund um die Uhr' eine Kontaktperson gab, der sie sich nähern konnte, wenn sie es wollte.

Erkenntnisse der FK waren u. a.:

– Mangelnde Parteilichkeit für das Mädchen; Fokussierung auf die Mutter: Die Jugendhilfe identifizierte sich mit den Vorstellungen und den Werten der Mutter, J. trat während der FK erstmals mit ihren leidvollen Erfahrungen und ihren Bedürfnissen in den Blickpunkt.

– Kooperation zwischen ASD und eingesetzter Hilfe waren nicht geklärt: falsch verstandener Vertrauensschutz gegenüber der Familie beeinträchtigte die Kommunikation zwischen SPFH und ASD massiv.

– Jugendhilfe griff aus eigener Ratlosigkeit zur »geschlossenen Unterbringung« als J. zwölf Jahre war.

Fall 7: Junge, 15 Jahre (Tunesien)

In der Fallberatung wurde ein trägerübergreifendes Betreuungssetting vor Ort in Köln entwickelt, in dem unterschiedliche Träger wichtige Betreuungs- und Versorgungsfunktionen übernehmen und dabei eng miteinander kooperieren sollten. Als Koordinationsstelle für dieses Arrangement wurde eine Projektgruppe eingerichtet, die sich aus jeweils eine Fachkraft des zentralen Jugendamtes, des zuständigen Bezirksamtes und des freien Trägers zusammensetzte, der im Schwerpunkt die Hilfe erbringen sollte. Die Projektgruppe sollte institutionell abgesichert und mit an konkrete Personen gebundene Kompetenzen ausgestattet sein. (Dieses Vorhaben ließ sich aber aufgrund personeller und institutioneller Konflikte in den Fall im Nachgang zur FK nicht umsetzen.)

Erkenntnisse der FK u. a.:
– Handlungsdruck ließ keine Zeit zum wirklichen Verstehen, obwohl die »zugespitzte Krise« eher dauerhaften Charakter hatte.
– Unklare Zuständigkeits- und Kompetenzfragen im ASD: Zuständigkeitswechsel durch Umzug → 'schwarzer Peter' statt Übernahme von Verantwortung; Kooperationsgerangel zwischen Bezirksamt und Fachamt. Keine Kontinuität im Helfersystem.
– Unklare Abgrenzungen zu anderen Bezugssystemen (Polizei, Schule) und keine klare Federführung im Fall. Enorme Interessenkollision zwischen den Systemen.
– Fallbearbeitung fokussiert sich ausschließlich auf das auffällige Verhalten des Jungen.
– Presse beschleunigt die Falldynamik und das professionelle Handeln negativ.

Fall 8: Junge, 10 Jahre
In dem Fall wurde der massive, vor allem durch die Jugendhilfe selbst verursachte Handlungsdruck aus der Situation genommen. Statt »schnell einen neuen Lebensort« für den Jungen zu finden, möglichst eine Pflegefamilie, sollte zunächst ein besserer Zugang zu den Wünschen des Jungen gesucht werden, um mit einer nachfolgenden Hilfe an seine inneren Bedürfnisse anzuschließen. Für den Übergang wurde in Köln ein Ort in einer stationären Jugendhilfeeinrichtung gefunden, an dem der Junge schlafen konnte und wo seine Grundversorgung gesichert war (Bett und Mahlzeiten). Zudem wurde dem Jungen eine männliche Person zur Seite gestellt, die ihn mit klarem Auftrag und Ziel begleitete. Der Begleiter sollte die Funktionen eines »Bodyguards« übernehmen, für T. da sein, wenn er ihn braucht.

Erkenntnisse der FK waren u. a.:
– Maßnahmeorientierung der Jugendhilfe: Suche nach »schnellen Lösungen«.
– »Rettungsidee« der Jugendhilfe verstellte den Blick auf real Machbares.
– Falsch verstandene Parteilichkeit: Kindeswille wurde als Maßstab für eine Lösung im Sinne des Kindeswohls genommen. Perspektivenwechsel in FK: »Aus den Augen des Jungen schauen, aber mit dem Blick und dem Wissen eines Erwachsenen.«
– Jugendhilfe wiederholt Gewalterfahrung des Jungen in Form der Ausübung von Zwang: T. sollte zu einer neuen Maßnahme überredet/genötigt werden.

Fall 9: Junge, 14 Jahre

In den Fall wurde keine konkrete Maßnahme angedacht, statt dessen sollte es zunächst darum gehen, den Blick mehr auf den Jungen zu richten, der aus dem Blick der Professionellen gerutscht war. Seitens der Jugendhilfe hatte eine Identifikation mit den Sichtweisen und Wünschen der Erwachsenen in der Familie stattgefunden, die den Jungen zum »Sündebock« gemacht hatten. Gleichzeitig war der Junge zum »Spielball« zwischen den Eltern und den Großeltern geworden, bei denen er auch lange Zeit gelebt hatte. Es wurde deutlich, dass der Junge jemand braucht, der klar »auf seiner Seite steht«, ihm auch Erfahrungen außerhalb seiner Familie anbietet (kleine Reisen) und ihm dadurch neue Möglichkeiten (und eventuelle Lebensorte) aufzeigt.

Erkenntnisse der FK waren u. a.:

– Identifikation des Hilfesystems mit den Eltern und gegen den Jungen.
– Jugendhilfe hat sich über lange Jahre (zu sehr) am Ideal der (Groß)Familie orientiert und das Motto der Familie übernommen: »Blut ist dicker als Wasser, komme, was wolle.«
– Die bestehende Vormundschaft wurde nicht als pädagogische Vormundschaft und als Beziehungsangebot an den Jungen genommen. Real gab es niemanden, der auf seiner Seite stand.
– Ideal der »Rettung des Jungen« war nicht (mehr) einlösbar: Lösungen mussten sich am »sowohl als auch« orientieren. D. musste aus dem Spiel der Erwachsenen genommen werden, gleichzeitig hätte er es nie akzeptiert, zwanghaft von seiner Familie ferngehalten zu werden.

Fall 10: Junge, 16 Jahre

Ähnlich wie im vorherigen Fall musste es auch hier darum gehen, einen Perspektivenwechsel vorzunehmen und einen konsequent parteilichen Blick für den Jungen zu entwickeln. Vorab hatte die Jugendhilfe in den Tenor der Eltern eingestimmt: »Der Junge ist der Störenfried, er zerstört unsere Harmonie. Die Sozialarbeiterin soll's richten!« Darüber hinaus sollte die Jugendhilfe dem Jungen eine Alternative zu seiner Familie ermöglichen: einen Platz, an dem er ggf. übernachten und essen kann und an dem es für ihn die Möglichkeit zum persönlichen Kontakt zu einem Betreuer gibt.

Erkenntnisse der FK waren u. a.:

– Identifikation des ASD mit der Sichtweise und Vorstellungen der Eltern, insbesondere der Mutter.
– Perspektivenwechsel; Parteilichkeit für P.: Nicht die Familie bzw. die Mutter muss vor dem Jungen bewahrt und geschützt werden, sondern umgekehrt.
– Jugendhilfe verhält sich gegenüber den Erwachsenen der Familie nicht klar und fordernd: Konfrontation des Familiensystems statt Zuschauerrolle der Jugendhilfe.

136

Fall 11: Junge, 15 Jahre
Der Fall verdeutlichte, wie viele der anderen Fälle auch, dass es zunächst häufig nicht »um große Lösungen« gehen sollte, sondern diese Schritt für Schritt mit den Betroffenen, entwickelt werden müssen. Der zentrale Konflikt in diesem Fall lag nicht bei dem Jungen, sondern zwischen seiner Mutter und der Großmutter, die ihre alten Konflikte miteinander immer wieder neu inszenierten. S. musste bei den professionellen HelferInnen stärker in den Mittelpunkt gerückt werden, nicht die Mutter und/oder die Großmutter. Zudem sollte die Jugendhilfe in klaren Konflikt mit der Großmutter gehen. Das von der Jugendhilfe skeptisch »beäugte«, aber von Sohn und Mutter gewollte Wohnarrangement (eine Art Wohngemeinschaft) sollte seitens der Jugendhilfe unterstützt werden.

Erkenntnisse der FK waren u. a.:
- Symptomorientierung: Das Agieren des Hilfesystems richtete sich auf das auffälligen Verhalten des Jungen, der Konfliktherd lag jedoch zwischen Mutter und Großmutter.
- Identifikation des Hilfesystems mit den Eltern und gegen den Jungen.
- »Rettungsidee« der Jugendhilfe verstellte den Blick auf das, was möglich und für alle Beteiligten akzeptabel war.

* Das angegebene Alter der Jugendlichen entspricht dem Alter zum Zeitpunkt der Fallkonsultation

Die hier nur skizzierten Ergebnisse der elf Fallkonsultationen weisen darauf hin, dass die inhaltliche Orientierung für die weitere Arbeit in den vorgestellten Fällen nicht auf die grundsätzliche Erkenntnis hinausläuft, dass in der Jugendhilfe »neue Angebote und Konzepte« entwickelt werden müssen, die es noch nicht gibt. Im Prinzip, so auch die Einschätzung der Kölner Fachkräfte, ist in der Jugendhilfe alles vorhanden, was notwendig ist, um Kindern und Familien in massiv belasteten Lebenssituationen und in sich zuspitzenden Krisen zu helfen. Und dennoch gibt es immer wieder Fälle, die eskalieren, Hilfeangebote, die scheitern und »schwierige« Jugendliche, zu denen der Jugendhilfe und ihren Akteuren und Akteurinnen »nichts mehr einfällt«. Ohne eine abschließende Antwort auf die Frage zu haben, wieso das prinzipiell Vorhandene und Anwendbare nicht »gut zusammenkommt«, sei an dieser Stelle nochmals auf die Risikofaktoren »schwieriger« Hilfeverläufe auf Seiten der Jugendhilfe und ihrer Bezugssysteme hingewiesen. Hier müsste eine systematische Qualifizierungsarbeit auf unterschiedlichen Ebenen ansetzen, um auch im eigenen System die kontraproduktiv wirksamen »Schwachstellen« früher zu erkennen bzw. grundsätzlich zu minimieren. Für das Zustandekommen tragfähiger Hilfen kann vor dem Hintergrund der beratenen Fälle allerdings insbesondere Folgendes als notwendig herausgestellt werden:

● *Handlungsdruck reduzieren:* In vielen der beratenen Fälle war es hilfreich, die Fallkonsultationen als »Orte des Innehaltens« und der Reflexion zu nutzen. Je mehr sich Krisen in Familien zuspitzen, was i.d.R. nicht »plötzlich passiert«, sondern ein sich aufschaukelnder Prozess ist, desto größer wird für Fachkräfte der innere und auch der institutionelle Handlungsdruck, der oftmals kaum ausgehalten werden kann und in »Aktionismus« umschlägt. An diesen Stellen den Druck aus den Fällen zu nehmen, entlastet die Professionellen, verhindert »voreilige« Entscheidungen, die der Kompensation eigener Ohnmacht dienen, und wirkt oftmals auch schon »beruhigend« auf das Klientensystem zurück.

● *Verbindlich vereinbarte und anzuwendende Methoden sozialpädagogischer Deutung; Perspektivenvielfalt im Fallverstehen:* Nur der intensive Blick auf die Komplexität und auf die »zwei Seiten« von Fallgeschichten, verstandene Identifikationen, reflektierte Helferrollen und daran anschließende Interventionen ermöglichen eine tragfähige Grundlage für Hilfeprozesse, gerade in »schwierigen« Fällen. Voraussetzung für diese Form des Fallverstehens sind gruppenorientierte, in der Institution gesicherte Arbeitsweisen.

● *»Weniger ist oft mehr«:* In guter Absicht versuchen Fachkräfte häufig »das Beste für ein Kind zu erreichen«, z.B. eine »ideale neue Familie« zu finden. Manche Kinder aber können ein solches Ideal gar nicht aushalten und für sie »ist weniger dann oft mehr«, weil es für sie innerlich besser anschlussfähig ist an das, was sie kennen. Ein Zitat aus einer Fallkonsultation trifft dies gut: »Dieser Junge ist ein Kind, das in der Wüste aufgewachsen ist und dort steht. Bietet ihm jemand einen blühenden Vorgarten an, kann er diese Verlockung vielleicht nicht verstehen und annehmen. Er kann sich nicht nach etwas sehnen, von dem er überhaupt keine Idee hat, dass es existiert.«

● *Eine Kultur der Kooperation entwickeln die neue Hilfearrangements, nicht neue Maßnahmen, ermöglicht:* Kooperationen zwischen den Trägern der Jugendhilfe und auch zu anderen Bezugssystemen sind prinzipiell spannungsreich. Entscheidend ist es, diese Spannung produktiv zu nutzen und unterschiedliche Aufgaben und Sichtweisen nicht zu negieren. Tragfähige Hilfekonzepte und Arbeitsformen zeichnen sich vor allem dadurch positiv aus, dass
  – sie für den Einzelfall entwickelt und darauf zugeschnitten sind;
  – sie sich »auf mehrere Schultern (d.h. Träger) verteilen«;
  – Eltern, Schule und andere Systeme neben der Jugendhilfe nicht aus der Verantwortung entlassen werden;
  – aufgrund klarer Aufgabenverteilung und realistischer wie überprüfbarer

Kontrakte kooperiert werden kann, deren Einhaltung auch kontrolliert wird;
- als Maßnahmen der Hilfe und Unterstützung keine geschlossenen Systeme geschaffen werden (»einer kann alles«; institutionelle geschlossene Unterbringung);
- nicht mit 'letzten Chancen' gedroht wird, es aber auch nicht beliebig viele Versuche gibt.

● *Klare Zuständigkeiten und Entscheidungswege:* Häufig wurden die positive Entwicklung von Hilfeverläufen dadurch behindert, dass innerhalb der Organisationen, die an diesen Fällen mitwirken, Kompetenzen und Verantwortlichkeiten unklar sind bzw. Regelungen unterschiedlich gedeutet oder unterlaufen werden. Damit verbundene Arbeitsweisen verstärken die eigene Dynamik von Organisationen und sorgen dafür, dass sich ein System auf sich selbst konzentriert. Fallarbeit kann folglich nur gelingen, wenn es für die Fälle eine klare Gesamtleitung und Koordination gibt, Regelungen innerhalb einer Organisation nachvollziehbar und transparent sind und ggf. auch Leitungskräfte dafür stehen, das verbindliche Arbeitsabsprachen eingehalten werden.

Exkurs: »Patenschaften« und Pädophilie/-kriminalität« als zwei wichtige Themenfelder, die es in der Jugendhilfe zu bearbeiten gilt

Im Verlauf des Projektes und als Konsequenz aus den Fallanalysen haben sich zwei spezifische Themenfelder herauskristallisiert, mit denen sich das »Kölner Modellprojekt« intensiver beschäftigt hat. Da die beiden Themen auch für die Jugendhilfe-Diskussionen in anderen Städten und Regionen interessant erscheinen, soll an dieser Stelle kurz darauf eingegangen werden.

❶ **Patenschaften/Personelle Verantwortung:**
Personen sind und bleiben in der Verantwortung für Krisen- und Grenzsituationen in Familien, aber Kontinuität muss vorrangig über Strukturen gesichert werden.

Die Fallanalysen haben die Erkenntnis bestätigt, dass die Jugendhilfeerfahrungen von Kindern und Jugendlichen, mit denen die Jugendhilfe besondere Schwierigkeiten hat, durch eine Vielzahl von Maßnahme-, Betreuungs- und Beziehungswechsel geprägt sind, die für sie eine leidvolle 'Regelerfahrung' darstellen. Folge davon ist, dass keine Fachkraft langfristig für einen Jungen oder ein Mädchen zuständig ist, Sicherheit bietet und den jungen Menschen dauerhaft auf dem Weg durch das Hilfesystem begleitet. Der Weg vieler Kinder und Jugendlicher durch die Jugendhilfe ist somit geprägt von Zufälligkeiten – sowohl personell als auch strukturell: der Zufall bestimmt, welche Institution zu welchem Zeitpunkt auf auffälliges Verhalten aufmerksam wird und reagiert; der Zufall bestimmt, welche Institution mit einer Maßnahme betraut wird; und er bestimmt auch, ob die beteiligten Institutionen und Fachkräfte produktiv miteinander kooperieren oder nicht. Die Kinder und Jugendlichen können sich also nicht sicher sein, dass es einen 'roten Faden' in ihrem Lebensweg gibt und jemand da ist, der diesen 'roten Faden' auf dem Weg durch die Institutionen für sie und mit ihnen hält und vertritt.

Aufgrund dieser Situation entstand die Idee, ein Modell kontinuierlicher 'personaler Zuständigkeit und Verantwortung' in Form eines Patenschaftenmodells für junge Menschen und Familien in krisenhaften Lebenssituationen zu entwickeln und zu erproben. Im Rahmen der Beschäftigung damit wurde jedoch klar, dass ehrenamtliche Patenschaften nicht für diese Zielgruppe geeignet sind. Ihre Lebenssituationen und Probleme sind zu komplex und die Überforderung für Ehrenamtliche 'vorprogrammiert'. Aus den gewonnen Einsichten, welche Faktoren Kontinuität verhindern und Hilfeverläufe »schwierig« werden lassen, wurden daher folgende Schlussfolgerungen gezogen:

a) Ehrenamtliche Patenschaften für Kinder, Jugendliche und/oder Familien in Krisensituationen und für Fälle, in denen auch die Jugendhilfe »ratlos« ist, sind nicht geeignet: sie überfordern Ehrenamtliche, delegieren professionell zu bewältigende Aufgaben und führen zu schwierigen Rollenabgrenzungen.

b) Gerade in krisenhaft zugespitzten Fallverläufen muss Kontinuität über institutionelle Strukturen gesichert werden, und nicht (allein) durch Übertragung auf besondere Personen. So können persönliche Beziehungen geschützt werden und ggf. auch reduziert erhalten bleiben. Das Recht von Kindern auf Kontinuität in der individuellen Begleitung muss vor allem in der Organisation der Zuständigkeiten, aber z.B. auch durch eine institutionalisierte Beschwerdestelle für junge Menschen in Hilfen zur Erziehung oder die Erweiterung des Aufgabenfeldes von kommunalen Kinderbeauftragten verankert werden.

c) Im bestehenden Hilfesystem muss vor allem die Gestaltung und strukturelle Sicherung von qualifizierten Übergängen und Wechseln zwischen unterschiedlichen HelferInnen und Diensten in der Fallarbeit verbessert werden. Nicht dass es zu Wechseln kommt, ist das vorrangige Problem, sondern dass diese nicht bewusst gestaltet werden. Die Bereitschaft auf Seiten der Träger, die eigene Arbeit kritisch zu reflektieren und auch 'Misserfolge' mit einem nachfolgenden Träger zu kommunizieren, scheint dafür eine wesentliche Voraussetzung.

d) Im Sinne frühzeitiger Unterstützung von Kindern und Familien sind nachbarschaftliche und verwandtschaftliche Netze und Ressourcen offensiv zu erschließen. Eine Familie in Krisensituationen paten- oder nachbarschaftlich zu begleiten muss einsetzen, bevor aus einer schwierigen Lebenssituation ein »besonders schwieriger« Fall wird. Dies ist ein zentrales Aufgabenfeld für einen sozialräumlich orientierten ASD.

❷ **Pädophilie/-kriminalität:**
Neben der 'offiziellen Jugendhilfe' gibt es 'konkurrierende Unterstützungssysteme' für Kinder und Jugendliche.
In den Fallkonsultationen wurden überwiegend Jungen im Alter von zehn bis vierzehn Jahren vorgestellt, die zu einem Großteil Kontakte zur Pädophilen-/Pädokriminellen-Szene in Köln hatten. Häufig deckten die Jungen diese Kontakte; die »Pädo-Szene« erschien den Professionellen verfilzt und sie fühlten sich vielfach machtlos, da kaum wirkungsvolle Interventionsmöglichkeiten gesehen wurden. Zudem gab es kaum zusammengetragenes und systematisiertes Wissen über die Szene und kommunalpolitisch schien das Thema ein Tabu zu sein. Dies war der Anlass, das an verschiedenen Stellen vorhandene Wissen zusammenzubringen, um ein klareres Bild der Szene zu erarbeiten, und daraus Empfehlungen abzuleiten, wie mit dem Thema weiter umgegangen werden soll.
Das mit VertreterInnen aus Jugendhilfe, Polizei und Schule erarbeitet Bild relativierte allerdings die bislang vorherrschende Einschätzung deutlich, dass es sich bei der Szene um eine »*mafia-ähnliche Struktur*« handelt, machte aber gleichzeitig auf gravierende Probleme für die Jugendhilfe sowie die angrenzenden Systeme aufmerksam:

● Die Pädophilen-/Pädokriminellen-Szene ist neben der 'offiziellen Jugendhilfe' so etwas wie eine 'inoffizielle Jugendhilfe', ein 'konkurrierendes Unterstützungssystem' insbesondere für Jungen zwischen zehn und sechzehn Jahren.
● Zwischen diesen beiden Systemen gibt es Verbindungen über Orte und Personen.
● Die Szene kompensiert offensichtlich Mängel und Lücken der offiziellen Jugendhilfe. Sie hat den Jungen etwas zu bieten, was Jugendhilfe (als professionelles Hilfesystem) nicht bieten kann, z.B. Geld, Schlafplätze, Unterhaltung, Zuwendung, Aufmerksamkeit, Treffpunkte etc.
● Offenbar wird von allen Beteiligten eine Spaltung in ein 'gutes' und ein 'böses' Unterstützungs- und Versorgungssystem vorgenommen, wobei in der Wahrnehmung der Jugendlichen/Jungen die Vertreter der Szene häufig die 'Guten' und die offiziellen JugendhelferInnen die 'Bösen' sind.

141

● Einerseits gibt es viele Phantasien über Hintergründe und Ausmaß der Szene und ihrer Entwicklungen und Verbindungen. Andererseits gibt es real und rechtsstaatlich gesichert wenig Eingriffsmöglichkeiten: Auch der vermutete Täter 'genießt' den Schutz des Rechtsstaates.

Als Handlungsnotwendigkeiten wurden in diesem Kontext festgehalten:
a) Eine deutliche Erhöhung des Ermittlungsdrucks in enger Abstimmung mit Polizei und Justiz; ggf. nachdrückliche strafrechtliche Verfolgung verdächtiger Personen/ Täter; eine offensive Öffentlichkeitsarbeit auch in der kommunalen Jugendpolitik.
b) Die Sicherung der Kooperation und Kommunikation zwischen den beteiligten Unterstützungs- und Kontrollsystemen durch regelmäßige gemeinsame »Lagebilder«, d.h. eine Bestandsaufnahmen und Bewertung der aktuellen Erscheinungsformen der Pädophilie/ Pädokriminalität zwischen Polizei, Schule und Jugendhilfe.
c) Eine selbstkritische Auseinandersetzung mit den 'konkurrierenden Systemen'.

Bezogen auf die Zielgruppe der jungen Männer und Frauen in existenziellen Krisensituationen, hat sich über die beschriebene Szene hinaus gezeigt, dass der Reiz und die Faszination subkultureller Milieus (z.B. Drogen-, Prostitutions- und Pädophilen-Milieu) für junge Menschen hoch ist, wohingegen die Jugendhilfe häufig als »*belastend, fordernd und wenig attraktiv*« wahrgenommen wird (vgl. dazu auch Schwabe 2001, S. 5). Diese Erfahrung ist Provokation und Herausforderung für die Jugendhilfe und ihr Selbstverständnis zugleich.

4. Was bedeuten die Ergebnisse der Fallanalysen für die Gestaltung der Jugendhilfe?

Bevor abschließend ein Resümee aus der Beschäftigung mit den »besonders Schwierigen« und den Fallanalysen gezogen werden soll, sollen einige Anmerkungen zu den weiteren Fallverläufen im Nachgang der Fallkonsultationen vorangestellt werden, die darauf hinweisen, dass auch dieses Modellprojekt »den Stein der Weisen« nicht gefunden hat und keine »Patentrezepte« für die Lösung der Frage »Was tun …?« anbieten kann. Grundlage für diese Einschätzungen sind Gruppengespräche mit den fallbeteiligten Fachkräften, die im zeitlichen Abstand zu den Beratungen durchgeführt wurden, sowie jeweils vier Evaluationsbögen, die zu verschiedenen Zeitpunkten mit der Bitte um Beantwortung an die fallbeteiligten Fachkräfte verschickt wurden.

Aus der vorläufigen Bewertung heraus (eine umfangreichere Auswertung nach klar benannten Bewertungskriterien wird zurzeit noch vorgenommen) lassen sich drei Kategorien von Fallverläufen beschreiben: Es gibt einige Fälle, die aus Sicht der fallbeteiligten Fachkräfte, unserer Einschätzung (»Uni-Team«) sowie der der Kerngruppe eine (bislang) eindeutig positive und sehr erfreuliche Wendung genommen haben. Dafür sprechen auch die Fallakten und insbesondere die Hilfepläne. Andere Fälle werden in ihren Verläufen als positiv wie auch als unbefriedigend zugleich bewertet; drei Fälle verlaufen nach wie vor bzw. wieder sehr kritisch: in zwei dieser Fälle befinden sich die Jugendlichen in Haft, in dem anderen Fall steht den Jugendlichen diese mit Erreichen des Strafmündigkeitalters voraussichtlich bevor. Dies bewerten wir als negativ. Wenn auch eine genaue Analyse der »Knackpunkte« in den weiteren Fallentwicklungen noch aussteht, so kann schon jetzt festgestellt werden, dass im Nachgang zu den Fallkonsultationen die Fälle positiv verlaufen sind, in denen

- alle beteiligten Fachkräfte ein ernsthaftes Beratungsinteresse an den Fallkonsultationen hatten (d.h. sie waren freiwillig gekommen),
- eine von allen Beteiligten verstandene und akzeptierte fachliche Bewertung des Falles sowie weitere Handlungsorientierungen erarbeitet wurden,
- klare Aufgaben und Verantwortlichkeiten benannt und von einzelnen übernommen wurden,
- und in denen die Leitungskräfte der sozialen Dienste die entwickelten Ideen mittrugen und ihren MitarbeiterInnen in der Umsetzung »den Rücken stärkten«.

Dass einige Fälle weiterhin oder wieder »schwierig« sind, macht vor allem folgendes deutlich:

- Ein differenziertes Fallverstehen garantiert nicht automatisch, dass »gute« Interventionen und akzeptierte Hilfe daraus folgen. Die Durchführung und die Beratungsergebnisse der Fallkonsultationen wurden von den fallbeteiligten Fachkräften in neun der beratenen Fälle deutlich positiv bewertet und für die weitere Fallbearbeitung als richtungsweisend und hilfreich beschrieben. Hervorgehoben wurde in den Begründungen insbesondere die durch die Form der Beratung ermöglichte Perspektivenvielfalt, der damit verknüpfte Perspektivenwechsel im Fall, die Reflexion der eigenen Rolle in ihrer Bedeutung für die Falldynamik und das Zusammenkommen möglichst vieler beteiligter HelferInnen, das in dieser Form nicht üblich ist. Trotz dieser positiven Bewertung sicherte dies keine planbaren Erfolge in den Fallentwicklungen.

143

- Zum einen sind Hilfearrangements und deren Erfolge nicht »technisch planbar«, d.h. es gibt immer einer Reihe von Faktoren (z. B. den Eigensinn von Kindern und Familien), auf die das Hilfesystem keinen Einfluss hat, die aber einflussreich sind für die weitere Fallentwicklung.
- Zum anderen ist nachvollzihebar, das eine einmalig durchgeführte Fallanalyse die zwar erkannten, aber nach wie vor wirksamen Risikofaktoren auf Seiten des Hilfesystems nicht »von jetzt auf gleich« beheben kann.
- Ferner hat sich gezeigt, dass der Transport der Ergebisse aus den Fallkonsultationen nicht leicht an diejenigen Fachkräfte zu vermitteln war, die daran nicht teilgenommen hatten. Hier liegt noch Entwicklungsarbeit in den Fragen der Zusammensetzung und (Entscheidungs-)Kompetenz von Fallberatungen/ Fallkonsultationen sowie in der Dokumentation von Beratungsergebnissen und deren Transfer.

Differenziertere Begründungen für das Ge- oder Misslingen der Hilfeverläufe sollen in der weiteren Auswertung der Fallevaluation noch erarbeitet und an anderer Stelle zu Diskussion gestellt werden.

Was aber nun sind wesentliche Schlussfolgerungen, die aus den Einzelfallanalysen zu ziehen sind? Bezogen auf die Gestaltung von Jugendhilfe ist vor allem eines deutlich geworden: Handlungsoptionen, die dazu führen sollen, dass Lebenssituationen von Kindern und Familien möglichst nicht eskalieren, müssen in zwei Richtungen formuliert werden.
Einerseits muss überlegt werden, an welchen Stellen Arbeitsweisen und Konzepte der Jugendhilfe und ihrer Bezugssysteme qualifiziert werden können, um belastete und schwierige Lebenssituaionen von Familien frühzeitig zu erkennen. Dies bedeutet vor allem, aufmerksam zu sein und die an unterschiedlichen Stellen und von unterschiedlichen Institutionen wahrgenommenen Schwierigkeiten und Probleme von Familien frühzeitig und systematisch zusammenzuführen. Zum Beispiel verfügen Kinderärztinnen, Erzieherinnen, Lehrer oder auch die Polizei über Wissen darüber, wie es Familien geht. Kooperation und Austausch finden in der Regel jedoch erst dann statt, wenn »das Kind bereits in den Brunnen gefallen ist oder zu fallen droht«. Wenn auch Risikofaktoren für Familien nicht gänzlich ausgeschaltet werden können, so kann eine frühzeitigere Zusammenarbeit unterschiedlicher helfender Instanzen, die allerdings nicht zur »Überwachung« von Familien führen darf, doch dazu beitragen, Risiken zu verringern und zu Beginn sich verschärfender Lebenszusammenhänge unterstützend und entlastend tätig zu werden. Zu diesem Thema hat z. B. das Institut für soziale Arbeit e.V., Münster, im Auftrag des zuständigen Jugendministeriums aktuell ein Forschungs- und Entwick-

lungsprojekt unter dem Titel »Soziale Frühwarnsysteme« begonnen, auf dessen Erfahrungen man gespannt sein kann.

Neben dieser Aufmerksamkeit für die Notlagen von Familien muss die Qualifizierung der Jugendhilfe jedoch auch systematisch an ihren eigenen Risikofaktoren ansetzen. Denn deutlich geworden ist in den Fallanalysen, dass das System Jugendhilfe und seine handelnden Professionellen erheblichen Anteil an sich zuspitzenden Entwicklungen haben, weil die eigene »Verstrickung« in die Dynamik familiärer Krisen nicht ausreichend verstanden und entsprechend interveniert wird. Als zentrale Ansatzpunkte für eine inhaltliche und methodische Weiterentwicklung seien genannt:

● Die regelhafte Einführung abgesicherter und verbindlicher Methoden des sozialpädagogischen Fallverstehens und der Fallbearbeitung;
● die Qualifizierung zuverlässiger Formen der Krisenintervention;
● die Entwicklung einer Kultur der Kooperation zwischen Trägern, die tragfähig und auch kurzfristig möglich ist;
● sowie die kritische Reflexion und Qualifizierung eigener (dysfunktionaler) Arbeitsweisen, Konzepte und fachlichen Orientierungen.

Diese inhaltlichen Aspekte in »funktionstüchtiger« Weise zu qualifizieren, ist eine der zentralen Aufgaben der Jugendhilfe im Umgang mit den »Schwierigen«. Was sich für manchen als Anforderung einfach anhören mag, was vielerorts vom Anspruch her »selbstverständlich« ist, scheint jedoch im »Ernstfall« eine enorme Herausforderung für Fach- und insbesondere für Leitungskräfte zu sein, die in besonderem Maß in der Verantwortung und Verpflichtung für die Implementierung und Durchsetzung von Arbeitsformen und Konzepten stehen. Wie es ihnen gelingen kann, Vereinbarungen und fachliche Standards im Spannungsfeld zwischen den Interessen der Institution, den Interessen der MitarbeiterInnen und den Erfordernissen der alltäglichen Arbeit zu entwickeln, zu vereinbaren, zu schützen und auch zu kontrollieren und zu sanktionieren, dies ist ein neues Thema, aber ein – wie die Erfahrungen gezeigt haben – für die Jugendhilfe sicherlich bedeutungsvolles.

Anmerkungen

1 Vgl. Hartwig/Schrapper 1990; Kuhlmann/ Schrapper 2001
2 Vgl. Blandow 1996, ISA 1996, DJI 1995, Mollenhauer/ Uhlendorff 1992
3 Z.B. Wolff 1983; Gildemeister 1983; Lindemann 1998
4 Zu den Grundsätzen qualitativer Sozialforschung vgl.: Flick u. a. (Hg.) 2000; Flick 1995; Lamnek 1995; zu den Gütekriterien qualitativer Forschung insbesondere Steinke 2000

5 Auf die Frage nach dem weiteren Verlauf der Fälle wird in diesem Beitrag nur kurz eingegangen. Differenzierter wird die Einzelfallauswertung sowie auch die Fallevaluation in
   der zur Zeit an der Universität Koblenz entstehenden Dissertation von Sabine Ader vorgenommen.
6 Vgl. dazu Beitrag von Ader/ Thiesmeier in diesem Buch.
7 Eine Bewertung dieser Fakten wird in den Kapitel 2 (Risikofaktoren) vorgenommen.
8 Als »Risikogruppen« benennt die JULE-Studie: »häufige Wechsler, drogenkonsumierende
   Jugendliche, Kinder/ Jugendliche aus Migrantenfamilien; gewalttätige Kinder/ Jugendliche und sexuell übergriffige Jugendliche«
9 Vgl. ausführlich Beitrag von Ader/Thiesmeier in diesem Buch.
10 Vgl. dazu auch Beitrag von Schomaker in diesem Buch.

Literatur

Birtsch, Vera/Münstermann, Klaus/ Trede, Wolfgang (Hg.): Handbuch der Erziehungshilfen.
   Münster 2001

Blandow, Jürgen: Analysen und Strategien zum Fall »Ralf Dierks« aus der Sicht der Jugendhilfe. In Bundesministerium für Familien, Senioren, Frauen und Jugend (Hg.) 2000, S. 27-
   43

Blandow, Jürgen: Über Erziehungshilfekarrieren. Stricke und Fallen der postmodernen Jugendhilfe. In: Gintzel, U. u. a. (Hg.) 1996, S. 172 188

Bundesministerium für Familien, Senioren, Frauen und Jugend (Hg.): Entwicklung und
   Chancen junger Menschen in Sozialen Brennpunkten. »Straßenkarrieren« im Schnittpunkt von Jugendhilfe, Schule und Polizei. Analysen und Modelle. Bonn 2000

Deutsches Jugendinstitut – DJI (Hg.): »Straßenkinder« – Annäherung an ein soziales Phänomen. München/Leipzig 1995

Flick, Uwe/ von Kardoff, Ernst/ Steinke, Ines (Hg.): Qualitative Sozialforschung. Ein Handbuch. Reinbek bei Hamburg 2000.

Flick, Uwe (Hg.): Handbuch qualitative Sozialforschung. München 1995

Gildemeister, Regine: Als Helfer überleben. Neuwied 1983

Gintzel, Ullrich u. a. (Hg.): Jahrbuch der Sozialen Arbeit 1997. Münster 1996

Hartwig, Luise/ Schrapper, Christian: Von »Zwangserziehung« bis »Geschlossene Unterbringung« – die Betreuung »Schwersterziehbarer« in der Heimerziehung. In: Speck, O./
   Martin. K.-R. (Hg.) 1990, S. 392-402

Institut für soziale Arbeit e.V. – ISA (Hg.)/ Peter Hansbauer: Lebensort Straße. Kinder und Jugendliche in besonderen Problemlagen. Münster 1996

Kuhlmann, Carola/ Schrapper, Christian: Wie und warum Kinder öffentlich versorgt und erzogen wurden. Zur Geschichte der Erziehungshilfen von der Armenpflege bis zu den
   Hilfen zur Erziehung. In: Birtsch, V./ Münstermann, K./ Trede, W. (Hg.) 2001, S. 282-328

Lamnek, Siegfried: Qualitative Sozialforschung. Band 1 (Methodologie) und Band 2 (Methoden und Techniken). Weinheim und München 1995 (3. korr. Aufl.)

Lindemann, Karl-Heinz: Objektivität als Mythos. Die soziale Konstruktion gutachterlicher Wirklichkeit. Münster 1998

Mollenhauer, Klaus/ Uhlendorff, Uwe: Sozialpädagogische Diagnosen I. Über Jugendliche in schwierigen Lebenslagen. Weinheim/München 1992

Schwabe, Matthias: Was tun mit den Schwierigsten? Brauchen wir neue, besondere pädagogische Konzepte für sogenannte maßnahme-resistente Kinder und Jugendliche? In: Evangelische Jugendhilfe, Heft 1/2001, S. 3-22.

Speck, Otto/ Martin, Klaus-Rainer (Hg.): Handbuch der Sonderpädagogik. Band 10. Berlin 1990

Steinke, Ines: Gütekriterien qualitativer Forschung. In: Flick, Uwe/von Kardoff, Ernst/Steinke, Ines (Hg.): Qualitative Sozialforschung. Ein Handbuch. Reinbek bei Hamburg 2000. S. 319 – 331

Wolff, Stephan: Die Produktion von Fürsorglichkeit. Bielefeld 1983

■ Sonja Pyro

Kinder aus Migrantenfamilien: 'Kellerkinder' der Jugendhilfe?
Welche Anforderungen stellt der Lebenshintergrund Migration an das Fallverstehen und die Fallbearbeitung?

Bei der Frage, welche spezifischen Anforderungen der Lebenshintergrund Migration an das Fallverstehen und die Fallbearbeitung in sozialen Diensten stellt, ist es zunächst hilfreich und aussagekräftig, einen Blick auf Zahlen und Fakten zu werfen. Dabei fällt sofort ins Auge, dass der Anteil von ausländischen Familien, die Hilfe zur Erziehung in Anspruch nehmen, um mindestens die Hälfte niedriger ist, als ihr Anteil an der Bevölkerung. NRW-weit beträgt der Anteil an den Hilfen zur Erziehung für ausländische Kinder und Jugendliche nur 8,4 Prozent. Innerhalb der Gruppe der ausländischen AntragstellerInnen ist die Gruppe der EG-AusländerInnen prozentual vier Mal so hoch, wie die Gruppe der türkischen AntragstellerInnen.

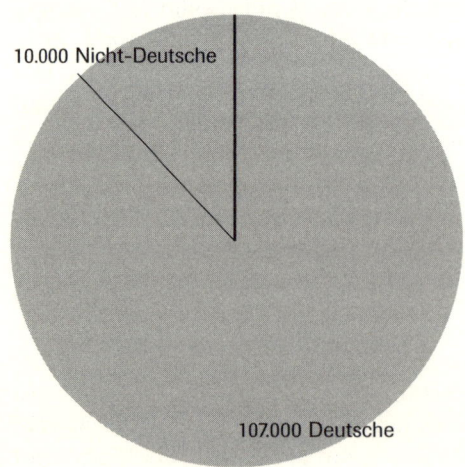

10.000 Nicht-Deutsche

107.000 Deutsche

Ganz anders verhält es sich wiederum mit dem prozentualen Anteil an disziplinarischen Maßnahmen wie Freizeitarrest, Dauerarrest, U-Haft und Jugendstrafen. Hier liegt der Anteil ausländischer Jugendlicher um ein Vielfaches höher als ihr Anteil an der Bevölkerung (Zahlenmaterial: Forschungsstelle für Interkulturelle Studien, Universität zu Köln; Landeszentrum für Zuwanderung NRW; Amt für Kinder, Jugend und Familie, Köln).

148

Disziplinarische Maßnahmen, Stadt Köln (1998)

	Gesamt	Deutsch	Türkisch	Andere Nationalität
Freizeitarrest	132	84	29	19
Dauerarrest	136	50	21	65
U-Haft:				
14 – 15 Jahre	13	5	4	4
16 – 17 Jahre	62	23	11	28
Heranwachsende	132	33	44	55
Jugendstrafe mit Bewährung	202	99	60	43
Jugendstrafe ohne Bewährung	72	32	26	14

Zahlen: Amt für Kinder, Jugend und Familie, Köln (1998)

Kinder und Jugendliche mit Migrationshintergrund sind also im Bereich der präventiven Hilfen deutlich unterrepräsentiert und im Bereich der disziplinarischen Maßnahmen deutlich überrepräsentiert. Zwar sind sie keineswegs weniger auffällig oder weniger gefährdet als deutsche Kinder und Jugendliche in vergleichbaren Lebenssituationen, sie erhalten aber erkennbar weniger und insbesondere weniger frühzeitige Hilfen.
Fraglich ist, was die Hindernisse für Migrantenfamilien sind, einen Antrag auf Hilfe zur Erziehung zu stellen und auch gewährt zu bekommen. Meines Erachtens spielen dabei sowohl strukturelle als auch inhaltliche Gründe eine Rolle.

Die *strukturellen Zugangshindernisse* werden deutlich bei einem Blick auf die Gesetzeslage. Bis Ende 1989 hieß es im ersten Satz des Jugendwohlfahrtsgesetzes: »Jedes deutsche Kind hat ein Recht auf Erziehung zur leiblichen, seelischen und gesellschaftlichen Tüchtigkeit.« Das 'ausländische Kind' war bis dahin von der Jugendhilfe noch nicht entdeckt worden, allenfalls im Bereich der Interventions- und Eingriffsmaßnahmen. Vereinzelte Jugendhilfeleistungen für nicht-deutsche Kinder spielten sich in einem rechtlich ungesicherten Raum ab und hatten für die Familien zum Teil nicht unerhebliche ausländerrechtliche Folgen.
Erst mit Einführung des KJHG am 1.1.1991 änderte sich dies: Einen Rechtsanspruch auf Jugendhilfe haben alle, die sich rechtmäßig oder aufgrund einer ausländerrechtlichen Duldung in Deutschland aufhalten. Diese Regelung schließt aber keineswegs alle Kinder und Jugendlichen aus Migrantenfamilien ein. Familien mit so genannten Grenzübertrittsbescheinigungen, die oft über Monate und sogar Jahre immer wieder verlängert werden, sind von der Antragstellung ausgenommen; in Köln gibt es eine Reihe dieser Familien.

Zudem ist durch die Einführung des KJHG auch für alle anderen Familien mit Migrationshintergrund die Inanspruchnahme von Jugendhilfeleistungen nicht so einfach, wie es das Gesetz vermuten und hoffen lässt:

»Allen humanitären Grundsätzen und Ratifizierungen internationaler und völkerrechtlicher Verträge zum Schutze des Kindeswohles (UN-Kinderkonvention, Haager-Minderjährigen-Schutzabkommen, Europäisches Fürsorgeabkommen) zuwider, kann aber eine nach dem KJHG rechtmäßige Inanspruchnahme von Leistungen der Jugendhilfe durch ausländerrechtliche Bestimmungen unterlaufen werden. So sind aus polizei- und ordnungsrechtlicher Perspektive gem. § 76 Abs. 5 Nr. 4 Ausländergesetz die Sozial- und Jugendämter verpflichtet, den Ausländerbehörden Erkenntnisse zu übermitteln, sobald diese Ausweisungstatbestände implizieren. Ein Ausländer kann nämlich gem. § 45 Abs. 1 Ausländergesetz ausgewiesen werden, wenn durch seinen Aufenthalt die öffentliche Sicherheit und Ordnung oder sonstige erhebliche Interessen der BRD beeinträchtigt sind. Zu den in § 46 Ausländergesetz genannten einzelnen Ausweisungsgründen gehören nicht nur die Gefährdung der freiheitlich-demokratischen Grundordnung der BRD. Hier werden auch die längerfristige Obdachlosigkeit, die Inanspruchnahme von Sozialhilfe (BSHG), der Erhalt von Hilfe zur Erziehung außerhalb der eigenen Familie oder von Hilfen für junge Volljährige gem. KJHG genannt« (aus: Comin, Peter/Hubert, Harry: Ambulante Maßnahmen als Angebot der Jugendhilfe sowie Handlungsmöglichkeiten bezüglich straffälliger junger Menschen ausländischer Herkunft. In: DVJJ – Journal 2/1995).

Dies dürfte eine wesentliche Erklärung dafür sein, warum die Zahlen im Bereich der Anträge auf Hilfe zur Erziehung insbesondere bei AusländerInnen, die nicht der EG angehören, soviel niedriger liegen – trotz offensichtlicher Bedürftigkeit.

Aber es gibt nicht nur strukturelle sondern auch *inhaltliche Zugangshindernisse*. Dies beginnt bei der Verständigung über den Sinn und Zweck des KJHG mit Migrantenfamilien. Auffällig ist, dass es
● keine Broschüre gibt, die das KJHG in andere Sprachen übersetzt und erklärt;
● in der Regel kaum MitarbeiterInnen mit Migrationshintergrund im ASD gibt;
● und dass es keinen so genannten Dolmetscheretat gibt, die Amtssprache aber Deutsch ist.

Gelingt es dennoch, trotz fehlendem Dolmetscher, fehlender fremdsprachiger Broschüre, Angst vor ausländerrechtlichen Konsequenzen etc. mit ausländischen Familien wirklich ins Gespräch zu kommen, stellt sich in der Regel sehr schnell ein weiteres Problem heraus: Das KJHG, insbesondere §§ 27 ff., sind sehr individualistisch und einzelfallbezogen – es ermöglicht die passgenaue Hilfe für den individuellen Einzelfall, aber das Gesetz ist nicht einmal ansatzweise auf Großfamilien, größere Systeme und das Gemeinwesen zugeschnitten.

Diese Ausrichtung löst bei vielen Migrantenfamilien Verblüffung, aber auch Zurückweichen aus. Die Angst, sowohl die für das eigene Empfinden oft lebensnotwendige Großfamilie als auch das Gemeinwesen zu verlieren, ist größer, als die Hoffnung auf Hilfe. Als weiteres Beispiel dafür sei hier angemerkt, dass bei einem Fachkräfteaustausch mit französischen KollegInnen die Einzelfallorientierung des KJHG ungläubiges Erstaunen ausgelöst hat. In Frankreich z.B. sind alle pädagogische Hilfen in 'Migrationshochburgen' sozialraum- und gemeinwesenorientiert konzipiert. Diese Hilfen werden nach Rückmeldung der FachkollegInnen sehr gut angenommen.

Gemeinwesenorientierte Projekte in Kölner Stadtteilen werden von Migrantenkindern und ihren Familien ebenfalls sehr gut angenommen. Diese Projekte, die jedoch nicht aus Mitteln der Hilfe zur Erziehung finanziert werden, sind aktuell aus Finanzierungsnot von Einstellung bedroht. Prozentual sind bei diesen Projekten die Migrantenfamilien überrepräsentiert.

Fallbearbeitung und Fallverstehen

Wie kann der Lebenshintergrund und die Situation von Kindern, Jugendlichen und Familien mit Migrationshintergrund von den Professionellen gut verstanden werden? Wann fühlen sie sich verstanden und ernst genommen? Was kann von Seiten der Fachleute getan werden, um auch nicht-deutschen Kindern und Jugendlichen die Hilfe zukommen zu lassen, die sie benötigen, seien sie nun einzelfallbezogen oder gemeinwesenorientiert?

Die Erfahrungen im Bereich Jugendhilfe und auch im Modellprojekt haben gezeigt, dass es notwendig ist, Migrantenfamilien mit einer Grundhaltung zu begegnen, die vor allem durch Respekt und Akzeptanz geprägt ist. Werden der kulturelle Hintergrund, die ausländerrechtliche Problematik, das System Familie als Großfamiliensystem (auch mit im Ausland lebenden Mitgliedern) und das Gemeinwesen als wichtige Bedingungsmomente ihrer spezifischen Situation wahrgenommen, ist die wesentliche Voraussetzung für das Verstehen eines Falles gegeben.

Hilfreich ist zudem auf jeden Fall eine Beratungsmethode, mit der auch nicht anwesende Familienmitglieder »sichtbar« gemacht werden können. Sehr eindrucksvoll konnte dies bei den im Modellprojekt vorgestellten Fällen erlebt werden. In allen mit der Methode des kollegialen Fallverstehens beratenen Fällen, in denen es um Migrantenfamilien ging, gelang es, die gesamten Familien (auch mit ihren abwesenden Mitgliedern) sichtbar zu machen. Das Erleben dieser Familien stand dabei im Vordergrund, nicht vorschnelles Verstehen und schnelle Bewertung. Vergleichen lässt sich dies mit der Methode der Ethnopsychiatrie, angewendet insbesondere bei afrikanischen Familien in Frankreich: Hier werden komplette Familienräte »nachgebaut« – mit sehr großem Erfolg.

Im ASD-Alltag ist dieses Instrument aber aufgrund der notwendigen Rahmenbedingungen oftmals schwer umzusetzen. Wenn man die Kurzformel verwendet: »Schwierige Fälle sind unverstandene Fälle«, so ist die Gefahr, dass eine Migrantenfamilie nicht verstanden wird, vergleichsweise hoch. Das Nicht-Verstehen einer anderen, uns fremden Kultur kommt hier erschwerend hinzu.

Hilfreich, um Familien und Professionellen im Sinne einer interkulturellen Öffnung der Jugendhilfe den Zugang zueinander zu erleichtern, wäre u.a. Folgendes:
● Möglichkeit zur Einberufung von größeren HelferInnenrunden, um große Familiensysteme »nachbauen« zu können (z.B. Fallkonsultationen im Modellprojekt)
● Einbeziehung und Einbindung von MigrantInnenselbstorganisationen
● Erhöhung des Anteils von Fachkräften mit Migrationshintergrund sowohl bei der Stadt Köln als auch bei freien Trägern
● Fortbildungen, um den kulturellen und ethnischen Hintergrund kennen zu lernen
● Fortbildungen in ausländerrechtlichen Fragen, um u.a. Ängste und Abwehrmechanismen kennen und verstehen zu lernen
● Da das Ausländergesetz weder abgeschafft noch umgangen werden kann, werden für Migrantenkinder und ihre Familien dringend mehr präventive, gemeinwesenorientierte Jugendhilfeangebote im Stadtteil, also im Lebensort der Migrantenkinder, benötigt und zwar ohne Antragstellung auf Hilfe zur Erziehung
● Betreuung von 'Jugendbanden' und Jugendcliquen an den Orten, wo sie sich bilden, und auch dies, ohne dass vorab ein Antrag auf Hilfe zur Erziehung vorliegt

Zum Abschluss möchte ich anhand einer kurzen Begebenheit aus den Fallkonsultationen verdeutlichen, wie hart die Lebensrealität von Migrantenkindern ist und wie wenig diese Lebensrealität von uns (deutschen) Professionellen oftmals wahrgenommen wird, weil wir sie uns kaum vorstellen können: Einer der im Rahmen des Projektes vorgestellten Jugendlichen war ein Flüchtlingskind. Seine Lebensbedingungen wurden im Modellprojekt offengelegt und haben Entsetzen ausgelöst, auch weil sie Lichtjahre von der Lebensrealität von deutschen Kindern in gesicherten Verhältnissen entfernt sind.

Diese Lebensverhältnisse werden in Köln derzeit unter dem Stichwort »Neue Flüchtlingspolitik« als Standard festgeschrieben. Im neu errichteten Flüchtlingscontainerlager besucht kein Kind die Schule (keine Schulpflicht für Flüchtlingskinder in NRW), wird der Kontakt zur Außenwelt z. B. beim Einkaufen unterbunden durch Gemeinschaftsverpflegung (die aber gestrichen wird bei Verstößen gegen Sozialhilfebestimmungen!), sind ein überwiegender Anteil der Kinder massiv auffällig, ohne das Jugendhilfe geleistet wird (u. a. weil auch hier keine Anspruchsberechtigung vorliegt) und gibt es nicht die geringste Hoffnung und Perspektive für die dort lebenden Familien.

Angesichts dieser Tatsachen erscheint es allerhöchste Zeit wieder neu darüber nachzudenken, was es uns wert ist, *»Kinder und Jugendliche vor Gefahren für ihr Wohl zu schützen« und »dazu beizutragen, positive Lebensbedingungen für junge Menschen und ihre Familien sowie eine kinder- und familienfreundliche Umwelt zu erhalten oder zu schaffen«* (§ 1 KJHG).

■ **Georg Honrath**

Chancen und Grenzen gemeinsamen Fallverstehens
Erfahrungen mit den Fallkonsultationen aus der Sicht eines freien Trägers

Als Vertreter des freien Trägers Neukirchener Erziehungsverein haben wir regelmäßig an den Fallkonsultationen des Modellprojektes teilgenommen, sowohl durch das Einbringen und Bearbeiten eigener Fälle als auch durch die Teilnahme und das Mitwirken an der Beratung von uns unbekannten Fällen anderer Träger.

Das Thema 'Chancen und Grenzen eines gemeinsamen Fallverstehens' unterschiedlichster Fachkräfte und Träger hat uns dabei während des mehrjährigen Projektverlaufes immer wieder mit unterschiedlichen Fragestellungen und Diskussionen konfrontiert.

Mit der Teilnahme am Modellprojekt hat sich unser Träger für einen Zeitraum von drei Jahren zur Zusammenarbeit mit anderen Trägern, dem Landesjugendamt Rheinland, dem Jugendamt der Stadt Köln und der Universität Koblenz-Landau, Seminar Pädagogik, verpflichtet. Hieraus entstand ein konstantes, zeitlich befristetes Arbeitsbündnis mit festgelegten Arbeitsstrukturen und -inhalten. Die bisher gängige Methode der Einzelfallbearbeitung mit den in der Regel bilateralen Absprachen und Hilfeplanungen wurde im Rahmen des Projektes aufgehoben bzw. durch das Instrument der Fallkonsultation strukturell, methodisch und inhaltlich deutlich erweitert.

Gemeinsames Fallverstehen ist als ein dynamischer Prozess zu verstehen. Neue Erkenntnisse und aktuelle Problemstellungen wurden in diesem Prozess als Herausforderung verstanden, veränderte Handlungsansätze zu entwickeln, auszuprobieren und zu evaluieren. Gemeinsames Fallverstehen ist somit mehr als ein strenger methodischer Arbeitsansatz oder eine zu erlernende Methode, die uns bei konsequenter Anwendung aller schwierigen Fälle entledigt.

154

Ein wichtiges Augenmerk muss nach dem gemeinsamen Fallverstehen auch auf die Fragestellung gelegt werden, wie mit den (neuen) Erkenntnissen umgegangen werden kann, d. h. welche Interventionen aus dem Fallverstehen folgen. Dieser Arbeitsschritt beinhaltet wiederum neue Chancen und Grenzen, die bei der weiteren Fallbearbeitung unbedingt beachtet werden müssen.

Um in einem Fall handlungsfähig(er) zu werden, ist es unabdingbare Voraussetzung, den Fall in möglichst all seinen Facetten zu verstehen und auch die vorhandenen Handlungsgrenzen in ein zu entwickelndes Konzept von Handlungsansätzen einfließen zu lassen.

Chancen des gemeinsamen Fallverstehens

1. These: **Offenheit, eine gemeinsame Sprache und das Einbringen gemachter Erfahrungen in die Fallberatung ermöglichen ein »neues« Fallverstehen.**

Wechselseitig lernten die Träger im Rahmen des Modellprojektes die jeweiligen (unterschiedlichen) Rollen, Aufgaben und Arbeitsschwerpunkte der an der Fallkonsultation Beteiligten kennen. Im Laufe des Projektes fand man eine gemeinsame Sprache und wachsendes Vertrauen zueinander. Die Tatsache sich gegenseitig zu kennen und zu vertrauen diente oft als wichtige Grundlage für ein gemeinsames Fallverstehen und eine weitere Bearbeitung der Fälle.

Für diesen Gesamtprozess waren sowohl die Informationsaufarbeitung und -sammlung durch das Jugendamt der Stadt Köln und die Universität Koblenz-Landau als auch die Rahmenbedingungen der Arbeit von elementarer Bedeutung. Zu diesen Rahmenbedingungen gehörten:
- ausreichend Zeit zur Fallberatung und Auswertung der im Fall vorhandenen Strukturen;
- die externe, klar strukturierte Moderation;
- die Anzahl und die Unterschiedlichkeit der an der Beratung beteiligten Professionen und nicht zuletzt
- äußere Bedingungen wie Verpflegung und Räumlichkeiten, die ein konzentriertes und ungestörtes Arbeiten ermöglichten.

Die Teilnahme und Beteiligung möglichst vieler mit den jeweiligen KlientInnen betrauten Institutionen, wie Schulen, Polizei, betreuende Personen anderer Institutionen u. Ä. (oftmals mit anderen Aufträgen oder Sichtweisen, gesetzliche Grundlagen etc.) an den Fallkonsultationen halfen, die Fälle aus verschiedenen Perspektiven, systemisch und in ihrer ihnen eigenen Dynamik vollständiger zu sehen und zu verstehen.

Durch die Tatsache, dass ein Fall Gegenstand in der Fallberatung war und dadurch ein gemeinsames Fallverständnis (eine Diagnose) entstand, erlebten wir eine hohe Akzeptanz der Ergebnisse und der daraus resultierenden Arbeitsansätze. Dies lag zum einen an der Tatsache, dass die Ergebnisse von vielen Fachleuten (insbesondere auch der Landschaftsverband Rheinland und die Universität Koblenz-Landau) getragen wurden und dass der Prozess des Entstehens der Ergebnisse für alle beteiligten Institutionen transparent war, weil sie selbst teilnahmen und mitwirkten.

Jede Fallberatung hatte für die handelnden Institutionen auch den Charakter einer gemeinsamen Fallsupervision.

2. These: **Das gemeinsame und qualifizierte Fallverstehen kann ein Fundament für gelingende Kooperation sein.**

Neben einer Vielzahl von neuen 'informellen' Kontakten und Arbeitsstrukturen bildete sich bei den TeilnehmerInnen eine neue Beratungs- und Kooperationskultur aus. Durch das Kennenlernen der anderen Träger und neuer Arbeitsansätze erweiterte sich nicht nur die fallspezifische Sicht und Verständnisweise kontinuierlich weiter. Über die Fallkonsultationen hinaus wuchs auch ein Interesse und ein gemeinsames Verantwortungsgefühl für die vorgestellten Fälle.

Innerhalb der Beratungen wurden z. T. Hilfe-Settings erarbeitet, die es erforderten, dass von verschiedenen Trägern oder Beteiligten Ressourcen für das weitere Fallmanagement zu Verfügung gestellt wurden. So entstanden auf der Handlungsebene neue Kooperationen über die bisher übliche Praxis hinaus.

Diese fallbezogenen Kooperationen wurden z. T. zwischen den Trägern weiter ausgebaut oder fanden Niederschlag in neuen Absprachen und gemeinsamen Arbeitsfeldern.

Durch diese sich mehr und mehr entwickelnden Kooperationsbündnisse wurden und werden neue Arbeitsansätze und flexiblere Systeme erarbeitet und möglich. Zwischen einzelnen Trägern und in gemeinsamen Arbeitskreisen, aber auch unter dem Aspekt der Regionalisierung werden die Kooperationen der Träger in Köln weiter gefördert und systematisiert.

156

3. These: **Gemeinsames Fallverstehen fordert neue Strukturen.**

Im Rahmen der Fallkonsultationen wurden auch die z. T. strukturellen Voraussetzungen für das Entstehen von 'besonders problematisch verlaufenden' Hilfen eruiert und aufgezeigt – von den Arbeitsweisen einzelner Personen, über mangelnde Betreuungskontinuität bis hin zu Phänomenen wie der Stricherszene und ihrem Einfluss. So wurden über den Einzelfall hinaus strukturelle Bedingungen, die ein gelingendes Fallmanagement erschweren, herausgefiltert und Lösungsvorschläge erarbeitet.

Die weitere Bearbeitung der in den Fallkonsultationen beratenen Fälle hatte nur dann eine Aussicht auf Erfolg, wenn alle Beteiligten gemeinsam ihre Aufgabe oder ihren Auftrag innerhalb der Fallbearbeitung verstanden und angenommen hatten. Des Weiteren war entscheidend, ob das Ergebnis der Fallkonsultation und die daraus folgende Intervention auch in die eigenen Institutionen der jeweils fallbeteiligten Fachkräfte gut »zurückgekoppelt« werden konnten. Um dies sicher zu stellen, bedarf es zukünftig eines noch intensiveren Austausches zwischen MitarbeiterInnen und Leitung, wie auch zwischen den beteiligten Trägern, so dass letztlich in den Fallkonsultationen verbindliche Entscheidungen von den teilnehmenden Fach- und Leitungskräften getroffen werden können und es ein grundsätzliches Vertrauen in die Fachlichkeit eines solchen Gremiums gibt.

Um ein gemeinsames Fallverstehen zu fördern und diese Form der Fallarbeit abzusichern, wurde im Verlauf des Modellprojektes ein Fortbildungskonzept entwickelt, das Methoden und Erfahrungen aus dem Projekt beinhaltet und vermittelt. An der zurzeit stattfindenden, anderthalbjährigen Fortbildung nehmen MitarbeiterInnen des öffentlichen Trägers (Stadt Köln) und der freien Trägern teil. In Auswertungsgesprächen wurden das Fortbildungskonzept mit seinen Inhalten wie auch die Form der gemeinsamen Fortbildung positiv bewertet.
Wir erleben auf Trägerseite die Umsetzung der Ergebnisse aus dem Modellprojekt als Erweiterung der bisherigen Fachlichkeit.

157

Grenzen eines gemeinsamen Fallverstehens

These: »**Denkschranken« bedeuten ein eingeschränktes Gesichtsfeld, mangelndes Fallverstehen und begrenzter Handlungsspielraum sind die Folge.**

Im Verlauf der Fallkonsultationen wurde immer wieder deutlich, dass institutionelle und persönliche Werte oder Sichtweisen beim Verstehen und Bewerten von Fallzusammenhängen und der daraus folgenden Bearbeitung der Fälle eine wichtige Rolle spielten. Wenn zum Beispiel das Zulassen und Benennen von Phantasien, Gefühlen oder vorhandenen Rollen und Aufgaben nicht möglich oder mit großen institutionellen oder persönlichen Ängsten besetzt war, bestand die Gefahr, dass diese Fälle nur unvollständig betrachtet werden konnten.

Beispielsweise schien es in einer Fallbearbeitung nicht vorstellbar (auch nicht in der Phantasie der MitarbeiterInnen), dass es zu Übergriffen von der Mutter auf ihren Sohn gekommen sein könnte. Somit wurden bei der ersten Fallbearbeitung wichtige Aspekte, um den Fall zu verstehen, ausgespart. Erst die intensive Betrachtung von außen ermöglichte den erweiterten Blick.

In einem anderen Fall schien es den VertreterInnen eines Trägers wichtiger zu sein, sich nicht in ihr erstelltes Konzept hineinreden zu lassen, um somit ihre bisherige Handlungsgrundlage weiterverfolgen zu können, als sich dem Fallverstehen zu öffnen. Das Zurückhalten von Informationen, Gefühlen oder Problemen in der bisherigen Fallbearbeitung führte zu unvollständigen Falldarstellungen und Fehleinschätzungen.
Taktische Überlegungen von Trägern und handelnden Personen, die (zumindest nach außen dargelegte) Überzeugung bei der Bearbeitung eines Falles nicht »versagt« zu haben bzw. fachlich immer »richtig und umfassend« gedacht und gehandelt zu haben, sind generell in der Bearbeitung der eingebrachten Fälle in keinsterweise förderlich gewesen.

Aber auch »übergeordnete« Interessen, wie z. B. das Kontroll- und Wächteramt des Jugendamtes oder die gesetzlichen Aufgaben der Kontroll- und Strafbehörden (Polizei, Justiz) können die auf Offenheit angelegte Methode der Fallkonsultation beeinflussen oder »verfälschen«. Gerade hier bedarf es einer hochentwickelten und sensiblen Beratungskultur, die die vorhandenen Grenzen erkennt und es ermöglicht, sie anzusprechen und nützlich mit ihnen umzugehen.
In diesem Zusammenhang ist es wichtig, Vereinbarungen über das Setting,

den Auftrag und die Arbeitsweise eines Gremiums wie z. B. das der Fallkonsultationen zu treffen, um dem vorzubeugen, dass ein solches methodisches Instrument für politische oder gesellschaftliche Interessen, z. B. für die Diskussion um »geschlossene Unterbringung«, missbraucht wird. Ein solches Interesse kann aufkommen, muss aber frühzeitig erkannt und außen vor gehalten werden.

Die oftmals vorhandene eigene Problematik der mit einem Fall befassten Institutionen (Jugendhilfe, Schule, Psychiatrie, Justiz etc.) mit ihren unterschiedlichen Aufträgen, Arbeitsansätzen und Handlungsspielräumen, mit ihren »eigenen Glaubenssystemen« und Interessen, ihren kultivierten Vorbehalten gegenüber den jeweils anderen Systemen und ihren eigenen Denkmustern und Strukturen, wie auch ihren eigenen »Sprache« waren immer wieder Stolpersteine auf dem Weg zu einem gemeinsamen Fallverstehen.
Institutionelles und persönliches Misstrauen, das Nicht-Erkennen oder Nicht-Eingestehen vorhandener Grenzen oder fehlender Ressourcen, offene oder versteckte Konkurrenzen zwischen Trägern, Institutionen, zwischen Ämtern oder Abteilungen und/oder einzelnen Personen gefährdeten und schädigten eine erfolgreiche Fallbearbeitung immer wieder.

Zusammenfassung und Ausblick

Eine zentrale Rolle beim gemeinsamen Fallverstehen und -bearbeiten spielen die handelnden Personen, ihre Bereitschaft, gemeinsam Verantwortung zu übernehmen und intensiv zu kooperieren. Neben gemeinsamen Werten und der gemeinsamen Sicht von Notwendigkeiten gehören Handlungstransparenz und Umsetzungsdisziplin sowie gegebenenfalls finanzielle Ressourcen zu einem oftmals notwendigen Paradigmenwechsel.

Um effizient Hilfen leisten zu können, bedarf es weiterhin (in dem derzeitigen System) einer Aufgabenteilung und gemeinsamen Fallverantwortung sowie eines Klimas der Akzeptanz und Toleranz, um unterschiedliche Ansätze entwickeln und ausprobieren zu können. Sowohl Fehler als auch Misserfolge sind oftmals ein Zeichen, dass Grenzen der Handlungsfähigkeit erreicht wurden. Sie bedürfen einer Überprüfung bisheriger Handlungsansätze in aller Offenheit, ohne die handelnden Personen zu verurteilen.

Die benötigten Strukturen und Ressourcen müssen (lokal)politisch und gesellschaftlich diskutiert, gewollt, erarbeitet, abgestimmt und gemeinsam umgesetzt werden. Das Arbeiten gerade im Bereich von Schnittstellen zwischen unterschiedlichen Hilfe, Unterstützung und auch Kontrollsystemen muss besser aufeinander abgestimmt und transparenter werden.

Wichtig erscheint hier aufzuzeigen, dass Trägerkooperation und gemeinsames Handeln durchaus gängige Praxis in Köln sind, dass das Modellprojekt aber sicherlich als Multiplikator und Impulsgeber nochmals verstärkend gewirkt hat. Dieser Weg ist auch weiterhin konsequent zu verfolgen.

Entscheidend für die erfolgversprechende Bearbeitung eines vorgestellten Falls war vor allem ehrliches Interesse der Beteiligten, Lösungen für Veränderungen zu finden sowie das Interesse an den Menschen und ihren als besonders schwierig beschriebenen Lebenssituationen. Wichtig war weiterhin die Bereitschaft, gegenseitige Beratung anzunehmen, die Fähigkeit, die eigene Rolle und die der anderen zu sehen und zu verstehen. Und auch die Bereitschaft, neue Aufträge für die weitere Begleitung der Menschen zu übernehmen und sich auf intensive, z. T. ungewohnte Kooperationen einzulassen.

Neben dem hohen zeitlichen und personellen Aufwand und einem hohen Maß an Flexibilität, die das Modellprojekt von den beteiligten Trägern forderte, können die TrägervertreterInnen die Erfahrungen mit den Fallkonsultationen, der daraus resultierenden Fortbildung und den unterschiedlichen Arbeits- und Gesprächskreisen und Kooperationen als Bereicherung ihrer Arbeit werten.

Persönliche Nachbemerkung des Verfassers

Im Rahmen der Fallkonsultationen wurde immer wieder deutlich, dass eine notwendige frühzeitige Klarheit und Grenzsetzung gegenüber Kindern, Jugendlichen und Eltern oder anderen Betreuungspersonen durch die handelnden Fachkräfte im persönlichen Kontakt oftmals nicht in ausreichendem Maße erfolgte. Am Ende wurde eine Lösung für eskalierende Situationen dann z. T. auch in der »geschlossenen Unterbringung« gesucht.

Gerade aber bei den »besonders Schwierigen« bedarf es auch der Grenzziehung durch die handelnden Personen und ich wünsche mir, dass diesbezüglich eine offene, nicht polarisierende Diskussion aller Beteiligten möglich wird über einen professionellen Handlungsspielraum, der sich auf dem schmalen Grat zwischen persönlicher Integrität, institutioneller Verantwortung und vorhandenen rechtlichen Grenzen bewegt.

■ **Christoph Bex, Dagmar Wiegel**

Vom 'Entweder-oder' zum 'Sowohl-als-auch' – Chancen gelingender Kooperation in der Jugendhilfe

Ein wesentliches Ergebnis der Fallanalysen im Rahmen des Modellprojektes ist, dass zum Verstehen eines Falles immer zwei Seiten in den 'diagnostischen Blick' genommen werden müssen, d.h. das zum Verständnis eines »schwierigen« Falles sowohl die Analyse des Klienten- als auch des Hilfesystems gehören. Hilfesysteme sind gerade in den so genannten »schwierigen Fällen« häufig so in die Dynamik einer Familie verstrickt oder mit Zuständigkeits-, Kommunikation- und Kooperationsproblemen untereinander beschäftigt, dass sie dazu beitragen, einen Fall zu einem »schwierigen« Fall zu machen.

Im diesem Beitrag soll an einem hier nur skizzierten Fallbeispiel geschildert werden, was Kooperation schwierig macht und was sie bewirken kann, wenn sie zwischen unterschiedlichen Trägern funktioniert. Der Fall, um den es hier geht, wurde parallel zum Modellprojekt von einem am Projekt beteiligten Träger bearbeitet; involviert waren zwei freie Träger sowie der ASD. Für uns war bzw. ist er ein lehrreiches Beispiel für die Entwicklung verbindlicher, fallbezogener Trägerkooperation, gerade in und für Krisen- und Notfälle.

Wichtig ist uns zu zeigen, wie sich in dem Fall und darüber hinaus der professionelle Blick verschoben hat und welche Bedingungen eine konstruktive Zusammenarbeit von HelferInnen begünstigen. In erster Linie geht es dabei um reflexionsbedürftige Haltungen der Institutionen zueinander und zu ihren KlientInnen. Im dargestellten Fall entwickelten sich die beteiligten HelferInnen unterschiedlicher Träger und Arbeitsbereiche von eher misstrauischen KonkurrentInnen zu aufeinander neugierigen Fachleuten. Dieser Weg erscheint im Rückblick als logische Konsequenz von Selbstreflexion und wachsender Professionalität. Während des Hilfeverlaufs wechselten wir jedoch zwischen emotionaler Befangenheit und der manchmal fast unerreichbar scheinenden nüchtern-fachlichen Distanz zum Geschehen. Dieses Wechselspiel und das Erkennen seiner Bedeutung erlaubte uns schließlich die Schritte zu gehen, die uns zu einer, zumindest aus jetziger Sicht, angemesseneren professionellen Haltung brachten.

Der berechtigte menschliche Drang nach positiven Ergebnissen, die dauerhaft Bestand haben, ist etwas, was in der Arbeit mit hochbelasteten Kindern und Familien mit der Zeit mehr in den Hintergrund tritt. Wichtiger wird uns das Begreifen der Vielschichtigkeit von Menschen und der Notwendigkeit der Reflexion unterschiedlicher Blickwinkel und Perspektiven, die alle ihre Berechtigung haben und miteinander verbunden werden wollen. Wenn auch vereinfacht, wollen wir diesen Erkenntnisprozess an nachfolgendem Beispiel verdeutlichen, dass wir zu diesem Zweck anonymisiert und zum Schutz der Betroffenen leicht verändert haben. Dies hat jedoch auf die Gesamtdarstellung und die getroffenen Bewertungen keinen weiteren Einfluss.

Fallskizze: Aufnahme und Verlauf der Betreuung

Die Betreuung in der Familie M. (Mutter mit drei Jungen und zwei Mädchen) wurde nach dem Tod des Ehemannes, durch unsere Institution, eine flexible Jugendhilfeeinrichtung, aufgenommen. Bekannt war von der Herkunftsgeschichte von Frau M. unter anderem, dass sie selbst und all ihre Geschwister durch den Vater sexuell missbraucht worden waren. Frau M. hatte dies als einzige und ohne Unterstützung ihrer Familie zur Anzeige gebracht und so eine Verurteilung des Vaters bewirkt.
Nach dem Tode des Ehemannes von Frau M. wurde eine Betreuerin eingesetzt, die sich in erster Linie um die Belange von Frau M. kümmerte: Anfallende Formalitätenregelung durch den Tod von Herrn M., elementare Fragen zur Versorgung eines Haushaltes mit fünf Kindern etc.

Die Betreuerin für Frau M. wurde von ihr gut akzeptiert, allerdings delegierte Frau M. zunehmend mehr Aufgaben an sie, statt diese selbst zu erledigen. Zum Beispiel fand ein bereits im ersten Hilfeplangespräch vereinbarter Haushaltsplan, der mit Hilfe der Betreuung entwickelt werden sollte, keine Umsetzung. Gemeinsam initiierte Reinigungsarbeiten in der Wohnung fanden ohne die Anwesenheit der Betreuerin kaum statt. Für Frau M. war ein Küchenboden dann geputzt, wenn der gesamte Dreck am Boden in die Diele gekehrt worden war. Trauerverarbeitung und Reflexion über die neue Situation ohne ihren Ehemann wurden von ihr fast durchgängig abgelehnt.
Während der gesamten Betreuung hielten sich zunehmend mehr Menschen in der Zweizimmerwohnung auf. Darunter waren neben Verwandten auch Freunde, die anscheinend regelmäßig dort übernachteten. Wir hatten den Eindruck, dass öfters auch männliche Verwandte und Freunde in den Betten der Kinder

übernachteten. Bei einem Hilfeplangespräch trafen wir auf einen Bekannten der Mutter, der tagsüber im Bett eines der Kinder schlief. Die Thematisierung eines möglicherweise übergriffigen und missbräuchlichen Verhaltens dieser Personen gegenüber den Kindern wurde als »völlig an den Haaren herbeigezogen« abgelehnt.

Bei gemeinsamen Freizeitaktivitäten mit den Kindern trat der Wunsch von Frau M. nach Realisierung eigener Bedürfnisse und Interessen deutlich in den Vordergrund. Beispielsweise vertiefte sie sich bei einem Schwimmbadbesuch derart in eigenes Schwimmvergnügen, dass sie die akute Atemnot eines ihrer Kinder nicht wahrnahm. Die Hilfe erfolgte dann durch die Betreuerin.

Nach einer ca. vier Monate dauernden Clearing- und Betreuungsphase kamen wir zu der vorläufigen Einschätzung, dass eine ambulante Betreuung der Familie aus unserer Sicht unzureichend war. Wir vermuteten sehr wahrscheinlich stattfindende sexuelle Übergriffe. Aufgrund der Vorgeschichte von Frau M. und ihrer deutlichen Abwehr, sich mit einer möglichen aktuellen Gefährdung ihrer eigenen Kinder auseinanderzusetzen, erschien uns eine rein ambulante pädagogische Begleitung als fahrlässig. Wir sprachen uns für eine Fremdunterbringung aus. Auch die erlernten, aber von Frau M. kaum eingesetzten Kenntnisse, den Haushalt angemessen zu organisieren, ließen uns eine dauerhafte Stabilisierung der Familie durch diese Hilfeform als nicht wirklich aussichtsreich erscheinen. Das Wohl der Kinder war aus unserer Sicht nicht ausreichend gewährleistet.

Das zuständige Jugendamt veranlasste daraufhin zügig eine Herausnahme der Kinder aus der Familie und eine vorläufige Unterbringung in einer Wohngruppe mit stark diagnostischem Schwerpunkt.

Während der Unterbringung der Kinder in dieser Wohngruppe eines anderen Trägers boten wir Frau M. weitere Betreuung an, um ihr die Möglichkeit zu geben, sich stärker als eigenständige Person zu erleben und auch als Frau eine klarere Identität und Vorstellung von ihrem Leben zu entwickeln. Auch war mit der zunächst vorübergehenden Fremdunterbringung der Kinder die Hoffnung verbunden, die Zweittraumatisierung von Frau M. durch den plötzlichen Tod des Ehegatten mit ihr nachträglich bearbeiten zu können. Die Hilfe wurde von ihr insofern angenommen, als dass sie weiterhin Termine wahrnahm, die Betreuerin allerdings nur für all das nutzte, was ihr gerade hilfreich erschien. Eine gedankliche Reflexion ihrer Situation und ihres Verhaltens sowie eine eigenständige Umsetzung der Anregungen der Betreuerin fanden kaum statt.

Von der Konkurrenz zur Kompetenz

Die Wohngruppe verfügte über eine gesonderte Beratungsstelle, in der Frau M. regelmäßig Gespräche angeboten wurden. Thema sollte hier in erster Linie die Entwicklung einer adäquaten Mutterrolle sein. Manchmal gelang es den dortigen FamilientherapeutInnen, die sehr »verunsicherte und abwehrende« Klientin an ihr problematisch und bedrohlich erscheinende Themen heranzuführen. Frau M. zeigte sich aus Sicht der TherapeutInnen jedoch meist wenig bereit Hilfe anzunehmen, da sie für sich selbst keinen wirklichen Hilfebedarf sah. Ihre Welt schien in Ordnung, wenn da nicht die vielen HelferInnen wären, die etwas von ihr wollten … Häufig entfielen die Termine in der Beratungsstelle, weil Frau M. nicht kam.
Die Besuche in der Wohngruppe nahm sie allerdings sehr regelmäßig und gewissenhaft wahr. Sie zeigte sich dort zunehmend beteiligt, engagiert und interessiert an der Entwicklung der Kinder.

Hier begannen die zunächst unbewussten und eher unterschwellig wirkenden Auseinandersetzungen der unterschiedlichen HelferInnen und ihrer Systeme. Dabei entstanden zunehmend unterschiedliche Bilder von ein und derselben Person: Bilder, Vorstellungen, Einschätzungen und Bewertungen von und über Frau M.:

- Wir »glaubten«, aufgrund unserer vor der Fremdunterbringung gemachten Erfahrungen, dass Frau M. über unzureichende Ressourcen verfügte, um fünf Kinder angemessen erziehen und schützen zu können, geschweige denn einen Haushalt zu führen und die Versorgung der Kinder zu gewährleisten. Wir »glaubten« an die Richtigkeit der Herausnahme und sahen deutlich die auch für andere offensichtlichen Schwächen der Klientin. Dafür fanden wir auch in unserer Arbeit genügend 'Beweise'.
- Die BetreuerInnen der Wohngruppe »glaubten« an eine Mutter die mit der richtigen Unterstützung sehr wohl in der Lage sein könnte ihre Familie zu versorgen.
- Die TherapeutInnen »glaubten« an eine abwehrende und leugnende Frau, die mit sehr viel Unterstützung tendenziell in der Lage sein würde, partiell für ihre Familie Verantwortung zu übernehmen.

Die TherapeutInnen und die BetreuerInnen der Kinder in der Wohngruppe blickten also eher auf die Ressourcen der Mutter. Sie beschrieben diese und die noch zu entwickelnden Möglichkeiten. Besonders in ihrer Rolle als Besucherin im Rahmen der regelmäßigen Kontakte in der Wohngruppe erlebten sie Frau M. als lernbereite und entwicklungsfähige Mutter. Wir stellten demgegenüber eher die Defizite von Frau M. und die Sorge um das Wohl der Kinder in den Vordergrund.

Diese Sichtweisen bildeten erst unausgesprochen, dann in vierwöchigen Helferkonferenzen deutlich gegensätzliche Bewertungen der Gesamtsituation. Daraus folgende widersprüchlich scheinende Schlussfolgerungen waren das Ergebnis. Die Klientin selbst hatte diese zunächst unvereinbar wirkenden Grundhaltungen als Erste entdeckt und wusste sie für sich zu nutzen. Die Spaltung des Hilfesystem hatte begonnen und funktionierte. Frau M. begann – aus ihrer Perspektive heraus verständlich – jeweils bei der einen Seite kritische Bemerkungen über die andere zu äußern. Informationen wurden selektiert und unvollständig weitergegeben.

Nachdem es immer häufiger zu Missverständnissen gekommen war, begannen die HelferInnen das Familiensystem und auch das Hilfesystem als Ganzes zu betrachten. Langsam wurde deutlich, dass von den HelferInnen unterschiedliche Positionen bzw. Perspektiven besetzt worden waren, die das ambivalente Empfinden der Klientin zwischen Überforderung durch die Situation und dem Wunsch und Wille, ihre Kinder zu versorgen, widerspiegelten. Diese Erkenntnis wurde zum 'roten Faden' der weiteren Arbeit und zum Schlüssel des gemeinsamen Fallverstehens. Jetzt konnten die Beteiligten sich vorsichtig aus ihren 'feindlichen' Lagern heraus bewegen und sich wahlweise auch in die Position der anderen Seite hineinversetzen. Eigene Überzeugungen, was genau das 'Richtige' sei, machten einer gemeinsamen Sicht der Ambivalenz in Frau M. und des sich daraus ergebenden Dilemmas Platz.

Es gelang zunehmend im Rahmen regelmäßiger Treffen aller beteiligten HelferInnen, mit und auch ohne die Klientin, gemeinsame Absprachen zu treffen, Zuständigkeiten festzulegen, und die Kompetenz jeder Rolle wahrzunehmen und zu nutzen.

Von Vorteil war in dieser Situation die kooperative Unterstützung durch den ASD. Die Mitarbeiterin zeigte sich offen für die Konfliktklärung und konnte beiden Institutionen gleichermaßen Unterstützung und Loyalität anbieten. Die Konkurrenzsituation konnte so auch durch die konstruktive und vermittelnde Haltung seitens des Jugendamtes aufgelöst werden. Es vollzog sich langsam eine Wandlung eher gegeneinander agierender Dienste zu einem Kreis von kompetenten Fachleuten, die voneinander lernen wollten, die einander mit den oft gegensätzlich wirkenden Einschätzungen brauchten, um so ein differenzierteres und realitätsnäherers Bild der Familie M. zu beschreiben.

Frau M. konnte die Unterbrechung der bisherigen Dynamik und gewohnten Interaktionen ansatzweise geschehen lassen und im Prozessverlauf beide Hilfesysteme auch als hilfreich akzeptieren. Zeitweise konnte Frau M. sehen, dass ihre Welt nicht nur aus 'Feinden' bestand, die gegen sie und auch gegeneinander kämpften, sondern aus Gruppen, die das gleiche Ziel verfolgten: die positive Entwicklung ihrer Kinder zu gewährleisten.

Ein vorläufiges Ergebnis

Ein Zwischenergebnis für die Familie M. war die Rückführung der beiden Mädchen in die Familie und die weitere Diagnostik der Jungen im Rahmen einer längerfristigen Heimunterbringung. Frau M. wurde von uns weiter unterstützt. Sie nahm die Hilfe einer neuen Betreuerin aktiv für sich in Anspruch. Dieser Schritt spiegelt die unterschiedlichen Sichtweisen der HelferInnen. Weder die eine noch die andere Seite hatte »ganz recht«, statt »entweder-oder« ging es um »sowohl-als auch«. In der zeitweisen Herausnahme aller Kinder und der Rückkehr der Mädchen zu Frau M. wurden die verschiedenen Sichtweisen konstruktiv miteinander verbunden und in Handeln umgesetzt.
Mit dem Wissen um die Verkürzung der Hilfegeschichte, die die einzelnen Handlungsschritte nicht wirklich nachvollziehbar darstellt, soll die Beschreibung der Arbeit mit der Familie in diesem Kontext beendet sein. Wichtiger ist uns hier, ein übergreifendes Resümee hinsichtlich unserer Institution und der Frage der Kooperation unterschiedlicher Einrichtungen und Dienste zu ziehen:
In der Rückschau erscheinen und die Rangeleien um die 'Wahrheit' über die Familie M. und die Frage der 'richtigen' Hilfe fast beschämend. Das Erkennen der Grenzen eigener Methoden und Sichtweisen über das Klientensystem war eine heilsame Ernüchterung und gleichsam eine Tür zu einem neuen Verständnis von Professionalität: Die eigene Schwäche war es weniger, nicht alles zu sehen, sondern sie lag darin zu glauben, was man sieht wäre vollständig. Mittlerweile heißt für uns Professionalität andere Blickwinkel zu benötigen, um den komplexen Gebilden und Familienkonstellationen wenigstens ansatzweise gerecht werden zu können. Der andere Dienst ist weniger KonkurrentIn, sondern eher eine Möglichkeit, die eigene 'Ein-Stellung' zu erweitern und zu vervollständigen.

Wesentlich war ebenso die Erkenntnis, die eigenen Ansprüche hinsichtlich eines »verantwortungsvollen Umgangs« wahrzunehmen. Der Wunsch »es dem Jugendamt recht machen zu wollen« – was auch immer das heißt –, »nur ja keine fachlichen Lücken auftauchen zu lassen« und der vermutete Druck, sich absichern zu müssen, beeinflussten unser Handeln sehr. Gesellschaftliche Mythen über den oder die »gute/-n SozialarbeiterIn« im eigenen Handeln wiedererkennen zu können, und dies dann am Arbeitsalltag und an den realen Anforderungen zu überprüfen, war ein erleichternder Schritt zur Aufdeckung überfordernder Selbst- und Fremdanforderungen. Die Entlarvung der eigenen 'Heilsversprechen' wirkte letztlich befreiend und öffnete in dem beschriebenen Fall den Blick für die Person Frau M., ihre tragische Lebensgeschichte und ihre persönlichen Ressourcen wie auch Begrenzungen.

Die Befunde des Modellprojektes über Verstrickungen in und von Organisationen und deren Rechtfertigungsaktionen, über Schwierigkeiten in der professionellen Kooperation etc. wurden in dieser Fall- und Hilfegeschichte bestätigt, konnten aber auch schrittweise angegangen und gelöst werden. Weitere Schritte und wachsende Aufmerksamkeit für diese 'Fallen in Fällen' bleiben als Anforderung weiter bestehen und werden künftige Einschätzungen und Handlungen prägen.

Diese Entwicklung zu einem gemeinsamen Fallverstehen von verschiedenen Trägern und dem ASD war möglich, weil die beteiligten Personen im Hilfesystem bereit waren, sich miteinander über die jeweils eigenen fachlichen Annahmen hinaus zu bewegen. Erst in der wechselseitigen Relativierung der jeweils durchaus begründeten Bewertungen gelang es, die Personen, um die es ging, in den Mittelpunkt zu rücken. Dies kann als kleiner Erfolg im Rahmen der Arbeit mit den »besonders Schwierigen« gewertet werden, wobei im Fall vor allem klar wurde, dass offensichtlich auch die HelferInnen ihren Beitrag dazu leisten, dass etwas oder jemand »besonders schwierig« wird.

Deutlich wurde aber auch, dass gemeinsame Erfahrungen gelingender Kooperation die Gefahr von Interessenkollisionen und Konkurrenz, die beim Zusammenwirken unterschiedlicher Hilfesysteme aufgrund unterschiedlicher Aufträge und Zielvorstellungen eigentlich 'naturgemäß' gegeben sind, reduzieren.

Zuletzt sei in dem geschilderten Fall, in dem sich eine tragfähige Kooperation erst entwickeln musste, hier noch Dank an die Klientin gerichtet, die bereit war, all den Ereignissen standzuhalten und sich mit diesem ihr vielleicht »besonders schwierig erscheinenden Hilfesystem« auseinanderzusetzen.

■ Lothar Mönch

Wenn's schwierig wird …
Regionale Kooperation von Schule und Jugendhilfe

Schwierig ist das, was wir nicht können oder nur mit viel Mühe erreichen. Besonders Schwieriges vermag man kaum zu bewältigen. Allzu vieles davon misslingt, scheint unmöglich. Frustriert wendet man sich ab oder kämpft wütend dagegen an. Halten diese negativen Erfahrungen an und gelingt es nicht, mit Hilfestellung anderer in kleinen Schritten Lösungen zu erarbeiten, vermeidet man solche Situationen, grenzt sich ab oder das Problem aus. Solche Abwehrmechanismen lassen sich in den Entwicklungsverläufen von »schwierigen« Kindern und Jugendlichen ebenso finden, wie in den Helfersystemen und Hilfeplanungen in so genannten schwierigen Fällen.

Kinder und Jugendliche werden im Blickwinkel von Hilfesystemen zu »schwierigen« Fällen, wenn Entwicklung, Anpassung und Lernen dieser Kinder nicht mit den gängigen Werten und Normen konform geht, erzieherische Mittel nicht wirken, Therapien nicht helfen, psycho-soziale Diagnosen die Problem- und Fragestellungen nur unzureichend erfassen und Prognosen fehlschlagen. Die Probleme in der Familie, die Auffälligkeiten im Kindergarten, die Lernschwierigkeiten in der Schule, das aggressive Verhalten in der Peer-group verweben sich in die Biographie und das Kind wird in der Außenwahrnehmung zunehmend schwieriger, zeigt sich nicht motiviert, desinteressiert, stört die alltägliche Normalität und muss in besonderer Weise oder abgesondert in Sonderschulen, heilpädagogischen Gruppen, psychiatrischen Kliniken erzogen und behandelt werden. Ein *circulus vitiosus* von individueller Einzig- bzw. Andersartigkeit und sozialer Zuschreibung, in dem alles versucht und vielen geholfen wird, aber etliche zurückbleiben und als »besonders Schwierige« ihre Eltern zur Verzweiflung bringen, MitschülerInnen und PädagogInnen tyrannisieren, sich selbst und andere verletzten, Eigentumsdelikte begehen und mit Drogen experimentieren.

Warum Erziehung und soziale Integration in den allermeisten Fällen gelingt und dennoch zahlreich scheitert, beschäftigt die Sozial- und Erziehungswissenschaften und führt zur stetigen Weiterentwicklung der Disziplinen. Aber viel zu leicht unterliegen wir in unserer alltäglichen Praxis nach wie vor der menschlichen Neigung den Erfolg unserer Bemühungen uns selbst und den Misserfolg den jeweils anderen als den »Schwierigen« zuzuschreiben. Die »Schwierigen« werden als nicht gruppen- oder beziehungsfähig beschrieben, gefährden die anderen und deren positive Entwicklung und sind letztlich für die Klassengemeinschaft oder eine Einrichtung nicht mehr tragbar. Wechselseitige Problemzuschreibungen mit Abgrenzungsversuchen der unterschiedlichen Hilfesysteme und Ausgrenzungsfolgen für die betroffenen Kinder und Jugendlichen erscheinen fast zwangsläufig. Denjenigen mit dem Stempel »besonders schwierig«, geht es wie der heißen Kartoffel – hat man sich erst einmal die Finger verbrannt, lässt man sie lieber fallen. Beziehungen in der Familie werden brüchig, Bindungen zu Mitschülern und Erwachsenen werden haltlos. Das Zutrauen, Aufgaben bewältigen zu können, schwindet und die Orientierung in einer verlässlichen Tagesstruktur und an erreichbaren Zielen weicht der Suche oder der Sucht nach dem nächst besten. Um in den »schwierigen« Fällen diesen Kreislauf individueller und sozialer Ausgrenzungsprozesse entgegenwirken zu können, ist ein ineinander greifen und einander zuarbeiten von Klienten-, Helfer- und Hilfesystemen notwendig.

Doch »gerade, wenn Kooperation zwingend geboten ist, klappt sie am wenigsten. Beim Zusammenwirken unterschiedlicher Unterstützungs-/ Hilfe- und Kontrollsysteme kommt es aufgrund unterschiedlicher Aufträge und Zielvorstellungen häufig zu Interessenkollisionen. Diese schwierige Ausgangssituation bedingt sich naturgemäß und muss gerade deshalb durch gemeinsame Erfahrungen gelingender Kooperation entgegengewirkt werden. In den so genannten »schwierigen« Fällen gelingt dies jedoch offensichtlich in dem Maße immer weniger, in dem Fälle und Situationen eskalieren. Je mehr sich Krisen zuspitzen, desto weniger funktioniert die Kooperation zwischen unterschiedlichen Trägern und Institutionen. Sich anbahnende Eskalationen führen dazu, dass sich die beteiligten Organisationen und Systeme zunehmend auf die eigenen Grenzen und Zuständigkeiten zurückziehen, eine Negativbewertung der Kooperationspartner vornehmen und weniger trägerübergreifend denken und kooperieren. Anfällige und ungeübte Kooperation werden in dem Maß brüchig, indem der Aussendruck in einer kritischen Situation steigt« (aus: Zwischenbericht zum 'Kölner Modellprojekt', Mai 2001).

169

Beispiele regionaler Kooperationsprojekte von Schule und Jugendhilfe

Um ein ganzheitliches, systemisches Fallverstehen und abgestimmte systemübergreifende Handlungskonzepte entwickeln zu können, muss in der Kooperation von Schule und Jugendhilfe eine tragfähige Vernetzung von Personen,
FunktionsträgerInnen und Institutionen aufgebaut werden. Diese sollte sich
für die alltäglichen Anforderungen und Probleme nützlich, für die Entwicklung
der Kinder hilfreich und in der Krise belastbar erweisen. Das heißt, neben dem
Aufbau einer funktionierenden Alltagspraxis im Zusammenwirken von Schule
und Jugendhilfe, müssen gesicherte Kommunikationswege und Verfahrens-
weisen für die besonderen Schwierigkeiten bzw. für Krisen und Grenzfälle in
und zwischen den Hilfesystemen entwickelt und erprobt werden.

**Beispiel 1: Zusammenarbeit mit der Martin-Luther-King Schule für
Erziehungshilfe im Rheinisch-Bergischen Kreis**

Ausgehend von den positiven Erfahrungen einer dreijährigen Zusammenarbeit mit der Martin-Luther-King Schule für Erziehungshilfe im Rheinisch-
Bergischen Kreis und auf der Grundlage der Qualitätsvereinbarungen mit der
Stadt Köln bzgl. sozialräumlicher Arbeiten im Rahmen ambulanter flexibler
Erziehungshilfen, hat 'Die Jugend- und Behindertenhilfe – Der Sommerberg'
in der Kooperation mit verschiedenen Schulformen in den zugeordneten Stadtbezirken Projekte für die Über-Mittag-Betreuung und den Umgang mit besonders schwierigen Schülern entwickelt.
'Der Sommerberg', in Trägerschaft der Arbeiterwohlfahrt, ist eine dezentrale
und differenzierte ambulante, teilstationäre und stationäre Einrichtung der
Jugend- und Behindertenhilfe für die Region Köln/Bonn.

Die Zielgruppen- und Bedarfsbeschreibung der Schulen wird im Folgenden
ebenso wie die Skizzierung methodischer Ansätze, pädagogischer Konzepte
und Leistungsbeschreibungen weitgehend aus den gemeinsamen Projektent-
würfen, Konzepten und Erfahrungsberichten zitiert.

»Von der Schule für Erziehungshilfe werden zunehmend SchülerInnen betreut, die auf dem Hintergrund negativ verlaufender familiärer und schuli-
scher Erfahrungen kaum in der Lage sind, den Schulalltag zu bewältigen.
Häufige Auffälligkeiten sind Schule schwänzen, totale Unterrichts- und Haus-
aufgabenverweigerung, aggressive Grenzverletzungen, Alkohol- und Drogen-

170

missbrauch, psychosomatische Erkrankungen, schwere Wahrnehmungsstörungen, Teilleistungsschwächen etc.«

Kurzbeschulung für ein bis zwei Vormittagsstunden in Kleinstgruppen oder Einzelunterricht in der Kombination mit den Angeboten anderer Hilfesysteme, wie Kinderpsychiatrische Tagesklinik, Hort, heilpädagogische Tagesgruppe usw. ist in »schwierigen« Fällen die gängige Praxis.

»Bei dieser Arbeitsteilung werden die betroffenen Kinder und Jugendlichen oft zwischen den einzelnen Institutionen hin- und hergeschoben und damit nicht selten Karrieren so genannter Problemfälle produziert. Diese Kinder/ Jugendlichen, die täglich unterschiedliche Erziehungseinrichtungen erleben und zum Beispiel in Elternhaus, Schule, Tagesgruppe oder Hort unterschiedliche Anforderungen und erzieherische Botschaften vernehmen, können keine verlässliche Orientierung für ihren Lebensalltag finden. Der Alltag von Kindern und Jugendlichen mit sonderpädagogischem Förderbedarf im Sinne der Schule für Erziehungshilfe darf nicht in konkurrierende Sozialisationsfelder zerfallen« (aus: Projektkonzeption mit der Martin-Luther-King Schule).

Der Lösungsansatz für gemeinsame pädagogische Konzepte von Schule und Jugendhilfe wird in diesem Kooperationsprojekt in einem integrativ vernetzten schul- und sozialpädagogischen Förder- und Betreuungsangebot gesehen, dass individuellen Lebens- und Problemlagen der Kinder und Jugendlichen in Schule und außerschulischem Alltag gerecht wird.

Beispiel 2: Kooperationsprojekt mit der Schule für Erziehungshilfe in der Berliner Straße in Köln-Mülheim

Das Kooperationsprojekt mit der Schule für Erziehungshilfe in der Berliner Straße in Köln-Mülheim verfolgt seit Herbst 2001 zwei Ansatzpunkte:

❶ Die Über-Mittag-Betreuung von acht Jungen im Alter von acht bis zwölf Jahren, die als noch bedingt gruppenfähig beschrieben werden und in der Lage sind, bis elf Uhr vormittags am Klassenunterricht teilzunehmen.

❷ Die intensive Einzelbetreuung/-beschulung für bis zu fünfzehn SchülerInnen, die mit den oben beschriebenen Auffälligkeiten, die zu den »besonders Schwierigen« zählen.

Nach Vorgesprächen und Projektskizzierung auf der Leitungsebene von Schule, Jugendamt und Jugendhilfeeinrichtung wurde unter Berücksichtigung da-

tenschutzrechtlicher Aspekte in einem ersten Schritt ein Abgleich vorgenommen, inwieweit den von der Schule als schwierig identifizierten SchülerInnen
und deren Familien erzieherische Hilfen durch das Jugendamt gewährt wird.
Das sich hier bis auf vier Einzelfälle eine hohe Übereinstimmung ergab, verwundert weniger als die Tatsache, dass nur in knapp der Hälfte der Fälle ein
Austausch oder gar eine Abstimmung mit dem jeweils anderen Hilfesystem
bekannt war.

Die Transparenz herzustellen zwischen und über die Beteiligten war und ist in
der Vorbereitungsphase des Projektes wichtiger noch als die zeitraubende
Beantragung von Landesfördermitteln, der Klärung der Raum- und Verpflegungsfrage, der Personalauswahl usw..

Im Januar 2002 ist die Über-Mittag-Betreuung in den Räumen der Schule an
zwei Tagen von elf bis vierzehn Uhr angelaufen. Ab Mitte Februar wird auf
drei Tage bis fünfzehn Uhr erweitert. Zwei Pädagogen bieten nach Anmeldung
durch die Eltern den Kindern für diese Zeit eine verbindliche und verlässliche
Betreuung mit Mittagessen, Hausaufgabenhilfe, Förder- und Freizeitangeboten. Die Abstimmung sozial- und sonderpädagogischer Förder- und Betreuungsplanung findet zunehmend Raum im gemeinsamen Team von Sozial- und
Sonderpädagogen, die Gesprächsbereitschaft steigt und erste Entlastungen
werden spürbar.

**Beispiel 3: Intensive Einzelbetreuung in der Schule für Lernbehinderte in
Köln-Porz**

Anfang 2001 wurde der 'Sommerberg' angefragt, die intensive Einzelbetreuung von drei jüngeren Schülern der Schule für Lernbehinderte in Köln-Porz zu
übernehmen. Seitens der Schule stand zu diesem Zeitpunkt die Forderung im
Raum, die betreffenden Schüler in stationäre Einrichtungen der Jugendhilfe
mit integrierter Schule für Erziehungshilfe unterzubringen. Anträge der Eltern
auf Hilfen zur Erziehung lagen ebenfalls vor. Die Schwierigkeiten im Umgang
mit den Schülern wurde wie folgt beschrieben:

»**Andy** war, bevor er mit elf Jahren in die fünfte Klasse der Sonderschule für Lernbehinderte
in Köln-Porz kam viele Jahre im Heim, in der Kinder- und Jugendpsychiatrie, wieder im
Heim, wieder in der Psychiatrie. Bis seine Mutter in Köln-Porz sich bereit erklärte, ihren Sohn
wieder aufzunehmen. Andy hatte zuvor kaum eine Schule besucht, zuletzt eine Sonderschule,

172

aber nur selten. Andy kam in unsere Schule tagtäglich voller Aggressionen. Ein Pulverfass, das bei kleinster auch vermeidlicher Kleinigkeit explodierte. Dann war niemand, auch keine Lehrerin, kein Lehrer, nicht der Schulleiter sicher vor ihm, wenn er mit Klobürsten, mit dem Besen auf jeden einschlug, mit Sachen nach Personen schmiss usw.«

»Ohne vorhersehbare Anzeichen stand **Ralph**, neun Jahre, Klasse drei der Finkenberg-Schule auf und zerriss die Arbeiten der Mitschülerinnen, stach mit dem Bleistift auf diese ein, zerbrach deren Stifte, Füller, schmiss mit Trommeln und Xylophonen nach ihnen, riss Regale um, kratzte die Klassenlehrerin, den Schuleiter, die ihn festhielten, um andere Kinder zu schützen. Ralf war in dieser Situation nicht ansprechbar. Ralf konnte wohl nicht ertragen, dass andere etwas besser machten und das war fast täglich. Ralf nimmt regelmäßig Retalin. Er wurde immer häufiger und immer länger vom Unterricht ausgeschlossen, weil die Gefährdungen der Mitschüler durch ihn zu groß wurden. Mit der Mutter wurden Therapien für ihren Sohn verabredet, Untersuchungen in der Tagesklinik und in der Kinder- und Jugendpsychiatrie der Uni-Klinik. Beide Kliniken stellten Behandlungsbedarf fest, vertrösteten jedoch auf Aufnahme in drei bis sechs Monaten. Auf Initiative der Mutter gab es dann kurzfristig eine Aufnahme in der Kinder- und Jugendpsychiatrie Bonn. Nach kurzer Zeit wurde die Behandlung in der dortigen Tagesklinik fortgesetzt. Ralf besuchte dort auch die Krankenhausschule. Tagesklinik und Krankenhausschule bestätigten die Symptome, die in der Sonderschule für Lernbehinderte zum Schulausschluss führten.«

»**Stefan**, zwölf Jahre alt, Klasse sechs. Seine Mutter geht um sieben Uhr aus dem Haus zur Arbeit und kommt spät am Nachmittag zurück. Stefan ist Schlüsselkind. So gestaltet er seine Tage selbst, kam zur Schule, wann er es wollte und dann wollte er nur spielen oder malen. Alle Bemühungen der Klassenlehrerin, von Mitschülern und des Schulleiters hatten zur Folge, dass Stefan verstummte und mit gesenktem Kopf regungs- und reaktions- und sprachlos verharrte. Nur manchmal gegen Mitschülerinnen aggressiv reagierte. Dieses Verhalten konnte seit der Grundschulzeit auch durch verschiedene Behandlungen und Therapien nicht beeinflusst werden.«

Nach zwei Vorgesprächen auf der Leitungsebene von Jugendamt, Schule und Einrichtungen, wurde mit den Beteiligten, Sonder- und SozialpädagogInnen in Fachgesprächen und im nächsten Schritt in den Hilfeplanungen mit den MitarbeiterInnen im Allgemeinen Sozialen Dienst, den Eltern und den Kindern individuelle Stufenprogramme entwickelt und verabredet mit dem Ziel der Reintegration der Kinder in Unterricht und Klassengemeinschaft.
Die ineinandergreifende Erziehungs- und Betreuungsplanung von Sozial- und Sonderpädagogen setzte an bei der Entlastung der Kinder von Überforderung, Misserfolgs- und Frustrationserlebnissen, dem verlässlichen Einzelkontakt zu emotional zugewandten Bezugspersonen und dem sukzessiven Aufbau ver-

bindlicher Tagesrhythmen im Wechsel von Interessen- und lustbetonten Freizeitaktivitäten und steigenden schulischen Minimalanforderungen.

Um die Hemmschwelle der zum Teil extremen Schulaversion der Kinder zu umgehen, wurden die anfänglichen Aktivitäten in einen Raum der Tagesgruppe des 'Sommerbergs' und in für die Kinder bekannte Freizeiträume, wie Schwimmbad, elterliche Wohnung, Rhein-Ufer etc. verlegt. Nach einer ersten Stabilisierung wurde der Einzelunterricht in der Schule fortgesetzt. Der sozialpädagogische Einzelbetreuer war in der Pause bei der Bearbeitung von kleinen Schulaufgaben und später stundenweise im Klassenunterricht mit dabei.

Nach ca. sechs Monaten Fortführung des sozial- und sonderpädagogischen Stufenprogramms kommt »**Ralf** regelmäßig und gern zur Schule, lernt oft nur das, wozu er gerade Lust hat, aber er hält meistens vier Stunden täglichen Unterricht durch. Zwei Stunden mit Unterstützung der Lehrerin für Sonderunterricht und zwei Stunden mit besonderer Aufmerksamkeit und Zuwendung der Klassenlehrerin. Oftmals noch als Balanceakt, manchmal auch mit Konflikten wie früher und trotzdem das allein das wieder möglich wurde hätte niemand prognostiziert. ...

Auch **Andy** kommt regelmäßig und gern zur Schule. Er hat im Einzelunterricht vor allem mit Hilfe des PCs so viel gelernt, das er gut im Unterricht der Klasse sechs mitkommt. Andy war wohl nur aufgrund der umfangreichen Lernrückstände wegen des geringen Schulbesuchs als lernbehindert bewertet worden. Er zeigt immer mehr ein normal-intelligentes Verhalten, ist ansprechbar geworden, einsichtig, versteht Reaktionen der Mitschülerinnen und ist – unvorstellbar vor sechs Monaten – diszipliniert. Kann Provokationen aushalten und einordnen. Hält sich an Regeln und Absprachen. Nur noch selten rastet er aus, nur noch selten muss er die Schule vor Unterrichtsschluss verlassen. Andy soll in absehbarer Zeit aufgrund seiner normalen Intelligenz zur Schule für Erziehungshilfe wechseln.«

Der Schulwechsel führte bei Andy zur einem Rückfall in seine bekannten Verhaltensweisen.

»**Stefan** nimmt erst seit Schuljahresbeginn 2001/02 an dieser Maßnahme teil. Der Sonderunterricht erfolgte als Einzelunterricht in der Kombination mit der Einzelbetreuung unmittelbar in der Schule und war ebenfalls überraschend erfolgreich.«

Beispiel 4: Geländeprojekt am 'Sommerberg'

Jugendliche mit zum Teil gravierender Schulabstinenz im Rahmen ambulanter und stationärer Jugendhilfemaßnahmen wieder an schulisches bzw. an berufliches Lernen heranzuführen, ist die Zielsetzung des Geländeprojektes am 'Sommerberg'.

Diese Jugendlichen zeichnen sich neben dem Versagen und Verwahrlosung in anderen Sozialisationsfeldern durch Verunsicherung und Frustration gegenüber Leistungsanforderungen und Autoritätsansprüchen erwachsener Bezugspersonen aus, insbesondere im institutionellen Rahmen von Schule. Sie haben erfolgreich gelernt, sich diesen Ansprüchen und Anforderungen gegenüber auffällig zu verhalten, sich zu verweigern und zunehmend zu entziehen. Sie haben zumeist mehrere Schuljahre wiederholen müssen, sind älter als ihre MitschülerInnen und kaum durch schulische Lerninhalte zu motivieren. Der Versuch, diese Jugendlichen durch fördernde und fordernde erzieherische Hilfen in die Schule zu reintegrieren führt nicht selten zu einer weiteren Eskalation ihrer bekannten Auffälligkeiten und letztlich zum Abbruch von Maßnahmen.

In Kooperation mit der Martin-Luther-King Schule für Erziehungshilfe im Rheinisch-Bergischen-Kreis und der St. Ansgar Schule für Erziehungshilfe in Hennef im Rhein-Sieg-Kreis hat der 'Sommerberg' auf seinem Gelände in Rösrath ein Projekt initiiert, in dem außerschulisches Lernen mit arbeitspädagogischen und berufsvorbereitenden Maßnahmen verknüpft wird. Im Bereich der Garten/ Landschaftspflege und Haustechnik bieten sich vielfältige, für die Jugendlichen weniger negativ und angstbesetzte Räume, Lernorte und Lerngelegenheiten.

Ausgehend von einer Kompetenz- und Motivationsanalyse der Jugendlichen setzt das handlungs- und ressourcenorientierte Vorgehen im Projekt an den Interessen, Fähigkeiten und Bewältigungsmechanismen der Jugendlichen an, um von einem gestärkten Ausgangspunkt sich der schwierigen Aufgabe zustellen, Schwächen und Defizite auszugleichen.

Das kann zum Beispiel bedeuten, den Bewegungs- und Erlebnisdrang von Jugendlichen aufzunehmen und in »Draußen-Aktivitäten« (z.B. Bäume fällen, Lagerfeuer machen oder Klettern im Seilgarten) eigene Möglichkeiten und Grenzen für sie erfahrbar zu machen. Sportliche Aktivitäten wie Fußball, Rad- oder Kanufahren wechseln sich mit alltäglichen Anforderungen, wie Müll einsammeln, Laub fegen, PKW oder Kleinbusse warten, Dachrinnen reinigen oder ein Zimmer im Haus renovieren, ab. Maschinenkunde, Sicherheitsunterweisungen bezüglich Unfallschutz, Wochenberichte schreiben, Flächen- oder

Verbrauchsberechnungen für Tapeten oder Sand, Tier- oder Pflanzenkunde im Wald, werden in die alltäglichen Lerngelegenheiten eingeplant und so mit schulischen Inhalten gefüllt.

Im Erleben der Jugendlichen soll Lernen also entschult werden. Lernen soll Spaß machen, Motivation zu mehr aufbauen, Versagensängste abbauen und Zutrauen zu sich selbst aufbauen. Die neue Tagesstruktur wird für die Jugendlichen zunehmend verbindlich, ihre Ausdauer und Konzentration gefördert. Im nächsten Schritt werden in Abstimmung mit den Schulen einzelne Unterrichtstage in den Werkstattklassen oder Praktika in umliegenden Betrieben vereinbart.

Das skizzierte Projekt befindet sich seit Sommer 2001 im Aufbau. Von den fünf Jugendlichen, die bisher über mehrere Monate teilgenommen haben, besuchen zurzeit wieder zwei recht regelmäßig den Unterricht in der Sekundarstufe II der St. Ansgar Schule. Eine Jugendliche konnte in eine berufvorbereitende Maßnahme vermittelt werden.

Ausblick

Erste offizielle Reaktionen auf die PISA-Studie zielen weniger auf die flächendeckende Förderung von Ganztagsschulen bzw. Kooperationsmodellen sondern lassen eher einen steigenden Leistungs- und Selektionsdruck auf SchülerInnen und Schulen erwarten. Ebenso wenig gibt die finanzielle Misere in den kommunalen Kassen und die angekündigten Kürzungen im Jugendhilfebereich Anlass zur Hoffnung.

Wenn's schwierig wird haben wir keine andere Alternative als die, zusammen zu arbeiten. Mit der Zielsetzung präventive und sozialraumorientierte Jugendhilfeangebote unmittelbar im schulischen Kontext für SchülerInnen nutzbar zu machen, verbindet sich die Erwartung, dass die bisher praktizierten Überweisungen in andere Hilfesysteme verhindert werden und die dafür aufgewendeten Mittel zur Verfügung stehen.

In regionalen Qualitätsentwicklungsvereinbarungen sollte die gesetzliche Verpflichtung zur Kooperation von Schule und Jugendhilfe festgeschrieben und die einseitige Entpflichtung vom Erziehungsauftrag ausgeschlossen werden. Der Schulter- und Lückenschluss von Schule und Jugendhilfe in sozialraumorientierten Projekten hilft weitere Ausgrenzung von Kindern und Jugendlichen zu vermeiden und Lösungsschritte für Schwierigkeiten zu entwickeln.

Die MitarbeiterInnen des 'Sommerbergs' bedanken sich hier ausdrücklich für die konstruktive Zusammenarbeit, die kritischen Anregungen und die konzeptionellen Beiträge bei allen Projektbeteiligten, insbesondere bei Herrn Dieter Lausus, Rektor der Martin-Luther-King Schule für Erziehungshilfe im Rheinisch-Bergischen-Kreis, bei Herrn Dettmar, Rektor der Lernbehindertenschule Finkenberg in Köln-Porz, bei Frau Rikhoff, stellvertretende Rektorin der E-Schule Berliner Str. in Köln-Mülheim sowie Herrn Wegener und Herrn Diehl, Rektoren der St.-Ansgar Schule für Erziehungshilfe in Hennef/ Sieg.

■ Bernd Reuther, Nellie van Asten-Klütsch

Kooperation von Jugendhilfe und Polizei im Umgang mit strafunmündigen Serien- und Intensivtätern[1] in Köln

1. Entwicklung der Jugendkriminalität

Jugendkriminalität ist kein Phänomen der letzten Jahre, vor allem ist nicht – wie vielfach in den Medien suggeriert – von einem besorgniserregenden Anstieg auszugehen. Nach leichten Steigerungen der absoluten Tatverdächtigenzahlen war insbesondere für das Jahr 1999 ein leichter Rückgang der Zahlen festzustellen.

Besorgnis erregend ist allerdings ein Qualitätswandel bei den Delikten. Im Bereich der Gewaltkriminalität war in den letzten Jahren in Köln wie in anderen Städten in Nordrhein-Westfalen – bei allerdings auch hier kleinen absoluten Zahlen – ein Zuwachs von Kindern und Jugendlichen bei den Tatverdächtigen festzustellen:

Entwicklung der Gesamt- und Gewaltkriminalität der Tatverdächtigen unter 20 Jahre in Köln:[2]

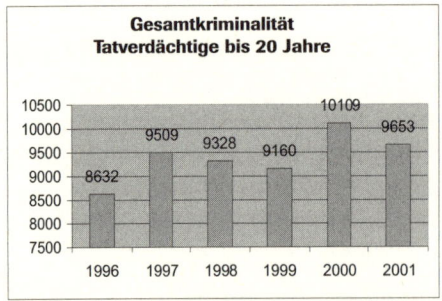

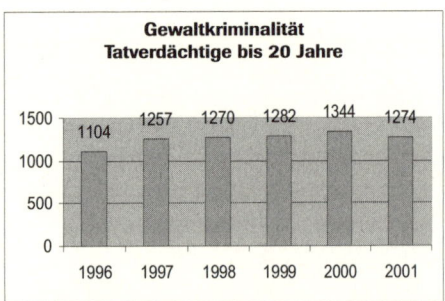

Trotzdem bewegt sich Jugenddelinquenz weiterhin überwiegend im Bereich der leichten und mittleren Kriminalität und beim überwiegenden Teil der Tatverdächtigen handelt es sich offensichtlich weiterhin um eine Episode in ihrer persönlichen Entwicklung.

Etwa fünf Prozent der Kinder und Jugendlichen unter den ermittelten Tatverdächtigen sind jedoch als Intensivtäter zu bewerten: Sie begehen ca. 45 Prozent der Straftaten in dieser Altersstruktur.

2. Das Dilemma unterschiedlicher Organisationsstrukturen: Serien- und Intensivtäter wurden zu spät bekannt

Der Auftrag der Polizei Köln ergibt sich aus dem Polizeigesetz Nordrhein-Westfalens und aus der Strafprozessordnung. Während im Polizeigesetz die Gefahrenabwehr und damit auch Prävention im Vordergrund steht, ergibt sich aus der Strafprozessordnung der Strafverfolgungszwang. Für die Bearbeitung von Jugendsachen wurden für die Polizei bundesweit durch die Polizeidienstvorschrift 382 (PDV 382) einheitliche Standards gesetzt. In der PDV wird deutlich gemacht, dass auch aus Sicht der Polizei Erziehung vor Strafe zu setzen ist. Aus diesen – teilweise konträr erscheinenden – Aufgaben definiert sich die Rolle der Polizei im Umgang mit jungen Menschen (nicht nur mit denen, die mit dem Gesetz in Konflikt kommen).

In der Zusammenarbeit mit der Jugendhilfe kann es hier zu Konflikten kommen, wenn die Möglichkeiten und Grenzen der Zusammenarbeit nicht für alle Beteiligten eindeutig definiert und bekannt sind.

Aufgrund unterschiedlicher Organisationsstrukturen der beiden Systeme war die prinzipiell angestrebte Kooperation zwischen der Jugendhilfe und der Polizei auch in Köln in der Vergangenheit nicht immer unkompliziert zu realisieren.

Das Jugendamt Köln ist in seinen wesentlichen Funktionen dezentral organisiert, d.h. eine Hilfe wird durch den jeweiligen Allgemeinen Sozialen Dienst am Wohnort des Kindes oder des Jugendlichen angeboten.

Die Polizei bearbeitete ihre Ermittlungsverfahren demgegenüber nach dem Tatortprinzip, d.h. zuständig war die Polizeidienststelle, in deren Bereich sich die Straftat ereignete. Insbesondere bei Kindern und Jugendlichen, die vielfach und in verschiedenen Stadtteilen in Erscheinung traten, wurde so eine Informationszusammenführung erheblich erschwert, wenn nicht sogar ausgeschlossen. Hinzu kam, dass nicht in jedem Fall fortgebildete polizeiliche JugendsachbearbeiterInnen eingesetzt wurden und keine personelle Kontinuität in der Sachbearbeitung sichergestellt werden konnte.

Jugendkriminalität ist vielfach Massenkriminalität, mit den entsprechenden Auswirkungen auf die Qualität der polizeilichen Sachbearbeitung. Die SachbearbeiterInnen in allgemeinen Kommissariaten bearbeiten eine Vielzahl von Delikten und sind gezwungen, Bearbeitungsschwerpunkte zu setzen. Neben der Qualitätsminderung der Sachbearbeitung ergeben sich hier auch Verzögerungen und ein längerer Zeitlauf.

In der Regel informiert die Polizei das Jugendamt bzw. die Jugendgerichtshilfe nach Abschluss der polizeiliche Ermittlungen.
Durch die zeitverzögernde Mitteilungen über Intensivtäter seitens der Polizei und durch die vielfältige Aufgabenstellung des Allgemeinen Sozialen Dienstes, konnten Informationen jedoch oftmals nicht zeitnah weitergegeben, ausgewertet und bearbeitet werden. Auch andere Institutionen, die am Hilfefall beteiligt waren, wie Schule, freie Träger der Jugendhilfe, Offene Türen etc. sind zu spät über die negative Entwicklung eines Kindes/ Jugendlichen informiert worden.

Bei besonders 'problematischen' Kindern und Jugendlichen, die massiv strafrechtlich in Erscheinung getreten sind, ist es in der Vergangenheit aufgrund der skizzierten Probleme erst durch intensive Bemühungen einzelner Personen zu einer koordinierten Zusammenarbeit zwischen der Polizei und der Jugendhilfe gekommen.

3. Das 'neue' Kölner Kooperationsmodell für die Zielgruppe der strafunmündigen Serien- und Intensivtäter (seit 1999)

Damit Jugendhilfe und Polizei besser miteinander kooperieren, Intensivtäter früher erkannt und entsprechende pädagogische Maßnahmen eingeleitet werden können, wurde 1999 bei der Polizei und der Zentrale des Jugendamtes jeweils eine Umstrukturierung vorgenommen. Es wurde ein Kooperationsmodell für die Zielgruppe der strafunmündigen Serien- und Intensivtäter entwickelt, das im Folgenden in Form einer Gegenüberstellung paralleler Entwicklungen vorgestellt wird:

Zentrale des Jugendamtes der Stadt Köln

Einrichtung einer Koordinationsstelle für *strafunmündige* Serien- und Intensivtäter:

Im Sommer 1998 wurde die Stadtverwaltung Köln aus aktuellem Anlass mit dem Problem der strafunmündigen Serien- und Intensivtäter konfrontiert.

Das massive strafrechtliche Auftreten eines jungen Straftäters (13 Jahre alt; 41 Straftaten in wenigen Wochen) und die Berichterstattung der überregionalen Presse, brachten die Kölner Stadtverwaltung, das Jugendamt, Schulamt und die Polizei dazu, ein abgestimmtes Konzept zum Umgang mit strafunmündigen Intensivtätern zu entwickeln.

In diesem Kontext wurde auch die Koordinationsstelle für strafunmündige Serien- und Intensivtäter im zentralen Jugendamt eingerichtet:

● Die Koordinationsstelle ist eingebunden in die Abteilung 'Pädagogische und Soziale Dienste'. Schwerpunkt dieser Abteilung sind Steuerung der Jugendhilfeleistungen, Entwicklung, Ausbau, Koordinierung und Qualifizierung der ambulanten Hilfen zur Erziehung.

● Neben der Koordinationsstelle ist die Arbeitsgruppe noch für den Aufgabenbereich Beratung und Abklärung bei ortsfremden Kinder und Jugendlichen, sowie Clearing bei ortsfremden Inobhutnahmen zuständig.

Polizei Köln

Neuordnung der Jugendsachbearbeitung für das Polizeipräsidium Köln:

1999 wurde die Jugendsachbearbeitung neu geregelt:

● Für die Koordinierung der Aktivitäten wurde eine zentrale Stelle »Beauftragte/-r für Jugendsachen« in der Leitungsebene der Polizei geschaffen. Die Beauftragte für Jugendsachen (zurzeit handelt es sich um eine Frau) ist zugleich »Jugendschutzbeauftragte«.

● Für Kinder und Jugendliche gilt das Wohnortprinzip, d.h. das Ermittlungsverfahren wird grundsätzlich von der Polizeidienststelle bearbeitet, in deren räumlichen Zuständigkeitsbereich der Betroffene wohnt.

● In den Kommissariaten (Kriminalkommissariate und Verkehrskommissariate) werden grundsätzlich JugendsachbearbeiterInnen mit den Ermittlungsverfahren betraut. Mindesten zwei SachbearbeiterInnen jedes Kommissariates wurden in Seminaren fortgebildet. An der Fortbildung waren u.a. Jugendamt, Jugendgerichtshilfe, Freie Träger, Staatsanwaltschaft und Jugendrichter beteiligt.

● Jugendamtsberichte der Polizei werden PC-gestützt erstellt, zentral erfasst, ausgewertet und dem Jugendamt zeitnah zugesandt.

● Die Bearbeitung von Ermittlungsverfahren zu Kindern und Jugendlichen, die als Intensivtäter(innen) in Erscheinung treten, wird von dem zentral eingerichteten Jugendkommissariat[3] K 63 übernommen.

● Alle MitarbeiterInnen des Kommissariates sind fortgebildete JugendsachbearbeiterInnen .

Personeller Ansatz der Koordinationsstelle in der Zentrale des Jugendamtes:

Die Arbeitsgruppe umfasst:
● 1 Stadtassistentenanwärterstelle
● 1,75 SozialarbeiterInnen-/ SozialpädagogInnenstelle

Leitung: Eine Sozialarbeiterin mit Zusatzausbildung in Gesprächsführung und Berufserfahrung im Bereich Betreuung von schwierigen Hilfefällen.

Begleitet wird die Arbeit von externer Supervision und Kollegialer Beratung.

Personeller Ansatz des K 63:

Das Kommissariat wurde in der Stärke von 1:7 Beamtinnen/Beamten eingerichtet.

Mit der Leitung ist zurzeit ein Beamter im gehobenen Dienst beauftragt.
Die Stellen wurden ausgeschrieben, die BewerberInnen mussten sich einem Auswahlverfahren stellen. Hierbei wurde insbesondere Wert gelegt auf:
● Freiwilligkeit / Motivation
● Erfahrungen in der kriminal-polizeilichen Sachbearbeitung
● Erfahrungen in der Jugendsachbearbeitung

Ziele der Koordinationsstelle beim JA:

Die Zielsetzung der eingerichteten Koordinationsstelle ist: schneller, adäquater und zielgerichteter mit der Problematik von delinquenten Kindern umzugehen, pädagogische Handlungsstrategien zu entwickeln und diese innerhalb des Jugendhilfeangebotes umzusetzen.

Des Weiteren wurde eine Datenbank entwickelt um einen gesamtstädtischen Überblick der strafunmündige Serien- und Intensivtäter zu erhalten.

Ziele des K 63:

Die Zielsetzung des K 63 liegt in dem »möglichst frühzeitigen« Erkennen einer »Intensivtäterkarriere« eines Kindes/ Jugendlichen oder in der Verhinderung bzw. schnellen Beendigung der »Intensivtäterkarriere« von Kindern und Jugendlichen.

Zuständigkeit der Koordinationsstelle:

Sobald die Mitteilung über die endgültige Aufnahme des Kindes in der K 63 schriftlich vorliegt, geht die Koordinationsstelle ihrem Auftrag nach.

Der Allgemeine Soziale Dienst bleibt immer federführend, die Koordinationsstelle unterstützt die Arbeit des ASD.

Die Koordinationsstelle ist **ausschließlich bei Kindern – strafunmündigen Minderjährigen** – zuständig.

Bei Jugendlichen wird die erforderliche Koordination durch die Jugendgerichtshilfe geleistet.

Zuständigkeiten des K 63:

Die Zuständigkeit des K 63 kann vorliegen, wenn es sich bei den betreffenden Kindern und Jugendlichen um

- **Intensivtäter** handelt, d.h. Tatverdächtige, die aktiv handelnd mit mehr als zehn Straftaten, darunter eine Gewalttat, innerhalb von zwölf Monaten in Erscheinung getreten sind.
- **Gewalttäter** handelt, d.h. Tatverdächtige, die aktiv handelnd mit mehr als zwei Gewaltdelikten innerhalb von zwölf Monaten in Erscheinung sind, oder in
- **Einzelfällen** bei Besonderheiten durch die Schwere der Tat, die Persönlichkeitsstruktur des Täters, bei besonderen Gruppenstrukturen oder Bedeutung der Tat in der Öffentlichkeit.

Hauptkriterium ist die Entwicklungsprognose im Einzelfall nach Bewertung **aller** Informationen.
Die entgültige Übernahmen in die Zuständigkeit des K 63 erfolgen nur nach Absprache mit dem zentralen Jugendamt/ der Jugendgerichtshilfe nach einem vereinbarten Kommunikationsweg.

Maßnahmen bzw. Arbeitsschritte der Koordinationsstelle im Zentralen JA:

Arbeitsschritte/ Vorgehen:
- Die Koordinationsstelle informiert den zuständigen Allgemeinen Sozialen Dienst darüber, dass die K 63 die Fallbearbeitung übernommen hat.
- Die Daten werden in die Datenbank eingegeben. Die Datenbank beinhaltet Daten hinsichtlich Person, Alter, Wohnort,

Maßnahmen des K 63:

Arbeitsschritte bzw. -schwerpunkte:
- Kontinuierliche Analyse der »Kinder- und Jugendkriminalität« in Zusammenarbeit mit anderen Stellen
- Durchführung täterorientierter Ermittlungen mit festen Sachbearbeitungszuständigkeiten (Personenkontinuität!!)

Schulform, ASD-Zuständigkeit, bisherige Jugendhilfemaßnahmen. Später erfolgen Ergänzungen bezüglich sozialem Umfeld, Mittäter oder Opfer.

- Es findet kurzfristig ein gemeinsames Gespräch mit dem Allgemeinen Sozialen Dienst, dem/der SachbearbeiterIn der Polizei, event. einer/einem BetreuerIn des Kindes, so wie einer/einem MitarbeiterIn der Koordinationsstelle statt.
- Nach Berücksichtigung der vorangegangen Hilfen, wird gemeinsam nach einer adäquaten Jugendhilfemaßnahme gesucht.
- Es erfolgt einen regelmäßigen, bei Bedarf täglicher Informationsaustausch zwischen den beteiligten Institutionen.
- Die Polizei wird über veränderte Jugendhilfeleistungen informiert.
- Wenn die Entwicklung des Hilfefalles es erforderlich macht, richtet die Koordinationsstelle zur Begleitung einer Krisenintervention eine Rufbereitschaft ein.

nach kriminalistischen Grundsätzen bei Anlegung eines hohe Qualitätsstandards
- Ermittlung gegen Mittäter, 'Anstifter' und sonst. Beteiligte – auch gegen Erwachsene
- Ursachenerforschung und Umfeldermittlungen
- Ermittlungen gegen Erziehungsberechtigte bei Verletzung der Fürsorge- und Erziehungspflicht
- Enge Zusammenarbeit mit allen anderen beteiligten Behörden, Institutionen oder freien Trägern
- Mitwirkung in themenbezogenen Arbeitskreisen.

Der Auftrag der Polizei aus der Strafprozessordnung bzw. aus dem Polizeigesetz ist verbindlich.

Das K 63 versucht darüber hinaus durch eine enge Zusammenarbeit mit Allen »rund um den Klienten« die Jugendhilfe zu fördern und Hilfemaßnahmen im Rahmen der Möglichkeiten zu unterstützen.

Die Rolle des K 63 ist dabei deutlich definiert und die MitarbeiterInnen handeln im Bewusstsein, dass sie keine PädagogInnen oder SozialarbeiterInnen sind.

Seit Bestehen der Koordinationsstelle für **strafunmündige** Serien- und Intensivtäter wurden sechs Hilfefälle koordiniert und fachlich begleitet.

Das K63 hat neben den sechs strafunmündigen Serien- und Intensivtätern in dieser Zeit die Zuständigkeit hinsichtlich 36 **strafmündiger** Serien- und Intensivtäter übernommen und in über 3.000 Einzelstraftaten ermittelt. Da das K63 keine Trennung vornimmt, d.h. es wird auch gegen Mittäter, Anstifter oder sonstige Verantwortliche durch das Kommissariat 63 ermittelt, wurde insgesamt gegen über 400 Personen ermittelt.

Aufgrund der bisherigen Erfahrung in der gemeinsamen Arbeit können folgende Feststellungen gemacht werden:

- Die strukturelle Veränderung innerhalb der Institutionen Jugendamt und Polizei hat sich bewährt.
- Die Anzeichen für eine Entwicklung von Kindern und Jugendlichen zu Serien- und Intensivtätern werden schneller erkannt.
- Die Zusammenarbeit der am Hilfefall beteiligten Institutionen hat sich erheblich verbessert.
- Der Informationsweitergabe bezüglich des Hilfefalles ist optimiert worden.
- Die anfängliche Einschätzung, dass es sich in Köln um eine Vielzahl (zwanzig bis dreißig) strafunmündiger Serien- und Intensivtäter handelt, hat sich nicht bestätigt.
- Trotz der wenigen Hilfefälle hinsichtlich der Strafunmündigen muss festgestellt werden, dass gerade hier jeder Einzelfall für sich aufgrund seiner individuellen Problematik äußerst arbeitsintensiv ist. Die normale Alltagsorganisation bei beiden Institutionen würde hier schnell an ihre Grenzen stoßen.
- Festgestellt werden musste ebenfalls, dass auch mit intensivstem Einsatz von Jugendhilfemaßnahmen nicht verhindert werden konnte, dass ein Jugendlicher kurz nach Eintreten des vierzehnten Lebensjahres inhaftiert wurde. Ein anderer Jugendlicher kann kaum mehr durch pädagogische Maßnahmen erreicht werden. Hier stehen die tägliche Krisenintervention en und die Suche nach kurzfristigen und temporären Lösungen im Vordergrund.
- Die Rückmeldung der Kollegen und Kolleginnen aus dem Allgemeinen Sozialen Dienst hinsichtlich der Zusammenarbeit und Unterstützung in der Fallbearbeitung ist positiv.
- Die Serien- und Intensivtäter registrieren mittlerweile die enge Informationsweitergabe der Straftatvorwürfe von der Polizei an das Jugendamt.
- Alle vorangestellten Erfahrungswerte sind auf die Zusammenarbeit von K63 mit der Jugendgerichtshilfe eindeutig übertragbar.

Anmerkungen

1 Strafunmündige Serien- und Intensivtäter sind auch in Köln vor allem Jungen und junge Männer, die Anzahl der Mädchen/ jungen Frauen ist gering. Aus diesem Grund wurde in diesem Kontext auf eine Schreibweise, die beiden Geschlechter berücksichtigt, verzichtet.

2 Quelle: PKS aufbereitet durch GS 23/ PP Köln. Die Tatverdächtigenzahlen für andere Städte in NRW können in der Tabelle 102 der PKS für NRW entnommen werden.

3 1999 bis Ende 2001 zunächst als Probelauf in Form der »Ermittlungsgruppe präventivorientierte Ermittlungen Kinder- und Jugendkriminalität (EG 63)«.

■ Hans Peter Möller

Die Vermittlungsstelle für Grenzfälle zwischen Jugendhilfe und Kinder- und Jugendpsychiatrie beim Landschaftsverband Rheinland – ein Versuch, Kooperation zu fördern

Im Rahmen des Forschungs- und Modellprojektes »Was tun mit den 'besonders Schwierigen' ...?« gab es nur sehr wenige Kontakte mit FachkollegInnen aus der Kinder- und Jugendpsychiatrie im Rahmen der Fallkonsultationen, obwohl die Begegnungen der Kinder und Jugendlichen mit der Psychiatrie, um die es in den Fallanalysen ging, zahlreich und vielfältig waren. Dies weist darauf hin, dass sich die Zusammenarbeit zwischen der Jugendhilfe und der Kinder- und Jugendpsychiatrie im Projektverlauf eher als ein 'schwieriges Kooperationsprojekt' dargestellt hat. Das Verhältnis beider Systeme ist häufig von wechselseitigen Zuschreibungen und Bewertungen geprägt, obwohl es den Anspruch der Kooperation grundsätzlich gibt und die Notwendigkeit dazu auf beiden Seiten gesehen wird. Institutionelle Logiken, Selbstverständnisse, Aufträge und Aufgaben der beiden Institutionen scheinen jedoch so unterschiedlich zu sein, dass in der Erprobung und Etablierung tragfähiger Kooperationsmodelle noch eine wesentliche Entwicklungsaufgabe liegt (vgl. Darius, Sonja/ Hellwig, Ingolf/ Schrapper, Christian: Krisenintervention und Kooperation als Aufgabe von Jugendhilfe und Jugendpsychiatrie in Rheinland Pfalz. Koblenz 2001).

Geleitet von der Annahme, dass eine gelungene Kooperation zwischen Jugendhilfe und Jugendpsychiatrie eine wesentliche Voraussetzung für die Gestaltung effizienter Hilfeprozesse ist, haben wir einen Fachkollegen im Landesjugendamt Rheinland für den nachfolgenden Beitrag angefragt. Hans Peter Möller versucht im Rahmen seines Arbeitsschwerpunktes die benannte Aufgabe einzulösen und die Kooperation zwischen den Systemen zu fördern.

1999 etablierte sich ein gemeinsamer Arbeitskreis des Landesjugendamtes, des Gesundheitsdezernates und des Sozialdezernates im Landschaftsverband Rheinland, um Fragen der Kooperation zwischen Jugendhilfe und Kinder- und Jugendpsychiatrie zu beraten. Ziel war es, auf der Basis einer gemeinsamen Situationsanalyse Verbesserungsvorschläge zu erarbeiten und umzusetzen. Als Ergebnis der Beratungen wurde festgestellt:

186

Zwischen den Einrichtungen und Anbietern der Jugendhilfe und den kinder- und jugendpsychiatrischen Kliniken, bzw. Abteilungen und Ambulanzen im Rheinland existieren in dem Bemühen, die betroffenen Kinder und Jugendlichen bestmöglich zu versorgen, eine Vielzahl von in der Alltagsarbeit gewachsenen Kooperationsformen.

Allerdings muss die Zusammenarbeit weitgehend als situations- und einzelfallorientiert charakterisiert werden oder basiert wesentlich darauf, dass sich die Handelnden persönlich kennen.

Organisationsstrukturen, die ein Erfassen möglichst vieler potenzieller Kooperationspartner ermöglichen und die Kontinuierlichkeit der Kontakte gewährleisten, sind nur rudimentär vorhanden.

Systematische Absprachen über gemeinsame Ziele, die Form und den Inhalt der Zusammenarbeit (und deren Grenzen) sind zu selten, um dauerhafte Synergieeffekte entstehen zu lassen.

In Zuständigkeitsfragen gibt es offiziell (weil rechtlich eindeutig geregelt) kaum Dissens. Die Kinder und Jugendpsychiatrie ist immer – aber auch nur dann – zuständig, wenn es sich um eine akute psychische Erkrankung eines jungen Menschen handelt oder um bestimmte Notsituationen.

Es besteht zwischen den beiden Hilfesystemen auch Einigkeit darüber, dass eine stationäre Unterbringung in der Klinik aus vielen Gründen nicht länger dauern darf, als medizinisch unbedingt indiziert, weil eine psychiatrische Klinik – auch wenn sie konsequent kinderfreundlich konzipiert wäre – langfristig nicht der geeignete Lebensraum für Kinder und Jugendliche sein kann. Längerfristig einen attraktiven Lebensraum (und kompetente SozialisationspartnerInnen) anzubieten ist vielmehr zentrale Aufgabe der (stationären) Jugendhilfe.

In der alltäglichen Praxis gibt es jedoch einige Stolpersteine, die die angestrebte Kooperationen straucheln lassen.

Als Erklärung werden dafür der gegenseitige Informationsmangel und der unterschiedliche Rechtsrahmen ebenso bemüht wie betriebswirtschaftliche Argumente. Es werden ein unterschiedliches Problemverständnis und verschiedene 'Sprachen' postuliert und manchmal sorgt auch die wechselseitige Unterstellung, die »besonders Schwierigen« würden bevorzugt in das jeweils andere Versorgungssystem weitergeleitet, für Verstimmungen und Probleme in der Zusammenarbeit.

Diese Bestandsaufnahme führte zu der Idee, ein systematisch organisiertes »Rheinisches Kooperationsmodell für die Zusammenarbeit von Jugendhilfe und Kinder- und Jugendpsychiatrie« zu entwickeln, als erste Schritte durch die Implementierung von Regionalkonferenzen und *die Einrichtung* einer Vermittlungsstelle.

Regionalkonferenzen werden dabei als ein Mittel verstanden, in den Regionen (aus naheliegenden, pragmatischen Gründen identisch mit den Versorgungsgebieten der Kinder und Jugendpsychiatrien) allen bisherigen und potenziellen Kooperationspartnern situations- und einzelfallunabhängig ein Diskussions- und (als Vision) Planungsforum zu bieten, in dem regelmäßig Fragen des regionalen Bedarfs, der Zusammenarbeit, evtl. Konflikte und besondere Einzelfälle erörtert werden können. Auch – und nicht zuletzt – sollen sich die VerantwortungsträgerInnen als konkrete Personen kennenlernen.
Inzwischen wurde diese Vorstellung an verschiedenen Stellen im Rheinland aufgegriffen. Der Prozess zur Bildung von Regionalkonferenzen ist in den Regionen noch unterschiedlich weit fortgeschritten (bzw. im Planungsstadium) und jeweils regionstypisch ausgeprägt (Zusammensetzung der TeilnehmerInnen, Häufigkeit, Grad der Offenheit etc.). Meist wird die Form der Selbstorganisation bevorzugt, in einem Fall wurde die Moderation der Treffen durch das Landesjugendamt gewünscht.

Die Idee, eine *Vermittlungsstelle* an der Schnittstelle der beiden Versorgungssysteme anzusiedeln, entsprang der Erfahrung, dass einige wenige Kinder und Jugendliche mit ihrer komplexen Problematik sowohl die Jugendhilfe als auch die Kinder- und Jugendpsychiatrie (oder beide zeitgleich) subjektiv an den Rand ihrer Möglichkeiten bringen können.
Die Vermittlungsstelle versteht sich in diesen Fällen als ein Kriseninstrumentarium, das durch gebündelte fachliche Kompetenz und der aus der Zusammensetzung resultierenden Neutralität neue Ideen und Lösungsansätze entwickeln und anbieten kann. Ziel ist also die Vermittlung zwischen den Systemen bzw. die Suche nach dem dritten Weg, was natürlich nicht ausschließt, dass aus der Erfahrung der Beteiligten heraus auch konkrete Maßnahmen oder Anbieter als im Einzelfall besonders geeignet empfohlen werden können.

Die Vermittlungsstelle setzt sich entsprechend einer vorläufigen Geschäftsordnung zusammen aus
● einem/einer Vertreter/in der kommunalen Jugendämter,
● einem/einer Vertreter/in der stationären Jugendhilfe,
● einem/einer Vertreter/in des Gesundheitsdezernates,
● einem/einer Vertreter/in des Sozialdezernates,
● einem/einer Vertreter/in der stationären Kinder- und Jugendpsychiatrie

Die einzelnen Mitglieder kommen jeweils aus der Leitungsebene ihrer Institutionen und sind sowohl beratende als auch stimmberechtigte Mitglieder.
- Vorsitzendes Mitglied der Vermittlungsstelle, ebenso beratend und stimmberechtigt, ist ein/eine Vertreter/in des Landesjugendamtes.

Ein Wechsel des Vorsitzes mit dem Gesundheitsdezernat ist vorgesehen, wurde aus Kapazitätsgründen aber noch nicht realisiert.
Außer den bereits genannten Mitgliedern nehmen an den Sitzungen ein/ eine Jurist/in des Landesjugendamtes (in beratender Funktion, nicht stimmberechtigt) und ein/e weitere/e Mitarbeiter/in als Protokollant/in teil, der bzw. die auch außerhalb der Sitzungen die Aufgaben einer Geschäftsstelle wahrnimmt (Sitzungsservice, Annahme der Anfragen, Schriftverkehr).

Zwischen August 2000 und September 2001 gingen über die Geschäftsstelle und den Vorsitzenden ca. fünfzig Vermittlungswünsche und Bitten um Prüfung, ob eine Vermittlung sinnvoll erscheint, ein, überwiegend von örtlichen Jugendämtern, aber auch aus der Kinder- und Jugendpsychiatrie.
Etwa vierzig Prozent der Anfragen mündeten in einer direkten Beratung im gemeinsamen Gespräch (Zuständigkeitsfragen, Beratungen i.V. mit dem § 35a KJHG, Methodik, kollegiale inhaltliche Beratung) und weitere vierzig Prozent der Anrufe führten zu Vermittlungen von Kontakten (spezialisierte Einrichtungen der Jugendhilfe oder der Kinder- und Jugendpsychiatrie, Ärzte, Therapeuten, Gutachter, Beratungsstellen).
Bei zehn Prozent der Anfragen wurde ein Vermittlungsversuch abgelehnt, um nicht in laufende rechtliche Verfahren einzugreifen.
In weiteren zehn Prozent der Fälle (insgesamt fünf) wurden die Mitglieder der Vermittlungsstelle zur Beratung einberufen. Das Einhalten der Selbstverpflichtung, innerhalb von zehn Tagen tätig zu werden, erwies sich als schwierig, aber realisierbar. Vor den Sitzungen wurden allen Mitgliedern die jeweiligen anonymisierten Fallunterlagen schriftlich zur Verfügung gestellt. In einem ersten Teil der Sitzung stellten die fallverantwortlichen Personen ihr Anliegen nochmals zusammenfassend dar und beantworteten vertiefende Fragen der SitzungsteilnehmerInnen. Am eigentlichen Beratungsteil der Sitzung nahmen nur die regulären Mitglieder teil. Die Beratungen führten immer zu einer einvernehmlichen Empfehlung des Gremiums, die zeitnah verschriftlicht wurde und allen Verfahrensbeteiligten zuging.

Inhaltlich kam es in einem Fall zu der Empfehlung, für einen Jugendlichen (Broken-Home-Situation, autoaggressiv, tendenziell suizidal, fremdgefährdend, HIV-positiv) nach einer stationären jugendpsychiatrischen Behandlung aus den Ressourcen der Jugendhilfe und der Kinder- und Jugendpsychiatrie ein bestimmtes Betreuungs- und Behandlungssetting quasi maßzuschneidern. Diese Empfehlung konnte umgesetzt werden, nachdem durch das Landesjugendamt eine Einrichtung der Jugendhilfe als Kooperationspartner für dieses schwierige Unterfangen gewonnen werden konnte.

In einem weiteren Fall wurde ebenfalls der Aufbau eines multiprofessionellen Betreuungsansatzes empfohlen und die Eckwerte dazu formuliert. Auch dieser Vorschlag wurden akzeptiert.

Zwei Beratungsprozesse ergaben die Empfehlung, über die betroffenen Kinder bzw. Jugendlichen erweiterte fachpsychiatrische Stellungnahmen auf der Basis einer durch die Vermittlungsstelle formulierten Fragestellung einzuholen, um danach zu einer noch qualifizierteren Hilfeplanung zu gelangen. Für die dann notwendigen neuerlichen Helfer(innen)konferenzen wurde die neutrale Moderation durch das Landesjugendamt angeboten, was in einem Fall nicht mehr notwendig und im anderen angenommen wurde.

Als Ergebnis der fünften Beratung konnte ein geeigneterer Förderort im Sinne der Bedürfnisse des betroffenen Kindes aufgezeigt werden.

Im Verlauf der bisherigen Arbeit der Vermittlungsstelle hat sich, basierend auf dem strikten Verzicht auf wertende Aussagen über die bisherigen Handlungs- weisen der beteiligten Personen und Institutionen, eine bestimmte 'Empfeh- lungsphilosophie' herausgebildet, indem Vorschläge sich ausschließlich auf die Interessen und damit auf die perspektivische Verbesserung der Situation der betroffenen Kinder und Jugendlichen und ggf. ihrer Bezugspersonen bezie- hen.

Als ein nicht quantifizierbarer, aber erlebbar positiver Effekt der Arbeit rund um die Vermittlungsstelle wird von den Beteiligten die Tatsache angesehen, dass über diesen Weg eine Vielzahl von nützlichen Kontakten über die Gren- zen der Hilfesysteme hinaus geschaffen werden. Dies fördert die Zusammen- arbeit und die Qualität des Informationsaustausches, Absprachen werden un- komplizierter möglich und ehemals lange und verschlungene Wege verkürzen sich. Offenbar bestätigt sich die Gültigkeit der bekannten rheinischen Weisheit: »Man kennt sich, man hilft sich!«.

Im Rahmen nicht beratungsgebundener Treffen der Vermittlungsstelle zu Ge- schäftsordnungsfragen wurde deutlich, dass dieses Gremium auf Grund seiner Zusammensetzung und der gemeinsamen Arbeit und Erfahrungen gut geeig- net ist, nach der bisherigen Phase des pragmatischen Umsetzens der Idee, mit- telfristig auch zu Grundsatzfragen der Kooperation zwischen Jugendhilfe und Kinder- und Jugendpsychiatrie im Rheinland Empfehlungen zu erarbeiten.

Diese Aufgabe wurde der Vermittlungsstelle durch einen gemeinsamen Beschluss des Landesjugendhilfeausschusses und des Gesundheitsausschusses im November 2001 zusätzlich übertragen.

Kontakt:

Landesjugendamt Rheinland, 50663 Köln, Internet: www.lvr.de

Hans Peter Möller (Vorsitzender der Vermittlungsstelle)

Fon: 0221-809-6311, Fax: 0221-8284-1442

e-mail: peter.moeller@lvr.de

Georg Krug (Geschäftsstelle)

Fon: 0221-809-6318, Fax: 0221-809-6226

e-mail: g.krug@lvr.de

Kapitel 3
Die Bedeutung des »Kölner Modellprojektes« für die Gestaltung der Jugendhilfe in der Region

■ Klüs Völlmecke

Effekte des Modellprojektes aus der Sicht des Amtes für Kinder, Jugend und Familie der Stadt Köln

I. Ausgangssituation und Projektverlauf

Aus der Sicht des Jugendamtes der Stadt Köln war die Konzepterstellung des Projektes »Was tun mit den ‚besonders Schwierigen'…?« eng verbunden mit der im Vorfeld des Bundestagswahlkampfes 1998 anhand einzelner Fälle bundesweit öffentlich geführten Diskussion über die Herabsetzung des Strafmündigenalters bzw. der Frage des Umgangs der Jugendhilfe mit auffällig gewordenen strafunmündigen Kindern.

Der Ausschuss für Kinder, Jugend und Familie der Stadt Köln führte in diesem Zusammenhang im Rahmen einer Sondersitzung am 10.11.1998 eine Expertenanhörung zum Thema »Kinder und Jugendkriminalität« durch. Die Verwaltung des Jugendamtes und der Jugendhilfeausschuss fassten den eigenen Erkenntnisstand in der Form zusammen, als dass zeitweilige freiheitsentziehende Maßnahmen auf Grundlage eines richterlichen Beschlusses im Rahmen eines Erziehungsprozesses in seltenen Einzelfällen in Köln Praxisrealität waren und auch für die Zukunft sein werden. Gegenüber dem Landesjugendamt wurde die Schaffung geeigneter Angebote in NRW reklamiert, um nicht ausschließlich auf Angebote aus anderen Bundesländern angewiesen zu sein. Das Ansinnen wurde von dort zurückhaltend zur Kenntnis genommen. Die Antwort war schließlich die Anfrage zur Beteiligung an diesem Projekt in Zusammenarbeit mit der Universität Koblenz-Landau. Die Anfrage wurde von der Leitung des Jugendamtes interessiert aufgenommen mit der Zielsetzung, die Fälle, die Jugendhilfe in Köln an ihre Grenze führt, wissenschaftlich gestützt zu evaluieren. Die Ausgestaltung des Projektes in einem analytischen Teil (Was kann Jugendhilfe tun um zu verhindern, dass aus Personen mit schwierigen Rahmenbedingungen »schwierige Fälle« werden?) und einen praxisbezogenen Beratungsteil (Was kann der ASD konkret in der Situation tun, wenn er nicht mehr weiter weiß?) gab den Ausschlag zur Zustimmung des Jugendamtes Köln bezüglich einer Teilnahme am Projekt.

Die Organisationsstruktur des Jugendamtes und somit die Ausgangssituation zu Projektbeginn 1999 war eine völlig andere als heute. Die Dienstaufsicht für den ASD lag damals beim örtlichen Bezirksamtsleiter. Der Jugendamtsleiter hatte lediglich die Fachaufsicht über den ASD, was in der Praxis zu Reibungsverlusten und Konkurrenzverhalten zwischen den Dienststellen führte. Insofern mussten mit Zusage zum Projekt durch die Zentrale des Jugendamtes und trotz prinzipieller Zustimmung der vor Ort tätigen Führungskräfte bei den BezirkssozialarbeiterInnen Überzeugungsarbeit geleistet werden, sich dem Projekt an sich zu öffnen. Dazu gehörte auch die Bereitschaft sich im Rahmen der Fallkonsultationen der eigenen Ohnmacht beziehungsweise einer möglichen Kritik der beratenden Kollegen zu stellen.

Neben der Beseitigung von Anfangswiderständen aufgrund oben genannter Strukturen, begleitete das Projekt immer wieder die Frage inwieweit es möglich sei, auf Grundlage von Konsultationen in elf Fällen (einige Fälle wurden mehrfach beraten) generelle Aussagen und Rückschlüsse zum Fallverhalten des ASD zu machen, der pro Jahr über 4.500 Fälle zu bearbeiten hat.

Die Gelassenheit aller Projektbeteiligten, diese Frage als auch die Frage des Umgangs mit freiheitsentziehenden Maßnahmen nicht nach einem Schwarz-Weiß-Schema wertend mit Ja oder Nein zu beantworten, war entscheidend für die Annahme und Inanspruchnahme des Projektes durch die Ebene der Praktiker.
Der Projektstart war gekennzeichnet von der Benennung der bezirklichen Mitarbeiter/Innen, die in der Kerngruppe für die Fallberatung/ Fallkonsultation zur Verfügung stehen sollten. Da es sich nach Beratung der ersten Fälle herumgesprochen hatte, dass hier eine potentielle zusätzliche Ressource für die vor Ort tätige Fachkraft bestand, war die Inanspruchnahme der folgenden Fallkonsultationen sichergestellt.
Ausgehend von den Ergebnissen der Fallkonsultationen sowie der Durchführung des zweiten Fachgespräches im April 2000 zum Thema »Fallverstehen und Sozialpädagogische Diagnostik« reifte im Verlauf des Projektes die Idee, eine Fortbildungsreihe aufzulegen, die eine Qualifizierung in den Bereichen Fallverstehen, Falldiagnose und Fallbearbeitung bewirken sollte. Mit dem Fortbildungsbereich des Jugendamtes wurde ein Konzept abschließend beraten, welches in der inhaltlichen Gestaltung auf bestehende bzw. durchgeführte Fortbildungsangebote des Jugendamtes (z.B. kollegiale Beratung) aufsetzte. Eine abschließende Zertifizierung sollte gegenüber den Mitarbeiter/Innen nicht die Defizitorientierung sondern die Qualitätssteigerung in den Vordergrund rücken. Die Verknüpfung der Fallkonsultation mit dem Element des

Fachgespräches und dann später auch den positiven Erfahrungen in der Fortbildungsreihe bewirkten eine positive Grundhaltung und verschaffte in der Mitarbeiterschaft den Eindruck, dass die Probleme auf mehreren Ebenen angegangen wurden. Dieser Eindruck betraf übrigens nicht nur den ASD, sondern genauso die MitarbeiterInnen von Trägern der Jugendhilfe, die an diesem Projekt teilnahmen und somit in allen Bereichen ebenfalls vertreten waren.

II. Vorläufige Ergebnisse und Effekte

Der folgende Teil ist eine erste Bilanz. Im Umgang mit der Bewertung von Erfolgen in der Jugendhilfe ist generelle Vorsicht geboten. Bekanntermaßen kann allein der Zeitpunkt, zu dem ich die Erfolgsfrage stelle (direkt nach Abschluss der Hilfe oder erst zu einem späteren Zeitpunkt und damit die Nachhaltigkeit mit in den Blick nehmend), zu unterschiedlichen Ergebnissen führen. Die Situation zum Projektende stellt sich folgendermaßen dar:

1. Verfahrens- und Organisationsänderungen

Parallel zum Projektverlauf beschloss der Rat der Stadt Köln die Neuordnung der Verwaltungsarbeit in den Kölner Stadtbezirken. In diesem Zusammenhang wurde dem Jugendamtsleiter auch die Dienstaufsicht über die in den Stadtbezirken arbeitenden Mitarbeiter/Innen der Jugendhilfe übertragen. Die so neu genannten Bezirksjugendämter sind heute Abteilungen des zentralen Jugendamtes. Damit verbunden war eine Bereitschaft aller Betroffenen, bestehende Reibungsverluste und »Unklarheiten« in der Kooperation zwischen Zentrale und Bezirken anzugehen und auszuräumen.

Ein konkreter Bezug zum Projekt war durch dem Umstand gegeben, dass in den Fällen, die sich als besonders schwierig erwiesen, aus unterschiedli chen Gründen häufig auch die Zentrale des Jugendamtes beteiligt war. Die durchgeführten Fallkonsultationen stellten einen Rahmen sicher, der eine
● umfassende Reflexion
● Unterstützung und Entlastung der BezirkssozialarbeiterInnen und
● ein abgestimmtes Krisenmanagement
erlaubt.

Aus diesem Grund hat sich das Jugendamt entschlossen, die Methode der Fallkonsultation als dauerhaftes Praxisinstrument für »schwierige« bzw. Krisenfälle zu installieren. Für die Fallkonsultationen wurden vier externe Moderatoren gewonnen, die gleichberechtigt nacheinander angesprochen werden und deren Einsatz letztendlich von der aktuellen Terminplanung abhängig ist. Deren Aufgabe ist es, Struktur- und Zeitvorgaben zu setzen, den Beratungsprozess zu begleiten und eine Zielformulierung zu erarbeiten. Das Beratungsgremium setzt sich aus ca. zehn Personen zusammen, jeweils zur Hälfte aus den Bezirksjugendämtern – alle Hierachieebenen ohne falleinbringenden Bezirk – Trägern der Jugendhilfe, Schulverwaltung, Drogenberatung, Familienberatung und jugendärztlichem Dienst. Dieser Personenkreis ist in einem Pool erfasst, der je nach Fallkonstellation abgefragt wird. Die Träger haben einen Beratungsstatus aus dem sich nicht automatisch eine mögliche Fallübernahme ableitet.

Mit diesem Instrument wird dem System der qualifizierten Krisenintervention ein weiterer Baustein beigefügt. Dies ist vor dem Hintergrund des dritte Projektfachgespräches im November 2001 über die konzeptionelle und methodische Ausrichtung des ASD zwischen Sozialraumorientierung und Krisenintervention aus folgendem Grund dieser Erwähnung wert. Ein dort vorgenommenes Statement war die Feststellung, dass die Stadt Köln über eine Reihe von methodischen und verfahrenstechnischen Festlegungen im Kontext mit krisenhaften Fällen verfügt. Diese Einzelelemente wurden bisher jedoch nicht zu einer in sich geschlossenen und lückenlosen Konzeption gebündelt. Vonseiten des Jugendamtes wird die Erstellung eines solchen Konzeptes unter dem Strukturqualitätsgesichtspunkt als notwendig erachtet.

2. Personalqualifizierung

Der im Rahmen des Projektes entwickelte und durchgeführte Projektbaustein »Qualifizierung des Fallverstehens« ermöglichte es siebzehn Sozialarbeiter/Innen des ASD, sich Instrumente für ein Fallverstehen anzueignen, welches losgelöst von aktuellen Symptomerscheinungen die Gesamtdynamik eines Falles frühzeitig in den Blick nimmt. Durch das Erlernen geeigneter Interventionen werden Eskalationen und negative Entwicklungen gestoppt beziehungsweise wird das bestehende Know-How zur Bewältigung von Krisenfällen qualifiziert.

Das Jugendamt Köln hat die Absicht, nach Abschluss und Auswertung der ersten Fortbildungsreihe innerhalb des Projektes eine ähnliche Blockweiterbildungsreihe für den ASD in das Fortbildungsprogramm des Jugendamtes Köln aufzunehmen, um in einem mittelfristigen Zeitraum eine flächendeckende Qualifizierung im ASD zu erreichen.

Diese Weiterbildung wird künftig zum methodischen Standard des ASD gehören und mit einer Zertifizierung abgeschlossen werden. In mehrtägigen Blöcken werden Themen wie biografisches Fallverstehen, Diagnostik, Moderation und Aushandlung von Hilfsarrangements sowie die Evaluation und Kontrolle von Hilfeprozessen bearbeitet. Damit verbunden ist die Absicht, bereits bei Neueinstellung von Mitarbeiter/Innen im ASD die Bereitschaft, sich solchen Arbeitsformen zu öffnen, zum Einstellungskriterium zu machen.

3. Erkenntnisse aus der Einzelfallberatung

Die grundsätzlichen Schlussfolgerungen, die sich aus den Fallkonsultationen ergeben, werden an anderer Stelle ausführlich beschrieben und müssen in Hinblick auf Konsequenzen für das fachliche Handeln differenziert ausgewertet werden.

Vorab kann in Hinblick auf die Ausgangsfrage des Umgangs mit freiheitsentziehenden Maßnahmen Folgendes festgehalten werden.

In einigen Fällen ist durch die Betrachtung im Rahmen der Fallkonsultation eine mit in Erwägung gezogene »freiheitsentziehende Maßnahme«, nicht durchgeführt worden. Umgekehrt gab es mindestens einen Fall, in dem die ausführlichen Beratungen im Projekt keine befriedigende Strategie des weiteren Umgangs mit einem Jugendlichen zum Ergebnis hatte. Es wurde beschlossen, parallel zu einem ambulanten Betreuungsangebot durch wechselnde Träger die Zeit »abzuwarten«, ob gegebenenfalls die veränderten Bedingungen durch das Erreichen des Strafmündigenalters zu einer anderen Bereitschaft des Jugendlichen führt, sich auf ein Betreuungsangebot einzulassen.

Hätte in diesem Wartezeitraum ein Angebot mit freiheitsentziehendem Rahmen zur Verfügung gestanden, wäre dieses in Hinblick auf eine andauernde Fremdgefährdung vom Jugendamt Köln in Anspruch genommen worden. Selbstverständlich lag dem Jugendamt in dieser Phase ein entsprechender gerichtlicher Beschluss vor. Eine Schlussfolgerung in Hinblick auf die Fragestellung des Projektes lautet demnach in diesem Zusammenhang, dass Falldiagnose und intensive professionelle Fallberatung in einzelnen Fällen nicht Garant für das Zustandekommen einer befriedigenden Lösungsstrategie ist, die auch angenommen wird. Allerdings bietet die nach diesen »Regeln der Kunst« professionell vorgenommene Fallbearbeitung eine verbesserte Ausgangslage, den auf diese Weise gewonnen Standpunkt sowohl verwaltungsintern als auch nach außen zu vertreten. Das schließt im Einzelfall das Bekenntnis der phasenhaft begrenzten Einwirkungsmöglichkeit auf Fallverläufe ein. Allerdings nehmen solche Fälle eine quantitative Dimension ein, die aus Sicht des Verfassers auch im diesjährigen Bundestagswahlkampf keine ausreichende und verhältnismäßige Grundlage für eine Herabsetzung des Strafmündigenalters bieten.

Die überdurchschnittliche Präsenz von pädophilen-/ pädokriminellen Bezügen in den evaluierten Fällen führte zu einer gesonderten Aufarbeitung des Themas im Rahmen des Projektes. In einer Veranstaltung wurde von Fachkräften aus Jugendhilfe, Schule und Polizei die bekannten Fakten und das vorhandene Wissen systematisch aufbereitet und ausgewertet. Auch wenn Spekulationen über vorhandene Täterstrukturen nicht erhärtet werden konnten, blieb das Bedürfnis nach einem systematischen Fachaustausch über Einzelfälle und beobachtete Entwicklungen in der Pädophilen-/ Pädokriminellen-Szene bestehen. Ergebnis ist die Einrichtung einer turnusmäßigen Lagebesprechung zwischen den beteiligten Institutionen und Einrichtungen unter der Federführung des Jugendamtes. Neben aktuellem Informationsaustausch stehen zurzeit mögliche präventive Vorgehensweisen und Strategien zur Debatte.

4. Zusammenarbeit zwischen öffentlichen und freien Trägern

Alle Gremien des Projektes, angefangen von der Lenkungsgruppe über die Kerngruppe bis hin zu den Teilnehmer/Innnen der Fortbildungsreihe, waren mit Vertreter/Innen des Jugendamtes/ ASD als auch mehreren Angebotsträgern besetzt. Die gemeinsame und kontinuierliche Bearbeitung von Projektthemen sowie die Beratung von Einzelfällen über einen längeren Zeitraum führte zur Rollenklärung und trug zum Rollenverständnis des jeweils Anderen bei.
Aus Sicht der Zentrale des Jugendamtes ist hier eine eindeutige und grundsätzliche Klimaverbesserung zu konstatieren, die sich in anderen Gremien bemerkbar macht und bei entsprechender Pflege sicherlich über die Projektdauer hinaus anhält.

Das Jugendamt Köln ist an der Weiterentwicklung dieser guten Kooperation in den Einzelfällen im hohen Maße interessiert, da prognostisch das Verhältnis zwischen den öffentlichen und den anerkannten Trägern der Jugendhilfe bei den zukünftigen Vereinbarungen über Leistungsangebote, Entgelte und der Qualitätsentwicklung starken Belastungsproben unterliegen wird.

Abschließend ist festzuhalten, dass im Projektverlauf sich einmal mehr die Annahme bewahrheitet hat, dass die Beteiligung an extern geleiteten Projekten, gerade für eine Großstadtverwaltung wie Köln, förderlicher für eine Weiterentwicklung ist als das 'Schmoren im eigenen Saft'. Voraussetzung für den guten Ablauf des Projektes und die Umsetzung gewonnener Erkenntnisse war und ist die Motivation aller beteiligten Fachkräfte sowie der Institution Jugendverwaltung zur selbst- und fremdkritischen Auseinandersetzung beruflichen Handelns sowie der Einsicht und Bereitschaft zur Veränderung. Die diesbezüglich im Projekt gewonnenen Erfahrungen machen Mut für die künftigen Aufgaben.

■ Klaus Nörtershäuser, Hedwig Sikora

Was tun mit den 'besonders Schwierigen' …?

Welche Konsequenzen zieht das Landesjugendamt aus den Ergebnissen des 'Kölner Modellprojektes'?

Am Ende eines Modellprojektes stellt sich immer die wichtige Frage danach, was bleibt, d.h. welche Entwicklungen und Veränderungen gegenüber der vorherigen Praxis vor dem Hintergrund gewonnener Erkenntnisse für notwendig gehalten werden. In diesem Beitrag soll für das Landesjugendamt Rheinland als Projektträger und überörtliche Instanz der Beratung und Begleitung von Jugendämtern und Trägern der freien Jugendhilfe in der Region eine Antwort gegeben werden, die gleichsam die Verpflichtung enthält, sich auch nach dem Ende des Modellprojektes offensiv mit der weiteren Umsetzung der Projektergebnisse zu beschäftigen. Unsere Ausführungen orientieren sich dabei an folgenden Aspekten:

1. Zur Rolle des Landesjugendamtes
2. Beratungsangebote
2.1 Einzelfall – Fachberatung
2.2 Fach- und Organisationsberatung
2.3 Beratung von freien Trägern und Einrichtungen
3. Qualifizierung der Fachkräfte in den Jugendämtern im Verstehen schwieriger Einzelfälle durch Fort- und Weiterbildung
4. Ausblick

1. Zur Rolle des Landesjugendamtes

Die Weiterentwicklung der Jugendhilfe zählt nach § 85 (2) KJHG zu einer der zentralen Aufgabe von Landesjugendämtern. Dies geschieht u.a. durch Planung, Anregung, Förderung und Durchführung von Modellprojekten.

Gemeinsam mit der Universität Koblenz-Landau (Projektleitung: Professor Dr. Schrapper), dem Jugendamt der Stadt Köln und einigen örtlichen Trägern der

Erziehungshilfe hat das Landesjugendamt Rheinland zu einem besonders heftig umstrittenen Thema ein Projekt durchgeführt, dessen Gegenstand durch die Fragestellung »Was tun mit den 'besonders Schwierigen' ...?« beschrieben wird.

In diesem Zusammenhang werden in einer wieder zunehmend politisierten oder populistisch geführten Diskussion Konzepte wie die der »geschlossenen Unterbringung« verstärkt diskutiert. Die damit einhergehenden meist plakativen Forderungen greifen auf Grund einer isolierten Betrachtung im Sinne schneller Lösungen zu kurz und taugen recht wenig als universalistische Lösungen, wie sie gern einer nach »mehr Sicherheit« rufenden Bevölkerung verkauft werden.

Von daher hat das Landesjugendamt Rheinland diese Fragestellung aufgegriffen, um die Debatte auf Inhalte zurückzuführen, die über die Diskussion einzelner Ansätze, wie z. B. die der »geschlossenen Unterbringung«, hinausgehen. So sind nicht, wie der Titel des Projektes u. U. vermuten lässt, Betreuungs- oder »Behandlungs«konzepte für die als besonders schwierig empfundenen Kinder und Jugendlichen entwickelt worden, sondern es wurde vor allem auf das fachliche Handeln der Verantwortlichen geschaut, dass Grundlage für eine tragfähige Entscheidung sein muss und damit auch gleichzeitig eine wesentliche Basis für das Gelingen oder Scheitern der daraus erwachsenden Maßnahmen legt.

Die umfassenden Fallanalysen haben gezeigt, dass in »schwierigen Fällen« auch das Agieren und Kooperieren der Hilfesysteme als schwierig zu bewerten ist und dies z. T. verschärfende Auswirkungen auf die Entwicklung der von ihnen begleiteten Kinder und Jugendlichen hat. Die Bestätigung der Ausgangshypothesen des Projektes müssen die Verantwortlichen aufhorchen, wenn nicht sogar erschrecken lassen; die Qualifizierung der eigenen Konzepte und Arbeitsweisen ist gefragt.

Dementsprechend sind die Schlussfolgerungen des Projektes insbesondere bezogen auf für die Arbeit von Jugendämtern wie auch von Einrichtungen der Erziehungshilfe zu ziehen und die Frage des Transfers der Ergebnisse in die Praxis fachlichen Handelns der erzieherischen Hilfen zu beantworten. In diesem Sinne hat das Landesjugendamt Rheinland eine Mitverantwortung für die gewonnenen Erkenntnisse und deren Umsetzung in die Jugendhilfepraxis im Rheinland.

Nachfolgend soll daher weniger die Frage gestellt werden, was »die anderen« zu verändern haben, sondern es geht um die »Innensicht« des Landesjugendamtes und den damit verbundenen Blick auf die Inhalte und Arbeitsformen, die auf Grund der Projektergebnisse weiterzuentwickeln sind. Dies berührt in erster Linie unsere Service- und somit insbesondere unsere Beratungsangebote.

2. Beratungsangebote

Auf der Grundlage der Projektbefunde sind Überlegungen zu der Beratung von Jugendämtern, zu der Fachberatung der freien Träger der Jugendhilfe und von Einrichtungen der erzieherischen Hilfe zu treffen. Generell handelt es sich dabei um praxisorientierte Serviceangebote, die von den Partnerinnen und Partnern des Landesjugendamtes abgerufen werden können. Die Ausrichtung der Beratung entspricht auch zur Zeit schon u. a. den Problemlagen, die durch die vorliegenden Ergebnisse des Modellprojektes sehr genau beschrieben werden.

2.1 Einzelfall-Fachberatung

Das Landesjugendamt Rheinland besitzt mit diesem speziellen Fachdienst eine Institution, die sich an den zentralen Erkenntnissen des Modellprojektes messen lassen muss.
Die Einzelfall-Fachberatung entwickelte sich aus dem Dienst der früheren zentralen Heimplatzzuweisung des Landesjugendamtes unter dem JWG (Jugendwohlfahrtsgesetz) über erste Ansätze zur Heimplatzberatung/-vermittlung zu einem Beratungsdienst, der sich mehr und mehr um die Frage des Fallverstehens und der daraus sich ableitenden Konsequenzen für das erzieherische Handeln befasst.
Dieser Dienst wird verstärkt von den Jugendämtern, die über keine spezialisierten zentralen Fachdienste im Sinne dieser Beratung verfügen, genutzt. Die Beratung geschieht in der Regel telefonisch. Nicht selten werden den Beraterinnen und Beratern des Landesjugendamtes ergänzende Unterlagen zugesandt, um eine verbesserte Grundlage zum anstehenden Fallverstehen zu schaffen.

Auf das Modellprojekt bezogen bedeutet Beratung in diesem Zusammenhang vor allen Dingen stärker

- die Unterstützung des *Verstehens der Lebenssituationen von Kindern und Familien* bzw.
- ein durch die Erkenntnisse des Projektes gefördertes besseres *Fallverstehen* zu unterstützen.

Die meisten an das Landesjugendamt gerichteten Anfragen sind eher »lösungsorientiert« ausgerichtet im Sinne einer Suche nach einer geeigneten Einrichtung, die vor allen Dingen auch noch über freie Kapazitäten verfügt. Zu oft stehen die fallführenden Kolleginnen und Kollegen aus den Jugendämtern unter Entscheidungsdruck, wenn die Probleme der Kinder und Jugendlichen ihr Umfeld zunehmend ratlos machen.
In diesen Fälle hat es sich als ratsam erwiesen, durch Nachfragen und weitere Recherchen die Dynamik des jeweiligen Falles und damit den Druck zu senken und ein erweitertes Bild entstehen zu lassen. Dabei sind bislang die Aktenlage bzw. ergänzende Gespräche Grundlage dieser Beratung, sie schließt aber nicht grundsätzlich den umfassenden Blick auf das Klienten- und Helfersystem ein.

Die Rückmeldungen zur Einzelfall – Fachberatung sind in der Regel gut und bestätigen einen Nutzen für die Praxis. Die u. a. im Modellprojekt vorgestellten Fälle fordern jedoch mehr als diese gerade beschriebene Systematik, so dass notwendigerweise nach ergänzenden Ansätzen der bisherigen Beratung gesucht werden muss. Die im Modellprojekt erprobten und in diesem Band beschriebenen methodischen Ansätze des Fallverstehens bieten dazu ein tragfähiges Konstrukt. Dies bedeutet jedoch für das Landesjugendamt:
- die Qualifizierung der eigenen Mitarbeiterinnen und Mitarbeiter,
- ggf. den Aufbau von Co-Beratungssystemen,
- und die Schaffung notwendiger Zeitressourcen
für ein solches Angebot. Dies ist nicht aus dem Stand zu schaffen, sondern bedarf einer Umsetzungsstrategie innerhalb der Angebotsplanung wie auch der Personalentwicklung.

Neben diesem besonderen Beratungsansatz bietet das Fachamt »Verwaltung und erzieherische Hilfen« des Landesjugendamtes die Moderation von Fachgesprächen wie auch Hilfeplangesprächen in Fällen von als besonders schwierig empfundenen Kindern und Jugendlichen an. Diese »Vor-Ort-Angebote« sind eine konkrete Hilfestellung, die ein umfassendes und ganzheitliches Verständnis des Falles mit einer neuen Sicht für den nächsten Lösungsschritt zum Ziel hat.

2.2 Organisationsberatung

Neben der Einzelfallberatung bietet das Landesjugendamt Rheinland für Jugendämter und Träger der freien Jugendhilfe Organisationsberatung an. Auf der Grundlage eines Kontraktes, der den Beratungsbedarf und die zu erbringenden Leistungen beschreibt, hat es in der Vergangenheit Jugendämter und freie Träger in den unterschiedlichsten Bezügen und mit unterschiedlichem Umfang begleitet.

Im Zusammenhang mit dem hier besprochenen Thema wird Organisationsberatung dort interessant, wo über den methodischen Kontext des Fallverstehens (vgl. 2.1) hinaus in der Arbeit mit »besonders Schwierigen« das Helfersystem in den gegebenen Organisationsbezügen in den Blick gerät.

Eine der Kernaussagen des Projektes bringt das Problem auf den Punkt: »Wer die Schwierigkeiten in seiner Organisation nicht sehen und bearbeiten will, kann auch seine »schwierigen Fälle« nicht produktiv bearbeiten« (vgl. Fallauswertung in diesem Buch und Christian Schrapper/ Sabine Ader: Wie aus Kindern in Schwierigkeiten »schwierige Fälle« werden. In: Forum Erziehungshilfe, Heft 1/2002, S. 27-34).

Beratung hat hier letztendlich die Aufgabe, die institutionelle Absicherung von Abläufen und Verfahren herzustellen, die intern (z. B. im Jugendamt) wie auch in kooperativen Beziehungen (z. B. zwischen öffentlichen und freien Trägern der Jugendhilfe) die Lösung auch »schwieriger und schwierigster Fälle« zu erleichtern.

Wenn das Landesjugendamt zur Qualifizierung von Fachgesprächen in einem Jugendamt berät oder in einer Arbeitsgemeinschaft nach § 78 KJHG die Entwicklung von strategischen Zielen der Jugendhilfe moderiert und damit die Schaffung einer Grundlage zu weiterem partnerschaftlichen und vertrauensvollen Zusammenarbeit zwischen öffentlichem und freien Trägern unterstützt, sind dies bereits Teilschritte zur Qualifizierung der Fallbearbeitung in »schwierigen Einzelfällen«.

In jeder Beratung werden Erfahrungen gemacht, die in anderen Prozessen zu überraschenden Lösungen führen können. Keine Lösung gleicht der anderen, da sie auf Aushandlungsprozessen beruhen, die durch die Besonderheiten der beteiligten Personen wie auch Settings geprägt werden. Grundlage dieses Angebotes ist eine systemisch orientierte Denkweise.

Die Aspekte und Ergebnisse des Modellprojektes müssen im Team der Beraterinnen und Berater besprochen und aufgearbeitet werden, um in Teilaspekten oder als zentrale Fragestellung in den Beratungsprojekten vor Ort umsetzbar zu sein.

2.3 Beratung von freien Trägern und Einrichtungen der Erziehungshilfe

Der Fokus der Forschungsstudie lag auf der Analyse von Einzelfällen: auf Lebensverläufen von Jungen und Mädchen, auf Dynamik und der Strukturen des Helfersystems, um durch das Verstehen des Falles eine Idee für den nächsten Schritt im Handeln der oftmals offenbar »ohnmächtigen« Professionellen gegenüber dem Verhalten und Agieren der »besonders Schwierigen« zu bekommen. Nicht explizit im Blick waren in der Untersuchung die Einrichtungen der Erziehungshilfe. Mit der Frage, was an Erkenntnissen generalisiert und als Impuls für Veränderungen übertragen werden kann, ergibt sich die Notwendigkeit, auch den Blick auf die stationären Betreuungsformen zu richten, wenn nicht unberücksichtigt bleiben soll, dass von den elf Jungen und Mädchen, deren Lebensverläufe beraten wurden, neun in Heimen untergebracht wurden bzw. waren, einige davon schon vor der Einschulung und bis zum jugendlichen Alter mehrmals. Die »geschlossene Unterbringung« wurde vor den Fallkonsultationen in fünf der beratenen Fälle angedacht, in drei Fällen auch umgesetzt. Sie war aber nicht das Ende der »Jugendhilfekarriere« der Kinder und Jugendlichen.

Welche Rolle haben die Erziehungshilfeeinrichtungen an den kritischen Punkten/ Bruchstellen im Leben der jungen Menschen gespielt? Woran erkennen die Fachkräften in den Einrichtungen, dass Kinder in schwierige Situationen geraten und zu »besonders Schwierigen« zu werden drohen? Was brauchen Pädagogen in den Heimen, um Kindern und Jugendlichen aus besonders schwierigen Lebenssituationen herauszuhelfen?
Dies sind Fragen, auf die Antworten aus der Forschungsstudie zu übertragen sind und die es durch Fortbildung und Beratung umzusetzen gilt.

Im Projekt haben Fachkräfte des Jugendamtes, freier Träger und stationärer Einrichtungen der Erziehungshilfe kreativ und kooperativ Lösungen für offensichtlich »verfahrene« Lebenssituationen von jungen Menschen erarbeitet und umgesetzt. Es gab immer den nächsten Schritt, z. B. Module unterschiedlicher Betreuungsangebote/ pädagogischer Leistungen, auch verschiedener Träger, zu einem Mosaik der als notwendig erkannten Hilfen zusammenzusetzen.

Die *enge* und *verlässliche* Kooperation freier Träger *untereinander und mit dem Jugendamt*, die Kombination verschiedener Leistungsangebote unterschiedlicher Träger entsprechend dem Hilfebedarf eines jungen Menschen und die »*Verteilung*« der Verantwortung für einen ganz bestimmten jungen Menschen durch *gesicherte Strukturen* ist ein auf andere Kommunen übertragbares Modell. Als Orte, dies zu initiieren und zu installieren, sind die Arbeitsgemeinschaften nach § 78 KJHG prädestiniert und sollten als solche genutzt werden.

Dies in den Kommunen anzuregen und unterstützend auf den Weg zu bringen, ist eine weitere sich aus den Ergebnisses des Modellprojektes ableitende Aufgabe des Landesjugendamtes, die es in Angriff zu nehmen gilt.

3. Qualifizierung der Fachkräfte im Verstehen schwieriger Einzelfälle durch Fort- und Weiterbildung

Darüber hinaus ergeben sich Konsequenzen für die Fortbildung und Qualifizierung von Fachkräften aus dem Bereich der erzieherischen Hilfen, die neben den Beratungsangeboten vor Ort eines der wichtigsten Potenziale und Aufgaben des Landesjugendamtes in Hinblick auf die Förderung der Weiterentwicklung der Jugendhilfe sind.

In hohem Maße interessieren deshalb die Erfahrungen aus der von der Uni Koblenz-Landau in Zusammenarbeit mit der Stadt Köln entwickelten Fortbildungsreihe. Es soll die Möglichkeit in den Blick genommen werden, die bisherigen guten Erfahrungen aus dieser Fortbildungsreihe zu nutzen und z.B. als eigenständige Seminarreihe anzubieten.
Wie der Bedarf durch die Fachkräfte vor dem Hintergrund ihrer eigenen Erfahrungen definiert und wie ein Abgleich zu den Erkenntnissen des Modellprojektes hergestellt wird, muss konkret abgefragt werden und Grundlage für ein maßgeschneidertes Angebot bieten.
Denkbar wären z.B. INHOUSE-Veranstaltungen, die möglichst den kompletten ASD eines Jugendamtes oder aber einen zusammengesetzten Kreis von Mitarbeiterinnen und Mitarbeitern des Jugendamtes und der Erziehungshilfeträger entsprechend schulen. Ziel wäre einerseits die persönliche Qualifizierung der Fachkräfte, andererseits können damit auch Impulse zur weiteren strukturellen Neu- bzw. Umorganisation des Fachdienstes gesetzt werden (siehe auch 2.2).

Das »Gießkannenprinzip« macht für den Inhalt einer solchen Fortbildung keinen Sinn, zumal damit die problematische Fragestellung wieder auf die einzelne fallführende Fachkraft zugeschnitten personalisiert wird, ohne die Defizite des Systems in den Blick zu nehmen.

Diese Form der Fortbildung/ Qualifizierung bedarf eines spezifischen Designs, das mit dem auftraggebenden Jugendamt besprochen und vereinbart werden muss.

4. Ausblick

Das Landesjugendamt wird sich in Zukunft in den verschiedensten Bezügen zu der grundsätzlichen Fragestellung »Was tun mit den 'besonders Schwierigen' …?« widmen müssen. Ein Teilaspekt, nämlich die Formulierung einer eigenen Position zur Frage freiheitsentziehender Maßnahmen in der Pädagogik wird aktuell erarbeitet. In dieser Positionierung geht es nicht mehr um grundsätzliche Einstellungsfragen, sondern sie setzt sich darüber hinaus mit Aspekten der pädagogischen Praxis auseinander.

Notwendig bleibt darüber hinaus eine weitere Förderung der wissenschaftlichen Begleitung der Fragestellung zu den »besonders schwierigen« Kindern und Jugendlichen, um verbesserte Grundlagen für ein »optimales« Handeln im Sinne einer förderlichen Entwicklung dieser oft in schwierigsten Situationen aufwachsenden Kinder und Jugendlichen zu schaffen. Nicht zu vergessen ist die damit verbundene dauerhafte Entlastung des Umfeldes und nicht nur ein kurzfristiges Ausblenden oder Weiterreichen des problematischen Falles.

Damit kommt dem Landesjugendamt Rheinland als überörtlicher Akteur innerhalb der fachpolitischen Debatte eine verantwortungsvolle Rolle zu, um dem eingangs erwähnten Weiterentwicklungsauftrag der Jugendhilfe in besonderer Weise Rechnung zu tragen. Diese Aufgabe und Herausforderung gilt es offensiv anzunehmen und zu realisieren; mit dem Landesjugendamt Rheinland ist an dieser Stelle sowohl aus der Politik als aus der Verwaltung weiterhin zu rechnen.

■ **Martin Stoppel**

Neue Feststellungen zum Thema »Pädagogik und Freiheitsentzug«

1. Einführende Hinweise

Im Rahmen des vom Landschaftsverband/ Landesjugendamt in Auftrag gegebenen sogenannten »Kölner Modells« (Modellprojekt »Was tun mit den 'besonders Schwierigen' ...?«) werden auf der Grundlage wissenschaftlicher Einzelfallanalysen Aussagen über Jugendhilfestrukturen getroffen, mittels derer
»besonders schwierigen« Kindern und Jugendlichen im Erziehungsprozess zu
begegnen ist. Dabei wird auch auf die pädagogische Wirksamkeit »geschlossener Unterbringung« eingegangen. Für das Landesjugendamt Rheinland
stellt sich das Thema »Pädagogik und Freiheitsentzug« hingegen nach dessen
im KJHG festgelegten Aufgaben in erweitertem Umfang. Dies ist darin begründet, dass ein Landesjugendamt neben Beratungs- und Fortbildungsaufgaben
und der damit verbundenen Pflicht, Positionen zu wirksamer und fachlich ver-
antwortbarer Pädagogik zu beschreiben auch Aufsichtsfunktionen nach den
§§ 45 ff. KJHG zum »Schutz von Kindern und Jugendlichen« wahrnimmt. Aufgrund dieser Aufgabe sind Landesjugendämter zusätzlich gehalten, zu prüfen,
ob und inwieweit Angebotsstrukturen freiheitsentziehender Pädagogik durch
das Erteilen einer Betriebserlaubnis entsprochen werden kann. Eine Betriebserlaubnis darf dabei nicht auf der Grundlage der eigenen pädagogischen Haltung zur Wirksamkeit und fachlichen Verantwortbarkeit von Freiheitsentzug
abgelehnt werden. Vielmehr sind Entscheidungskriterien die Rechtmäßigkeit
des Konzepts (nachfolgend Ziffer 2.1) und die vom Landesjugendamt zum
Schutz Minderjähriger festgelegten objektiven Mindestvorraussetzungen (Ziffer 2.2).
Demzufolge dient dieser Text auch dazu, die in der Fachöffentlichkeit und in
der Politik geführte Diskussion zu versachlichen bzw zu differenzieren und
über die jeweilige Haltung hinaus durchaus bestehende objektive Grundlagen
der Rechtsordnung zu beachten.

Es ist beabsichtigt, nach entsprechender Beschlussfassung in den dafür im
Landschaftsverband Rheinland vorgesehenen Gremien ein Positionspapier mit

Leitsätzen des Landesjugendamts zu zu dem Thema »Pädagogik und Freiheitsentzug« zu veröffentlichen, das dann auch durch das Landesjugendamt
festgelegte, verbindliche Mindestvorraussetzungen für Betriebserlaubnisse bei
freiheitsentziehenden Einrichtungsangeboten umfasst.

2. Rechtliche Grundlagen

2.1 Gesetzeslage

2.1.1 Vorbemerkung

Die Leitsätze des Landschaftsverbands Rheinland/ Landesjugendamt zum
Thema »Pädagogik und Freiheitsentzug« (Ziffer 3) basieren auf gesetzlichen
Grundlagen, wie diese sich aus der UN-Kinderrechtskonvention, dem Grund-
gesetz, dem Bürgerlichen Gesetzbuch (BGB) und dem KJHG ableiten. Darüber
hinaus sind diese Gesetze Basis für die vom Landesjugendamt zum Schutz
Minderjähriger festgelegten objektiven Mindestvorraussetzungen für freiheitsentziehende Angebote (Erteilen einer Betriebserlaubnis nach §§ 45 ff. KJHG
für Einrichtungen der Erziehungshilfe/ Ziffer 2.2).

2.1.2 Definitionen

Folgende Definitionen werden zugrundegelegt:

- *Freiheitsentzug* bedeutet den durch einen Pädagogen/eine Pädagogin angeordneten Ausschluss der körperlichen Bewegungsfreiheit eines Kindes oder
Jugendlichen entgegen oder ohne dessen Willen. Besonders intensive Formen des Freiheitsentzugs stellen Isolierung und körperliche Fixierung dar.

- *Freiheitsbeschränkung* und damit kein Freiheitsentzug liegt vor, wenn die
körperliche Bewegungsfreiheit zur Sicherung eines pädagogischen Prozesses altersgemäß für kürzere Zeit, d. h. maximal für wenige Stunden, ausgeschlossen wird. Daher beinhalten die stationäre Betreuung in einer Einrichtung der Erziehungshilfe mit den daraus resultierenden Grenzsetzun-
gen ebensowenig einen Freiheitsentzug wie Maßnahmen, die begrenzte
Ausgangszeiten beinhalten. Darüber hinaus liegt Freiheitsbeschränkung
und kein Freiheitsentzug vor, wenn das Verlassen eines Gebäudes aus Grün-

den des allgemeinen Schutzes erschwert wird (z. B. nächtliches Verschlie-
ßen der Haustür wie im familiären Alltag).

2.1.3 Die UN-Kinderrechtskonvention

enthält kein Verbot für Freiheitsentzug. In ihr sind allerdings Grundsätze festgeschrieben, die Freiheitsentzug nur unter Beachtung der Rechte Minderjähriger und auch nur ausnahmsweise ermöglichen. Bei richterlichen Entscheidungen, die Freiheitsentzug anordnen oder genehmigen, sind folglich die Per-
sönlichkeits- und Verfahrensrechte Minderjähriger zu beachten.

2.1.4 Artikel 104 Grundgesetz

»(1) Die Freiheit der Person kann nur auf Grund eines förmlichen Gesetzes be-
schränkt werden.
(2) Über die Zulässigkeit und Fortdauer einer Freiheitsentziehung hat nur der
Richter zu entscheiden. Bei jeder nicht auf richterlicher Anordnung beruhen-
den Freiheitsentziehung ist unverzüglich eine richterliche Entscheidung her-
beizuführen.«

2.1.5 Bürgerliches Gesetzbuch (BGB)

Das BGB beschreibt den Inhalt und den Umfang von Sorgerecht und -pflicht
für den Bereich des Freiheitsentzugs in den *§§ 1631, 1631 b BGB* und fordert
die Genehmigung durch das Familiengericht. Dese Regelung gilt für alle Maßnahmen des Freiheitsentzugs zulasten Minderjähriger, sei es z. B. im Rahmen
der Jugendhilfe oder einer stationären psychiatrischen Krankenhausbehand-
lung. Liegt Eilbedürftigkeit vor und kann die Genehmigung des Familiengerichts nicht oder nicht rechtzeitig eingeholt werden, ist ein Freiheitsentzug zunächst auch ohne richterliche Genehmigung zulässig. Diese ist allerdings unverzüglich nachzuholen (§ 1631b Satz 2 BGB).
In einem im Auftrag des BMFSFJ im Jahr 1997 gefertigten Gutachten von
Herrn Prof. Schlink, Humboldt Universität Berlin, zur »Zulässigkeit der geschlossenen Unterbringung Minderjähriger in Einrichtungen der Jugendhilfe«
wird die Verfassungsmäßigkeit des § 1631 b BGB angezweifelt. Dort wird die
Auffassung vertreten, dass eindeutige Kriterien für die Zulässigkeit des Freiheitsentzug bei Minderjährigen fehlen, wie dies in § 1906 BGB für Erwachsene

der Fall ist. Der Begriff des »Kindeswohls« als Vorraussetzung für Freiheits-entzug sei zu unbestimmt.

Auf die *Verfahrensvorschriften der §§ 49 a Abs. 1 Nr. 5, 70 ff. FGG (Gesetz über die Angelegenheiten der freiwilligen Gerichtsbarkeit)* wird im übrigen hinge-wiesen.

Das FGG sieht u. a. vor, dass
- das Familiengericht das Jugendamt anhört (§ 49 a Abs. 1 Nr. 5 FGG),
- der Minderjährige ab dem 14. Lebensjahr die volle Verfahrensfähigkeit be-sitzt (§ 70 a FGG),
- ihm ein Beistand als Verfahrenspfleger/-in bestellt wird (§ 70 b FGG),
- er angehört werden muss (§ 70 c FGG), daneben eine von ihm benannte Vertrauensperson und das Jugendamt (§ 70 d FGG),
- vor seiner Entscheidung der Richter/ die Richterin ein Sachverständigengut-achten einholt (§ 70 e FGG),
- der Minderjährige über sein Recht auf Beschwerde vor Gericht aufgeklärt wird (§ 70 f, g FGG),
- der Familienrichter/ die Familienrichterin bei Eilbedürftigkeit ohne Beteili-gung der/ des Sorgeberechtigten eine vorläufige richterlichen Unterbrin-gung anordnen kann (§ 70 h FGG).

2.1.6 Regelungen des KJHG

Daneben gelten die sozialrechtlichen Regelungen des KJHG zur Inobhutnahme/ § 42 und zur Erziehungshilfe/ §§ 27 ff., nachfolgend unter Ziffer 2.1.7 erläutert.

2.1.7 Ergänzende Feststellungen

a) Freiheitsentzug ist rechtlich zulässig bei Gefahr für »Leib oder Leben des Kindes/ Jugendlichen oder Dritter«:
- *in Verbindung mit Inobhutnahme* als vorläufige Unterbringung, d. h. als zeit-lich begrenzte freiheitsentziehende Krisenintervention, nach § 42 Abs. 3 Satz 2 KJHG,
- in *Zusammenhang mit Erziehungshilfe* (§§ 27 ff KJHG) als die Erziehung be-gleitender Rahmen (verfassungskonforme Auslegung des *§ 1631 b BGB* un-ter Anwendung der in Zusammenhang mit der Inobhutnahme gesetzlich festgelegten Obergrenze »Gefahr für Leib oder Leben«/ diese Rechtsauf-

fassung wird durch den 11. Jugendhilfebericht der Bundesregierung getragen). Einer Gefährdung des Kindeswohls, die außerhalb einer Leib- oder Lebensgefahr liegt (z. B. Gefahr der Verwahrlosung oder sexuell auffälliges Verrhalten), darf nicht mit Freiheitsentzug begegnet werden. Auch reicht eine Gefährdung anderer Rechtsgüter wie z. B. Eigentum und »öffentliche Ordnung« nicht aus.

Dabei umfasst § 1631 b BGB zwei Ansätze:

– Bei *Selbstgefährdung* einen fürsorglichen Ansatz, bei dem Sorgeberechtigte/-r einer entwicklungsbedingten fehlenden Einsichtsfähigkeit eines Kindes/ Jugendlichen begegnet und eine Entscheidung in dessen Interesse trifft. Die sorgerechtliche Entscheidung resultiert aus dem Recht, das »Kind zu pflegen« (Gesundheitspflege) und dessen »Aufenthalt zu bestimmen« (§ 1631 Abs. 1 BGB).

– Bei Fremdgefährdung einen aufsichtsbezogenen Ansatz, bei dem Sorgeberechtigte/-r zur Gefahrenabwehr zugunsten Dritter ihrer/ seiner Aufsichtspflicht nachkommen. Diese sorgerechtliche Entscheidung resultiert aus dem Recht das »Kind zu beaufsichtigen« und dessen »Aufenthalt zu bestimmen« (§ 1631 Abs.1 BGB).

b) *Entscheidungen Sorgeberechtigter im Rahmen des § 1631 b BGB sind stets vorrangig gegenüber richterlich angeordneten Unterbringungen nach dem jeweiligen Landesunterbringungsgesetz (in NW PsychKG), die stets der Gefahrenabwehr dienen.* Unterbringungen nach Landesunterbringungsgesetz kommen nur in Betracht bei Selbst- oder Fremdgefährdung aufgrund psychiatrischer Krankheit, wenn Sorgeberechtigte nicht erreichbar sind und außerhalb der Zeiten richterlicher Notdienste. Bei richterlicher Präsenz aber Unerreichbarkeit Sorgeberechtigter sind immerhin Eilmaßnahmen im Rahmen des § 1631b BGB in Verbindung mit § 70 h FGG möglich.

c) *Freiheitsentziehende Maßnahmen können nur verantwortet werden, wenn einem Problem nicht mit Hilfe weniger einschneidender Maßnahmen begegnet werden kann (Verhältnismässigkeitsgrundsatz/ »ultima ratio«).*

d) *So genannte »unterbringungsähnliche Maßnahmen« wie Isolierung und Fixierung,* die ohnehin eher kinder- und jugendpsychiatrische Bedeutung besitzen denn Jugendhilfebezug und im Unterbringungsrecht für Erwachsene benannt sind (§ 1906 Abs. 4 BGB), werden für Minderjährige in § 1631 b BGB nicht angesprochen, fallen aber als besonders intensive Maßnahmen des Freiheitsentzugs auch unter den richterlichen Genehmigungsvorbehalt des § 1631 b BGB.

e) *Zur Inobhutnahme:* Während der Inobhutnahme übt das Jugendamt das Recht der Beaufsichtigung, Erziehung und Aufenthaltsbestimmung aus. Entsteht während einer Betreuungsmaßnahme eine Gefahr für Leib oder Leben, so hat die Einrichtung unverzüglich das Jugendamt zu unterrichten. Bis zu dessen Entscheidung und der richterlichen Genehmigung ist die Einrichtung zu vorübergehenden freiheitsentziehenden Massnahmen befugt, soweit nur dadurch der Gefahrenlage begegnet werden kann .

f) *Zur Erziehungshilfe:* Die Zustimmung des Personensorgeberechtigten und die vormundschaftsgerichtliche Genehmigung nach § 1631 b BGB müssen vorliegen bzw. in akuten Notfällen unverzüglich durch die Sorgeberechtigten beantragt werden. Bis zu deren Entscheidung und Vorliegen der richterlichen Genehmigung ist die Einrichtung zu vorübergehenden freiheitsentziehenden Massnahmen befugt, soweit nur damit der Gefahrenlage (Leib- oder Lebensgefahr) begegnet werden kann .
Die Einrichtung trägt die Verantwortung der Feststellung einer Selbst- oder Fremdgefährdung, einer notwendigen Information des/ der Sorgeberechtigten – im Falle von deren Unerreichbarkeit – des Familiengerichts beim Amtsgericht und der fortlaufenden Überprüfung, ob ein Freiheitsentzug aufrecht erhalten bleibt bzw in welcher Weise er weiterhin durchgeführt wird. Unter dem letztgenannten Verantwortungsrahmen besteht beispielsweise die Möglichkeit vorübergehenden Ausgangs, wenn dies unter dem Gesichtspunkt der Gefahrenabwehr verantwortet werden kann. Keinesfalls zwingt die richterliche Genehmigung dazu, den Freiheitsentzug bis zu deren Rücknahme aufrechtzuerhalten.

g) *Hilfeplanverfahren:* Sofern nach den vorbeschriebenen Vorraussetzungen (Ziffer 2.1) Erziehungshilfe vorübergehend unter freiheitsentziehenden Bedingungen durchgeführt werden muss, erfolgt die entsprechende Betreuungsplanung in einem Hilfeplanverfahren (§ 36 KJHG). Es ist in diesen Fällen von besonderer Bedeutung, das vom Gesetz hierfür vorgesehene Instrument der Meinungsbildung in Anspruch zu nehmen, auch wenn es unter dem Gesichtspunkt der Abwehr einer Gefahr für Leib oder Leben primär nicht um pädagogische Inhalte geht. Zu beachten ist jedoch, dass der Aspekt der Gefahrenabwehr und der damit verbundene freiheitsentziehende Rahmen den pädagogischen Prozess, dh vorrangig die Grundbereitschaft des jungen Menschen zu diesem Prozess, intensiv beeinflussen. Auch müssen durch eindeutige Festlegungen im Hilfeplangespräch Grauzonen zwischen Freiheitsbeschränkung im Sinne pädagogischer Grenzsetzung und Freiheitsentzug (siehe Ziffer 2.1.2) vermieden werden. Aufgrund der hohen

Bedeutung des Grundrechts der persönlichen Freiheit sollte sogar überlegt werden, inwieweit das Hilfeplangespräch durch erweiterten Teilnehmerkreis (z.B. Kinder- und Jugendpsychiater) zusätzlich qualifiziert werden kann und die regelmässige Überprüfung des Hilfebedarfs auf einen Monatsrhythmus reduziert werden.

2.2 Mindestvorraussetzungen für eine Betriebserlaubnis (Entscheidungskriterien des LJA Rheinland / Entwurf)

2.2.1 Allgemeine Grundsätze für das Erteilen einer Betriebserlaubnis

● Das Konzept hat die gesetzlichen Bestimmungen zu beachten.
● Die zum Schutz Minderjähriger durch das Landesjugendamt mittels nachfolgender Kriterien festgelegten Mindestvorraussetzungen sind zu erfüllen.

2.2.2 Konzeptbezogene Kriterien

● Freiheitsentzug ist nur als zeitlich begrenzte, im konkreten Fall zu entscheidende Maßnahme verantwortbar. Eine geschlossene Gruppe, die in ihrem Angebot ausschließlich Pädagogik unter freiheitsentziehenden Bedingungen vorsieht, beinhaltet die Gefahr, dass keine am Einzelfall orientierte Betrachtung des erzieherischen Bedarfs erfolgt.
Nach § 27 Abs. 2 KJHG ist aber gerade dieser Vorrang individueller Hilfe zu beachten.
Das Gruppenangebot hat daher nur fakultativ Pädagogik unter freiheitsentziehenden Bedingungen vorzusehen.
In der Regel ist davon auszugehen, dass maximal für zwei Jugendliche freiheitsentziehende Bedingungen gleichzeitig vorliegen. Die Zustimmung der Sorgeberechtigten und die vormundschaftsgerichtliche Genehmigung nach § 1631 b BGB müssen vorliegen. In akuten Notfällen sind die Sorgeberechtigten unverzüglich, d.h. ohne schuldhaftes Zögern, zu informieren, damt diese eine richterliche Genehmigung beantragen. Wenn nicht bis zum Ablauf des nächsten Tages eine gerichtliche Genehmigung vorliegt, ist ein Freiheitsentzug rechtswidrig und aufzuheben.

● Freiheitsentzug ist nur zulässig, wenn eine »Gefahr für Leib oder Leben des Jugendlichen oder Dritter« vorliegt.

- Freiheitsentziehende Maßnahmen müssen eingebunden sein in einen langfristigen pädagogischen Prozess mit konstanten Bezugspersonen. In dem Konzept sind vorrangig pädagogische Ansätze vorzusehen, die individuelles Eingehen auf Problemlagen ermöglichen und nicht mit Freiheitsentzug verbunden sind. Freiheitsentziehende Maßnahmen können nur »ultima ratio« sein.
- Abzusehen ist von generellen Aufnahmekriterien (z. B. »Zündler« oder »Missbraucher«).
- Es ist sicherzustellen, dass die Rechte der Jugendlichen, die in der Gruppe nicht unter Freiheitsentzug stehen, sichergestellt werden, das heißt eine ansonsten geschlossene Tür jederzeit geöffnet werden kann. Dies bedeutet, dass trotz geschlossener Tür flexible, pädagogischen Erfordernissen gerecht werdende Entscheidungen getroffen werden.
- Der Einschluss eines Jugendlichen in ein Zimmer ist unzulässig.
- Für ausserhalb des Freiheitsentzugs Betreute dürfen Freiheitsbeschränkungen, z. B. das Abschliessen einer Tür für kürzere Zeit (maximal wenige Stunden), nur bei konkreter Gefährdung des Kindeswohls und wenn andere weniger einschneidende Maßnahmen nicht verantwortbar sind durchgeführt werden. Derartige Freiheitsbeschränkungen sind situativ zu entscheiden, um zwingenden pädagogischen Notwendigkeiten zu entsprechen.
- Durchsuchungen der Jugendlichen sind nur zulässig, wenn konkrete Anhaltspunkte für eine strafbare Handlung vorliegen.
- Die Beschulung ist während einer freiheitsentziehenden Maßnahme in der Einrichtung zu gewährleisten (§22 AGKJHG NW). Ist keine interne Beschulung möglich, ist ein externer Schulbesuch zu gewährleisten.

2.2.3 Kriterien der Fortbildung

- Weil Freiheitsentzug einen gravierenden Eingriff in Persönlichkeitsrechte darstellt, müssen die Einrichtungsleitung und die Gruppenmitarbeiter/innen mit besonderer fachlicher und juristischer Kompetenz ausgestattet sein, um die Rechtmäßigkeit des Handelns im Bereich des Freiheitsentzugs zu garantieren. Praxisorientierte Fortbildungen sind regelmäßig, mindestens 1 x jährlich, durchzuführen. Neben pädagogischen/ psychologischen Themen müssen auch rechtliche Rahmenbedingungen dieses Gruppenangebotes Thema sein.

216

2.2.4 Kriterien des Personals

● Die personellen Vorraussetzungen beinhalten ein in dieser personellen Zusammensetzung bereits existierendes, d. h. »eingespieltes« Team. Es muss Doppeldienst gewährleistet sein. Der Nachtdienst umfasst eine Person, Bereitschaftsdienst ist unzulässig. Es darf nur pädagogisches Fachpersonal eingesetzt werden, das über mehrjährige Erfahrung mit schwerstverhaltensgestörten Jugendlichen verfügt. Supervision ist zu gewährleisten. Für Krisensituationen ist eine Rufbereitschaft vorzuhalten, die innerhalb von ca. zwanzig Minuten die Gruppe erreichen kann.

2.2.5 Gebäudekriterien

● In der Gruppe muss für jeden Betreuten ein Einzelzimmer vorhanden sein, um Rückzugsmöglichkeiten zu ermöglichen. Neben dem üblichen Wohnbereich sind Räume für Therapie- sowie Spiel- und Beschäftigungsangebote erforderlich. Außerhalb der Gruppe müssen Spiel- und Sportmöglichkeiten im Freien gegeben sein. Ein »Time- Out- Raum« darf nicht vorgehalten werden. Vor Beginn der ersten Betreuung in der Gruppe, die dem Landesjugendamt anzuzeigen ist, ist der Nachweis vorzulegen, dass die Auflagen des Brandschutzes umgesetzt wurden.

2.2.6 Pflichten der Einrichtung

● Wird während der Betreuung eine freiheitsentziehende Maßnahme notwendig, hat die Einrichtungsleitung dies festzustellen bzw. – bei Eilbedürftigkeit – die Feststellung der/ des betreuenden Pädagogen/-in unverzüglich zu bestätigen. Der/ die betreuende Pädagoge/-in und die Einrichtungsleitung haben permanent zu prüfen, ob die Vorraussetzungen für den Fortbestand einer freiheitsentziehenden Maßnahme noch vorliegen, das heißt, ob noch eine »Gefahr für Leib oder Leben des Jugendlichen oder Dritter« vorliegt.

● Es besteht eine Dokumentationspflicht für die Einleitung freiheitsentziehender Maßnahmen, welche die Erläuterung der Notwendigkeit und den beabsichtigten Zeitrahmen umfasst. Die Überprüfung der Notwendigkeit des Fortbestands des Freiheitsentzugs ist täglich zu dokumentieren. Die Einrichtungsleitung stellt die Einhaltung der Dokumentationspflicht sicher.

● Es besteht eine Meldepflicht gegenüber dem Landesjugendamt für Maßnahmen, die mit Freiheitsentzug verbunden sind. Die Meldung ist in anony-

misierter Form mit Beginn der freiheitsentziehenden Maßnahme, nicht erst mit Vorliegen eines richterlichen Genehmigungsbeschlusses, durchzuführen. Sie umfasst den Zeitpunkt der Entscheidung undd - in Eilfällen - später nachzureichen. Datum und Aktenzeichen des Beschlusses mit der darin genehmigten Dauer der Maßnahme.
- In Bezug auf freiheitsbeschränkende Maßnahmen (s. o. Ziffer 2.2.2, 7. Punkt) sind alle Entscheidungen mit Begründung zu dokumentieren. Dem Landesjugendamt sind Dokumentationen in anonymisierter Form alle zwei Monate vorzulegen.

3. Pädagogische Überlegungen

3.1 Erzieherischem Handeln liegt der Vorrang individueller Hilfe zugrunde. Institutionalisierte »geschlossene Unterbringung« ist kein angemessener Rahmen für Erziehungshilfeangebote. Bei institutionalisierten »geschlossenen Gruppen«, d.h. Gruppen mit ausschließlichem Freiheitsentzug, besteht die Gefahr, dass der gesetzlichen Forderung auf individuelle Hilfe nicht entsprochen wird (§ 27 Abs.2 KJHG).

Für den pädagogischen Prozess ist folgende Unterscheidung zwischen Freiwilligkeit und Zwang wichtig:
- *Pädagogische Angebote* können nur wirksam sein, wenn sie durch intensives Einwirken einer als Bezugsperson angenommenen pädagogischen Fachkraft nachvollziehbar initiiert und getragen werden. Daher ist die Grundbereitschaft des Kindes/ Jugendlichen zum Erziehungsprozess entscheidend.
- *Zivilrechtliche Aufsichtspflicht* (als Bestandteil der Personensorge) kann im Einzelfall bei Kindern/ Jugendlichen, die sich selbst oder andere an Leib oder Leben gefährden, begründen, dass situationsbezogen erzieherische Hilfe von Freiheitsentzug begleitet wird. Es fällt in die Verantwortung des/ der Pädagogen/-in, die Notwendigkeit des Freiheitsentzugs ständig zu überprüfen und unverzüglich zu beenden, sobald das Erfordernis nicht mehr gegeben ist. Es reicht jedoch in der Regel aus, Aufsicht durch zeitlich eng begrenzte Formen der Freiheitsbeschränkung sicherzustellen.

Die *unterschiedliche Inhalte und Ziele von Pädagogik und Aufsicht* können zu Konflikten führen, die ausschließlich der/ die Pädagoge/-in zu lösen hat. Es ist nicht verantwortbar, dass Erziehende mit einem derartigen Zielkonflikt allein

218

gelassen sind. Dies gilt in ganz besonderer Weise für pädagogische Prozesse in Einrichtungen der Erziehungshilfe ohne das stabilisierende Vertrauensverhältnis einer Eltern – Kind – Beziehung. Wie kann die Glaubwürdigkeit des/ der Erziehers/-in sichergestellt werden, wenn der junge Mensch zwischen erzieherischem Handeln seiner Bezugsperson und einer gesetzlichen Verpflichtung, unter freiheitsentziehenden Bedingungen zu erziehen nicht unterscheiden kann. Sicherlich bleibt es primär Verantwortung des/ der Erziehers /-in, Entscheidungen zu treffen, im Einzelfall einzuwirken und eigene Maßnahmen zu begründen. Zusätzlich bedarf es jedoch einer Unterstützung durch den Gesetzgeber, damit der/ die Pädagoge/-in diese Entscheidung nachvollziehbar begründen kann. Der Bundesgesetzgeber hat daher die Vorraussetzungen für »Freiheitsentzug zur Gefahrenabwehr« als Konkretisierung der Aufsichtspflicht eindeutig festzulegen. Das heisst, es bedarf einer Anpassung des § 1631 b BGB mit festgeschriebenen Vorraussetzungen für Freiheitsentzug. Der Bundesgesetzgeber ist aufgerufen, Kriterien für die Zulässigkeit von Freiheitsentzug Minderjähriger zu definieren, wie dies in § 1906 BGB für Erwachsene der Fall ist. Der Begriff des »Kindeswohls« ist insoweit zu unbestimmt (siehe auch Gutachten Prof. Schlink, Humboldt Universität Berlin zur »Zulässigkeit der geschlossenen Unterbringung Minderjähriger in Einrichtungen der Jugendhilfe« 1997).

3.2 Neue Angebote der Erziehungshilfe, die sich dem hier vertetenen Konzept des fakultativen Freiheitsentzugs ausserhalb institutionalisierter geschlossener Gruppen öffnen, sind in ein Gesamtkonzept einzubinden, das der besonderen Herausforderung entspricht, eine Brücke zwischen personaler Zuwendung und Sicherungsmaßnahmen der Gefahrenabwehr zu schlagen.

Es wäre pädagogisch betrachtet kontraindiziert, bestehende Konzepte durch Elemente des Freiheitsentzugs zu ergänzen. *Diese neuen Konzepte sind auf jeden Fall zu evaluieren.*

3.3 Fehlplazierungen in der Kinder- und Jugendpsychiatrie kann nur durch gut organisierte Notdienste der Jugendämter entgegengewirkt werden. Dadurch wäre gewährleistet, dass die für Kriseninterventionen vorgehaltenen Jugendhilfeeinrichtungen fachgerecht in Anspruch genommen würden. Insbesondere sollte die Rufbereitschaft des Jugendamts zu jeder Zeit sichergestellt sein. Wird diese auf fachfremde Dienste (z. B. Ordnungsämter) deligiert, besteht bei Kriseninterventionen die Gefahr unnötiger Unterbringungen und

Fehlplatzierungen, wie z. B. in der Kinder- und Jugendpsychiatrie nach dem PsychKG.

3.4 Es zeigen sich in erheblichem Umfang Abgrenzungsschwierigkeiten zwischen den Leistungssystemen der Erziehungshilfe sowie der Kinder- und Jugendpsychatrie, vorrangig bedigt durch unterschiedliche Leistungsgrundlagen. Die Verantworungsbereiche sollten daher definert sein. Die Kooperation kann durch Vereinbarungen zwischen Einrichtungsträgern der Jugendhilfe und der stationärer Kinder- und Jugendpsychiatrie, die u. a. Aufnahmekriterien und gegenseitige Hilfesleistungen beinhalten, verbessert werden. So würden Fehlplatzierungen bzw »Drehtüreffekte« vermieden. Auch eine Verbindung von Angeboten beider Leistungssysteme soll praktiziert werden.

■ **Monika Thiesmeier**

Fallverstehen und Fallmanagement
Fortbildungsreihe für Fachkräfte in der Kinder- und Jugendhilfe

mit einem Beitrag von Werner Hapke und
Susanne Oberste-Frielinghaus

Im Rahmen des Modellprojektes hat sich in der intensiven Beratung »schwieriger« Einzelfälle wieder bestätigt, dass es für Entscheidungen über eine »notwendige und geeignete Hilfe« (§ 27 KJHG) kaum objektive Kriterien gibt. Mögliche Antworten müssen vielmehr immer wieder neu in einem oft komplizierten Verständigungsprozess zwischen den unterschiedlichen Beteiligten gefunden werden. Gesteuert wird dieser Prozess wesentlich von den subjektiven Einschätzungen der beteiligten Menschen und ihrer Organisationen darüber, was gewünscht und was befürchtet wird, darüber, was notwendig und machbar sowie nicht zuletzt was durchsetzbar und bezahlbar erscheint.

Der jeweils fallverantwortlichen Fachkraft im bezirklichen ASD kommt dabei eine zentrale Rolle zu: Wie 'gut' oder 'schlecht' es ihr gelingt, ein Kind bzw. eine/n Jugendliche/n in seiner/ ihrer Lebensgeschichte, den prägenden Erfahrungen und dem Geworden-Sein zu verstehen, und zudem die Summe der Ereignisse, der Bewertungen und der Dynamiken der Beteiligten kontinuierlich im Blick zu behalten, ist Dreh- und Angelpunkt für die Entwicklung und den Erfolg akzeptabler und wirksamer Angebote der Hilfe und Unterstützung. Ebenso bedeutend für eine hilfreiche Unterstützung und Förderung von Kindern und Familien gerade in schwierigen Lebenssituationen und Krisen sind die Beiträge der Fachkräfte in Einrichtungen und Diensten zu Fallverstehen und Fallbearbeitung: Ihre reflektierten Erfahrungen und Einschätzungen aus der alltäglichen Arbeit mit Kindern und Familien, die kritische Parteinahme für die Interessen und Belange der Kinder, die offene Kooperation bei Fallübergaben und zuverlässige Vereinbarungen in Hilfeplanungen sind Beispiele für die anspruchsvollen Erwartungen an die methodische und persönliche Kompetenz.

Methodische Kompetenzen entwickeln, um die Gesamtdynamik eines Falls frühzeitig in ihrer Brisanz verstehen zu können, und nicht nur die in den Blick geratenen Symptome bearbeiten zu müssen, so heißt die Zielsetzung einer Fortbildungsreihe zum Fallverstehen und Fallmanagement, die im Rahmen des Kölner Modellprojektes entwickelt und realisiert wurde.

In insgesamt fünf Kursabschnitten mit zusammen zwanzig Kurstagen sowie zehn Doppelstunden begleitender Supervision in kleinen Lerngruppen sollten die für solche Aufgaben notwendige professionelle Reflexivität, methodische Kompetenz, bewusste Beziehungsgestaltung und Aushandlungskompetenz entwickelt und gestärkt werden können. Das Angebot richtete sich an Mitarbeiterinnen und Mitarbeiter des Jugendamtes sowie freier Träger im Bereich der Hilfen zur Erziehung. Mit insgesamt 24 Teilnehmerinnen und Teilnehmern aus Köln konnte die Fortbildung zwischen September 2000 und Mai 2002 realisiert werden. In der Kursleitung mitgearbeitet haben Oliver König, Sabine Ader, Petra Heine und Christian Schrapper sowie Monika Thiesmeier als an allen Kursabschnitten beteiligte Kursleiterin.

Im Folgenden werden die fünf Kursblöcke vorgestellt, zuerst das angekündigte Programm, im Anschluss der tatsächliche Verlauf und die wesentlichen Erfahrungen.

1. Biographisches Verstehen/Familienrekonstruktion

Programm: Eigene biographische Muster, Werte und Familienrollen prägen die Wahrnehmung und Bewertung von Beziehungszusammenhängen auch im beruflichen Alltag. Dies gilt sowohl für das Verstehen der Psychodynamik in Familien, bei Einzelpersonen, Kindern und Jugendlichen als auch für die Möglichkeiten der eigenen Rollengestaltung in der Institution und im Klientensystem. In diesem Kursabschnitt soll versucht werden, professionelle Verstehensmuster und biographisches Gewordensein in einen Zusammenhang zu bringen, um die eigenen Entscheidungs- und Handlungsmöglichkeiten im beruflichen Feld zu erweitern. Dabei wird sowohl die eigene Biographie als auch die Verbindung zu Klientengeschichten und Fällen Gegenstand der gemeinsamen Arbeit sein.

Die fünf Kurstage waren durchgängig zweigeteilt: Trainingsgruppenarbeit jeweils an den Vormittagen und Plenums- bzw. Einzel- und Verschnittgruppenarbeit an den Nachmittagen. In den Trainingsgruppen wurde an Familienbildern und Familienkonstellationen der einzelnen Teilnehmerinnen und Teil-

222

nehmerInnen gearbeitet. Beide Trainingsgruppen mit je einer Trainerin/ einem Trainer blieben während der Kurswoche konstant um den erforderlichen Schutz und die notwendige Intimität zu gewährleisten.

In den Nachmittagseinheiten sind die an den Vormittagen individuell aufgetauchten Themen auf ihre grundsätzliche Bedeutung für die konkrete Fallarbeit hin abstrahiert worden, um jeweilige Beziehungsdynamiken zwischen Klienten- und Helfersystem deutlicher werden zu lassen. Themen die auftauchten waren z. B. Trennungssituationen, Stieffamilien, Missbrauch und Gewalt, Suchtproblematiken, Tod und Krankheit, Mann/Frau-Problematik, Familiengeheimnisse und Tabuthemen.

Solche Themen wurden sowohl unmittelbar bearbeitet, vor allem in der jeweiligen Bedeutung eigener Erfahrungen und Prägungen für den Blick auf die Fälle, als auch gesammelt und sortiert, um in den weiteren Kursabschnitten erneut aufgegriffen zu werden. Nicht alle Themen, die bereits in den Fallbeispielen des ersten Kursabschnitts auftauchten, konnten auch hier ausreichend berücksichtigt werden.

Aus den vorgestellten Fallbeispielen wurden Familienaufstellungen vorgenommen und um Aufstellungen des Helfersystems ergänzt. Auch durch diesen Schritt konnte die wechselseitige Beeinflussung in ihrer Zwangsläufigkeit sichtbar und Wege aus einer Zwangsdynamik heraus entwickelt werden, die eine konstruktivere Zusammenarbeit und damit einen positiveren Fallverlauf erst ermöglichen.

So wurde z. B. die Dynamik eines Jugendlichen mit seinem außerhalb der Familie lebenden Vater durch die biographische begründete Dynamik der Helferin überlagert: Ein gewünschter Beziehungsaufbau zwischen dem Jugendlichen und seiner männlichen Bezugsperson wurde von den Fachkräften in Jugendamt und Einrichtung aufgrund eigener Motive und ihrer Dynamik sehr kritisch gesehen, eher eine Trennung zwischen Vater und Sohn unterstützt, ohne die Bedeutung dieser Beziehung für den Jungen tatsächlich verstanden zu haben. Erst als die eigene Beteiligung der Helfer als ein Hintergrund für die Trennungsidee klarer wurde, konnten alternative Handlungsschritte entwikkelt und realistische Lösungen gefunden werden.

Die Arbeit an Theoriekonzepten z. B. zu Familiendynamiken ergänzte das personenbezogene Lernen und bot die Chance, eigenes Handeln und das der KlientInnen in einem abstrakteren Zusammenhang verstehen und einzuordnen zu können. In diesem Kursabschnitt ging es im Wesentlichen darum, berufliches Handeln aus den eigenen erlebten und erlernten Mustern und Dynamiken besser zu verstehen, denn nur das, was ich an mir verstehe, ist mir auch in der Beziehung zu anderen zugänglich.

Die Abendeinheiten zwischen neunzehn und zwanzig Uhr dienten der Tagesreflexion: Die eigene Arbeit, die Arbeitsatmosphäre in der Gruppe, Stimmungen und Übriggebliebenes waren Gegenstand der Aufmerksamkeit. Da die Gruppe sich aus MitarbeiterInnen sowohl des öffentlichen Trägers als auch freier Träger zusammen setzte, wurden die daraus resultierenden Unterschiede der Zugänge und Sichtweisen oder mögliche Spannungen besonders in den Blick genommen. Auch die Reflexion der Zusammenarbeit mit der Leitung hatte hier ihren Platz. Nach anfänglichen Schwierigkeiten nutzte die Gruppe diese Einheit mehr und mehr zur Bearbeitung ihrer internen Themen, kam zu konstruktiven Lösungen und machte auf diese Weise mit dem »geregelten Leerlauf « (Teilnehmerzitat) dieser regelmäßigen Reflexionszeit gute und konstruktive Erfahrungen.

Der erste Kursabschnitt war zwar insbesondere emotional anstrengend, teilweise auch schmerzhaft, schaffte aber für die Einzelnen auch mehr Klarheit und »Selbst«-Verständnis, Grundvoraussetzung für die Begegnung und Beziehungsgestaltung mit Menschen in Krisensituationen.

2. Beziehungsdiagnostik – Kasuistik an mitgebrachten Fällen

Programm: Fachliche Einschätzungen bzw. Diagnosen im beruflichen Alltag der Kinder- und Jugendhilfe werden aus Beziehungen heraus entwickelt. Die Beziehungsgestaltung sowie die persönliche Emotionalität spielen dabei eine große Rolle. Die geschulte Wahrnehmung dieser und anderer Komponenten in der Beziehungsgestaltung ermöglichen es, solche Wahrnehmungen wiederum als Handwerkszeug zu verstehen und einzusetzen, um ein umfassenderes Verstehen einer Situation, eines Menschen und eines Systems zu erreichen. Um die Auseinandersetzung mit den eigenen Wahrnehmungsmöglichkeiten in vorgestellten Fällen und den daraus zu erarbeitenden Entwicklungschancen in der Fallbearbeitung geht es in diesem Kursabschnitt.

Nach einer Einführung in grundlegende Aspekte des Fallverstehens und der sozialpädagogischen Diagnostik wurden die Begriffe »Diagnostik« und »Fallverstehen« näher in den Blick genommen und im Hinblick auf sozialpädagogisches

Handeln diskutiert, z. B. welche Fragestellungen gibt es in der sozialpädagogischen Diagnostik, welche diagnostischen Tätigkeiten sind notwendig, welche verstehenden Zugänge möglich, welche Struktur und Ordnung sinnvoll?

Ebenso wie im ersten Kursabschnitt wurde weiterhin in den Vormittagseinheiten in konstanten Trainingsgruppen gearbeitet, in diesem Kursabschnitt an der Diagnostik und dem Verstehen mitgebrachter Fälle aus dem Arbeitsalltag der Teilnehmerinnen und Teilnehmer. Gegenstand der Aufmerksamkeit und des Lernens war es vor allem, mehr Klarheit darüber zu erhalten, welche insbesondere emotionalen Reaktionen bestimmte Falldynamiken bei den Professionellen auslösen und wie diese sie in ihrem professionellem Handeln beeinflussen, beschränken oder gar blockieren. Die Reflexion der eigen Reaktionen wird zu einem Diagnoseinstrument für das Fallverstehen.

Vor dem Hintergrund des ersten Kursabschnitts konnte ein besseres Verstehen erreicht werden, d. h. die eigen Emotionalität als Spiegel der Klientendynamik konnte klarer und bewusster erkannt und soweit möglich auch handhabbarer werden.

Wie im ersten Kursabschnitt dienten die Nachmittagseinheiten dem Transfer. So wurde z. B. gesammelt, welche persönlichen Vorraussetzungen vorhanden sein müssen um sozialpädagogisch diagnostisch und fallverstehend tätig zu werden, welche Aspekte beruflichen Handelns notwendig sind (z. B. Auftragsklärung, Authentizität, Entscheidungen treffen, unterschiedliche Lebenskonzepte etc.).

Bausteine und Phasen diagnostischer Prozesse wurden erarbeitet, differenziert, geordnet und Bedingungen der jeweils handelnden Personen und Institutionen zusammengetragen (z. B. Grundqualifikation in Theorie und Praxis, Fähigkeit und Bereitschaft zu Transparenz und Austausch, klare Struktur der Arbeitsorganisation, Rückendeckung und Unterstützung im eigen System Reflexionsmöglichkeit im Team, etc.) Die Abendeinheiten dienten wiederum wie im ersten Abschnitt der Tages- und Gruppenreflexion.

In diesem Kursabschnitt wurden die Prozesse, Elemente und Bedingungen eines differenzierten und qualifizierten Fallverstehens auf dem Hintergrund der jeweilig konkret handelnden Personen als auch im Hinblick auf ihre instrumentellen Bedingungen untersucht und erarbeitet. Deutlich wurde, dass erst eine entwickelte diagnostische Kompetenz der Personen vor allem hinsichtlich der jeweils eigenen Emotionalität *und* klare Verfahren und Instrumente sowie verbindliche Strukturen und Abläufe in den Institutionen einen Weg durch den »Dschungel« der jeweiligen Fallkomplexität sichern können.

3. Moderation von Fallberatungen/ Fallverstehen/ Kollegiale Beratung

Programm: Fallverstehen in Form kollegialer Beratung ist eine Methode der sozialpädagogischen Diagnostik, die sich in den letzten Jahren in der Praxis der Jugendhilfe etabliert hat. Voraussetzung dafür sind jedoch angemessene Rahmenbedingungen in der Institution und ausreichende fachliche Kompetenzen in den Beratungsteams. Insbesondere benötigt die Methode der kollegialen Beratung die qualifizierte Ausgestaltung der Rolle des/der Moderators/ Moderatorin, um Disziplin im Ablauf und Schutz für den Inhalt und die fallvorstellende Fachkraft zu gewährleisten. Das Gelingen der kollegialen Beratung hängt erheblich von der Gestaltung dieser Moderationsrolle ab. Die Rolle erfordert die Kompetenz, sich einerseits fachlich inhaltlich abstinent zu halten und andererseits mit der nötigen Autorität den Ablauf zu moderieren und den Gruppenprozess zu steuern. Diese Rolle soll im dritten Kursabschnitt erarbeitet und geübt werden. Zudem sollen in dieser Woche der Einfluss der jeweiligen Organisation auf das Fallverstehen und die prinzipielle Leistungsfähigkeit von Gruppen Gegenstand der Auseinandersetzung sein.

Nach einer Einführung und Vorstellung in das im Modellprojekt praktizierte Verfahren der kollegialen Beratung wurden vorhandene Formen der Fallberatung gesammelt , Vorteile und Schwierigkeiten dieser Verfahren bewertet. Schwierigkeiten werden insbesondere bei kaum vorhandener Struktur der Fallberatungen, fehlender Verbindlichkeit, schwieriger Teamzusammensetzung und Teamdynamik deutlich. Die Teilnehmerinnen und Teilnehmer, die regelmäßige strukturierte Fallberatungen durchführen, beschrieben diese Verfahren als hilfreich für die eigene Entscheidungsfindung.

In den Vormittagseinheiten wurde wieder in zwei Trainingsgruppen das vorgestellte Verfahren der kollegialen Beratung an mitgebrachten Fällen aus der Praxis eingeübt. Insbesondere die Rolle der Moderation wurde trainiert, die sowohl Abstinenz in fachlicher Hinsicht als auch methodische Disziplin und nicht zuletzt persönliche Präsenz erfordert.

In den Nachmittagseinheiten sind die Erfahrungen in der Moderationsrolle zusammengetragen und Anforderungen an diese Rolle erarbeitet worden, z.B. Gefühl für Gruppenprozesse entwickeln, Katalysator sein, Schutz des/ der Vortragenden, Mut einzugreifen, um die Struktur zu sichern. Schwierigkeiten und offene Fragen der Rollengestaltung wurden gesammelt und im Laufe der Kurswoche bearbeitet. Beispiele sind Umgang und Unterscheidung mit den in der Praxis häufig praktizierten »Falldiskussionen«, die schnell zu Konflikten und Verstrickungen im Team führen und die Verstrickung des Einzelnen noch potenzieren, oder zu Lösungen führen, die oft als kleinere Übel, gerade noch machbar oder als Versuchsballon gestartet werden oder manchmal kuriosen Durchsetzungsstrategien.

Weiterer Gegenstand der Bearbeitung in den Nachmittagseinheiten war die Umsetzbarkeit in der jeweiligen Institution, im jeweiligen Team. Dabei ging es um die Frage, was von der Institution gebraucht wird und wie dieses erreicht werden kann; z.B. wird ein störungsfreier Raum gebraucht, eine Leitung, die das Verfahren sichert und schützt. Vorstellungen darüber wie eine Umsetzung in der jeweiligen Institution erreicht werden kann waren u.a.: Überzeugungsarbeit bei Kolleginnen und Kollegen, Vorstellen der Methode in der nächst höheren Hierarchieebene, etc.

Die Dokumentation der kollegialen Beratung wurde im Hinblick auf die Fallvorbereitung und für die Ergebnissicherung erarbeitet. Zur Vorbereitung ist z.B. ein Genogramm hilfreich, die Ergebnissicherung sollte insbesondere klar strukturiert sein, Mitglieder der Beratungsrunde benennen, die Beratungsfrage und das Beratungsergebnis festhalten und die Kriterien und Arbeitsschritte der weiteren Kontrolle klären.

In diesem Kursabschnitt konnten die in den beiden vorhergehenden Kursabschnitten erlebten und erlernten Inhalte auf konkrete Fallsituationen und deren weitere Bearbeitung hin angewandt werden. Dabei wurde deutlich, daß ein so komplexes Aufgabengebiet wie Diagnostik und Fallverstehen in einer klaren, sicheren und verbindlichen Struktur stattfinden muss. Diagnostik und Fallverstehen sind keine Weg zur »Wahrheitsfindung«, es kann nur eine Annäherung an ein fremdes System gehen, diese sollte allerdings qualifiziert und nachvollziehbar stattfinden.

4. Aushandlung, Moderation und Vereinbarung von tragfähigen Hilfearrangements

Programm: Die Aushandlung mit den Beteiligten im Hilfeplangespräch über Ziele, die zu erreichen und zu kontrollieren sind ist ein komplexer Prozess, in dem unterschiedliche Rollen wahrgenommen werden müssen. Mit Eltern und Kindern sowie MitarbeiterInnenn von Einrichtungen sind sowohl akzeptierte als auch geeignete Formen der Unterstützung, Entlastung und Hilfe zu vereinbaren als auch realistische Ziele und Kontrollen, insbesondere bei Gefährdungen zu entwickeln. Nicht zuletzt sind Kostengesichtspunkte zu berücksichtigen. Die strukturierte Planung, Aushandlung und Vereinbarung solcher komplexen Vereinbarungen sind Gegenstand dieses Kursabschnittes.

Zur Einführung in das Thema wurden die vier Harvardprinzipien als Grundlage für Aushandlungen jeglicher Art vorgestellt und in Beispielen erläutert, z. B. den Unterschied zwischen Positionsvertretung mit dem Ziel sich durchsetzen zu wollen und der Interessensvertretung, der es um die Suche nach gemeinsam tragfähigen Lösungen geht. Hilfreiche und erschwerende Aspekt für Hilfeplangespräche wurden gesammelt und diskutiert. Hilfreich ist z. B. Vorbereitung, Freiwilligkeit der Betroffenen, gutes Ambiente, wertschätzende Grundhaltung, klare Zielvereinbarungen und geeignete Sprache. Als Schwierigkeiten wurden genannt: verdeckte Konflikte zwischen öffentlichem und freien Träger, Tabus etc.

In den Vormittagseinheiten wurde wieder jeweils in zwei Trainingsgruppen an konkreten Fallbeispielen Aushandlung eingeübt, Interventionen wurden in ihrer Wirkung verdeutlicht und neue Interventionsmöglichkeiten ausprobiert. In den Nachmittagseinheiten wurden Strukturen von Hilfeplangesprächen erarbeitet, Erleichterungen für ein Gelingen gesammelt, z. B. rechtzeitige und klare Einladung aller Beteiligten, Festlegung der Personen die beteiligt werden sollen, ausreichend aber auch klar begrenzte Zeit, Benennung des Anlasses oder Ziels zu Beginn. Darüber hinaus wurde vorgestellt und eingeübt, wie konkrete Zielvereinbarungen erarbeitet, wie Interessen und Ziele geklärt werden können, damit es zu einer guten gemeinsamen Zielbestimmung mit entsprechenden Vereinbarungen kommen kann, die allen Beteiligten erfolgreiches Handeln sichern. So wurde z. B. an einem Fall konkret erarbeitet, woran erkannt werden kann, dass das jeweilige Handlungsziel erreicht worden ist und was die jeweils beteiligten Personen tun müssen, um es zu erreichen.

Dieser Kursabschnitt befasste sich noch stärker als der vorhergehende mit der konkreten Alltagspraxis, wobei deutlich wurde, dass eine gelingende Aushandlung in der Hilfeplanung weniger eine Frage gelungener Technik als vielmehr eine Frage der inneren Haltung von Offenheit und zugewandtem Interesse ist. Somit schlossen die Kursinhalte gut an die bisherigen Inhalte an. Dass für das Gelingen eines Hilfeplangesprächs ebenso eine Struktur, Verbindlichkeit und Absicherung in der Institution erforderlich sind, wurde ebenfalls deutlich.

5. Dokumentation, Evaluation und Kontrolle von Hilfeprozessen

Programm: Die eigene Arbeit fortlaufend zu dokumentieren und zu bewerten (= evaluieren) bedeutet, diese auch nach außen hin transparent, nachvollziehbar und somit kontrollierbar zu machen. Es geht darum systematisch und in schriftlicher Form Daten und Informationen zu sichern und diese im Anschluss kriteriengeleitet zu bewerten. Nur auf diesem Weg ist es möglich die Anforderung des § 36 KJHG umzusetzen und regelmäßig zu »prüfen, ob die gewählte Hilfeart weiterhin geeignet und notwendig ist« und ob durch die Unterstützung die Zielsetzungen erreicht wurden, die zuvor festgelegt worden sind. Dem Prozess der Hilfeplanung angemessene Formen der Dokumentation und Evaluation sollen folglich im Mittelpunkt dieses Kursabschnittes stehen. Ein bedeutsamer Aspekt dabei wird sein, wie Lebensgeschichten und wichtige Lebensereignisse in ihrem Zusammenhang in der Aktenführung und beim Wechsel von Zuständigkeiten sichtbar bleiben können.

Der letzte Kursabschnitt hat zum Zeitpunkt der Vorbereitung für diesen Abschlussbericht noch nicht stattgefunden, Termin ist Ende Mai 2002. Neben den geplanten Themen: Dokumentation, Evaluation und Kontrolle von Hilfeplanprozessen wird die Gesamtauswertung des Kurses Gegenstand sein. Dabei geht es sowohl um das persönliche Lernen in der jeweiligen beruflichen Rolle als auch um die institutionelle Realität der Einzelnen mit den jeweiligen Möglichkeiten und Begrenzungen, sich darin konstruktiv zu bewegen und Erlerntes umzusetzen.

Susanne Oberste Frielinghaus und *Werner Hapke*, beide arbeiten im ASD der Stadt Köln und waren Mitglieder der Kerngruppe des Modellprojektes, haben das Lernen im Kurs aus Sicht der Kursteilnehmerinnen und Kursteilnehmer skizziert und bewertet:

Praktische Erfahrungen mit der Fortbildungsreihe:
Diagnostik, Fallverstehen und Fallmanagement

Besonders in den beiden ersten Kursabschnitten lag der Schwerpunkt auf der Ausbildung und dem Einsatz persönlicher Kompetenzen sowie der Entwicklung von Wertschätzung für diese subjektiven Qualitäten. Das Wissen um persönliche Stärken und Schwächen und der bewusste Einsatz dieses Wissens förderte die Fähigkeit, über persönliche Kompetenz zu verfügen und diese als berufliche und fachliche Qualifikation einzusetzen.

229

Als professionelles Handeln wird in der alltäglichen Praxis oft die Anwendung von fachlich-wissenschaftlichen Erkenntnissen auf Sachverhalte verstanden. Der Arbeitsalltag zeigt hier allerdings Grenzen in verschiedene Richtungen:

● Bei einer » wissenschaftlichen » Betrachtung von außen werden viele Dinge an einem Fall nicht verstanden.

● Bei verständnisvollem Eingehen auf beteiligte Klienten hat man sich möglicherweise schnell so verstrickt, dass man sich von ihrer und der eigenen Dynamik mitreißen lässt.

Die Erfahrungen und Erkenntnisse persönlicher und praktischer Art aus der Fortbildung haben bei den TeilnehmerInnen zu einer selbstbewussteren Arbeitshaltung und damit zu einer größeren Wertschätzung für sich selbst und auch die KlientInnen geführt.

Die eigene Akzeptanz sowie die »fachliche Erlaubnis« und das Erfordernis, sich persönlich einzubringen ohne jede Emotion unterdrücken zu müssen, kann – mittlerweile erfahrungsgemäß auch im eigenen Arbeitsalltag – dazu führen, dass Fallverläufe ihre Schwere und Zähe verlieren. Ein bewusstes Einbringen der eigenen Person und Emotionalität verhindert weitgehend auch ein Mitgerissen werden von der Falldynamik und den Verlust der Fähigkeit, steuernd einzuwirken.

Ein unabdingbares Instrument an dieser Stelle ist die qualifizierte kollegiale Beratung, um sicherzustellen, dass bei aller notwendigen Verwicklung in einen Fallverlauf die Entwicklung sinnvoller Ziele möglich bleibt. Hier vermittelt die Fortbildung in dem vorgestellten Modell ein effektives Handwerkszeug.

In den ersten Versuchen vor Ort, nach dieser Methode zu beraten, erfolgte in den meisten Fällen eine weitgehend positive Akzeptanz in den Beratungsteams. Die Praxis zeigt allerdings auch, dass das Arbeiten auf der Basis der in der Fortbildung erworbenen Standards und Arbeitsqualität in der Mehrzahl der Fälle kaum möglich ist, da die Arbeit in ihrer Quantität dann nicht mehr zu bewältigen erscheint. In den aufwendigen, schwierig erscheinenden Fällen ist durch die Stärkung des persönlichen Kompetenzerlebens die Verschiebung der Arbeitshaltung von einer »kalten Professionalität » zu einer »emotionalen Professionalität » zu erkennen.

Diese Arbeitshaltung, zusammen mit dem erlernten und praktizierten sorgfältigeren Fallverstehen, führen in den meisten Fällen zu einem differenzierteren Hilfeangebot mit kleinschrittigeren Zielvereinbarungen. Ein denkbarer Effekt ist langfristig eine Reduzierung der als wirklich schwierig erlebten Fälle und eine Stärkung der eigenen Position in der Zusammenarbeit mit Hierarchie und Fachaufsicht.

Bereits jetzt sind auch Synergieeffekte dieser sehr intensiven Fortbildung zu bemerken, vor allem wenn in den täglichen Arbeitsabläufen das Zusammenwirken mit Kollegen anderer ASDs und Träger gefragt ist, die ebenfalls zu den Teilnehmern der Fortbildung gehören. Diese Abläufe gestalten sich schon jetzt im Zeichen gegenseitiger Akzeptanz erheblich reibungsfreier und zeitnaher und effektiver.

Aus Sicht der Kursleitung hat sich das Weiterbildungskonzept bis jetzt ebenfalls als erfolgreich erwiesen, emotionales und intellektuelles Lernen waren gut ausbalanciert und aufeinander bezogen. Für die Teilnehmerinnen und Teilnehmer wurde deutlich und erlebbar, daß ihre reflektierte Emotionalität, neben Fachwissen und Gesetzeskenntnissen, ein wichtiges Handwerkszeug ist, um soziale Situationen tatsächlich verstehen zu können. Verbindliche Strukturen und Verfahren sind allerdings unbedingte Vorraussetzungen, um die inhaltliche Komplexität zu ermöglichen, zu schützen und handhabbar zu machen. Erforderlich ist es hierfür, dass sich diese Strukturen und Verfahren an Aufgaben und Inhalten orientieren und nicht umgekehrt.

Die Teilnehmerinnen und Teilnehmer konnten neue Blickrichtungen und Arbeitsweisen im Umgang mit besonders schwierigen Fallkonstellationen entwickeln und ihre Kompetenzen, sich einzulassen, zu verstehen, standzuhalten und konstruktive neue Schritte zu entwickeln, weiter ausbauen. Die Mischung aus Fachkräften des ASD und Fachkräften Freier Träger hat viel zur positiveren Gestaltung dieser schwierigen Abhängigkeitsverhältnisses beigetragen und ist sowohl für die jeweiligen gemeinsamen Einzelfälle als auch für das grundsätzliche Kooperationsklima in der Stadt Köln eine Bereicherung.

Die Weiterbildung machte und macht sichtbar Freude, die Lernbereitschaft ist groß und die Fähigkeit, die eigene berufliche Rolle innerhalb der jeweiligen Institution wieder positiv zu besetzen, ist gewachsen. »Ich weiß wieder, warum ich dieses Arbeitsfeld gewählt habe und sehe für mich weitere Perspektiven.« ist hierfür eine aus Sicht der Kursleitung positive Rückmeldung. Sie macht deutlich, daß die Arbeit mit besonders schwierigen Situationen, mit besonders schwierigen Fällen in der Jugendhilfe (und welche »Fälle sind das nicht) nicht nur als eine fast unzumutbare und kaum aushaltbare Belastung angesehen werden muss, sondern dass es konstruktive Möglichkeiten des Umgangs mit dieser Belastung gibt und damit der Arbeitsauftrag wieder als sinnvoll und lohnenswert bewertet werden kann. Damit haben betroffene Kinder und Eltern die Chance, tatsächlich nicht allein gelassen zu werden und dem wie auch immer getarnten Gefühl von Hoffnungslosigkeit noch weiter ausgeliefert zu werden. Die qualifizierte und emotional engagierte Arbeit ist besonders in schwierigen Fallkonstellationen gefragt. Dabei müssen Mitgefühl und Handlungskompetenz gerade in persönlichen und institutionell schwierigen Prozessen immer wieder neu ausbalanciert werden. Dass dieser Balanceakt wieder bewußter, handhabbarer und nachvollziehbarer, d.h. positiver besetzt werden konnte, ist ein Ergebnis der gemeinsamen Kursarbeit.

Die Stadt Köln will diese Fortbildungsreihe fortsetzen, wobei über die konkrete Form, d.h. vor allem über den Umfang der einzelnen Kursabschnitte noch nachgedacht wird. Der Aufwand einer solchen Weiterbildung insbesondere in finanzieller Hinsicht ist sicher erheblich, auf der anderen Seite braucht persönliches Lernen Zeit und Raum, wenn Lernen nicht nur Wissensvermittlung oder Technik und Methode sein soll, die doch im Alltag häufig wieder verloren gehen. Auf der anderen Seite muss eine solche Fortbildung auch für viele Mitarbeiterinnen und Mitarbeiter finanzierbar sein, wir hoffen, dass die Verantwortlichen in der Stadt Köln einen guten Weg finden.

■ **Kerngruppe des Modellprojekts**

»Kölner Erklärung«

Zentrale Projektergebnisse, Hinweise und Empfehlungen für die Gestaltung der Jugendhilfe in der Stadt Köln[1]

1. Zentrale Befunde des Kölner Modellprojektes: Was sind die »schwierigen« Fälle der Jugendhilfe und was daran ist schwierig?

Schwierige und eskalierende Lebenssituationen werden erst durch die Definition und die Interventionen des Hilfesystems zu »schwierigen« Fällen.

Die Situationen so genannter »schwieriger« Kinder und Jugendlicher sind in der Regel durch hoch belastete Lebensumstände geprägt: durch ein hohes Maß an Unzuverlässigkeit und Unsicherheit, Vernachlässigung und Gewalt, Versagung und Enttäuschung etc. Auch ihre Eltern sind oftmals bereits in vielfältiger Weise in ihren Entwicklungsbedürfnissen und Lebensgrundlagen eingegrenzt worden. Die nicht lösbaren Probleme aller Beteiligten verschränken sich zu eskalierenden beidseitigen Enttäuschungen, Beziehungskonflikten und Machtdemonstrationen und werden für das Umfeld häufig in Form von Dissozialiät und Grenzüberschreitung sichtbar. Zu diesem Faktorenbündel kommen meist sozioökonomisch belastende und aktuell krisenhaft zugespitzte Familien- und Lebensverhältnisse hinzu. In Köln waren darüber hinaus in gut einem Drittel der vorgestellten Fälle massive Migrations- und Integrationsprobleme ausschlaggebend.

Unsere Analysen haben allerdings gezeigt, dass solche Beeinträchtigungen und Krisen zur Erklärung eines »schwierigen« Falles allein nicht ausreichen. Belastete Lebenssituationen von Kindern und Familien werden offensichtlich immer dann zu »besonders schwierigen« Fällen, wenn mindestens zwei Faktoren zusammenkommen:

a) die materielle, psychische und/ oder soziale Not und Isolierung, die wie oben geschildert dazu führt, dass ein Familiensystem völlig »aus den Fugen gerät«,

b) und ein Hilfesystem, das so in die Falldynamik verstrickt und so mit eigenen (Kooperations- und Zuständigkeits-)Problemen beschäftigt ist, dass es den am jungen Menschen orientierten Blick auf eine eskalierende familiäre Situation verliert.

Dies heißt in der Konsequenz, dass es nicht so sehr spezifische Schlüsselsituationen in der Lebens- und Familiengeschichten junger Menschen sind, die dazu führen, dass sie stolpern und zu Grenzfällen werden, sondern es sind eher die Schlüsselkonstellationen, d.h. die Summe der Ereignisse, Bewertungen und Dynamiken aller Beteiligten und ihrer Systeme.

Die Organisationsdynamik der Jugendhilfe und ihrer Bezugssysteme (Polizei, Psychiatrie etc.) ist so komplex und widersprüchlich, dass sie viele Ansatzpunkte für Spaltungen, Konflikte und Projektion bietet und zudem in Krisen gerne kollabiert.

Analysiert man die Jugendhilfeerfahrungen der Kinder und Jugendlichen, um die es im Kölner Modellprojekt geht, so reproduzieren sich darin oftmals ihnen bekannte familiäre Muster: Die Kinder haben lange und vielfältige Erfahrungen mit Unterversorgung, nicht getragener Verantwortung, Ausnutzung, Abspaltung und Ambivalenz in ihren Familien gesammelt. In der Jugendhilfe und in der Psychiatrie geraten sie schließlich auch häufig in 'Maßnahmeketten', in denen sich diese nicht wahrgenommene Verantwortung in Form von Ambivalenzen und Diskontinuitäten wiederholt.
Der intensive Blick auf einen »schwierigen« Fall ist so immer auch ein Blick in den Spiegel einer »schwierigen« Organisation. Erst wenn diese Schwierigkeiten und Dysfunktionalitäten in einer Organisation, im Team, mit der Wirtschaftlichen Jugendhilfe, mit den FachkollegInnen beim freien Träger oder mit den angrenzenden Systemen der Psychiatrie, Polizei oder Schule offenbar werden können, kann auch das Verstehen und vor allem das Handeln in einem komplexen und komplizierten Fall produktiv entwickelt werden.

Gerade dann, wenn gelingende Kooperation besonders gebraucht würde, funktioniert sie am wenigsten.

Beim Zusammenwirken unterschiedlicher Unterstützungs-, Hilfe- und Kontrollsysteme kommt es aufgrund unterschiedlicher Aufträge und Zielvorstellungen häufig zu Interessenkollisionen. Mangelnde Kooperationen zwischen unterschiedlichen Jugendhilfeträgern und zwischen angrenzenden Bezugssystemen führen allerdings häufig zu 'Brüchen' in Fallverläufen, die die Schwierigkeiten von Kindern, Jugendlichen und ihren Familien noch verschärfen und den Prozess der Ausgrenzung von HilfeadressatInnen vorantreiben. Dies ist insbesondere in eskalierenden Situationen der Fall: Je mehr Krisen sich zuspitzen, desto weniger funktioniert die Kooperation zwischen unterschiedlichen Trägern und Institutionen; Organisationen und Systeme ziehen sich zunehmend auf die eigenen Grenzen und Zuständigkeiten zurück und denken weniger trägerübergreifend und kooperativ.

Zwar gibt es in Köln zwischen der Jugendhilfe und anderen Systemen gelingende Einzelkooperationen (die in hohem Maße personenabhängig sind), aber noch zu wenige tragfähige Erfahrungen und Rituale, auf denen die Zusammenarbeit institutionell beruht.

Auf den Punkt gebracht:

- Ein Erklärungsmuster dafür, dass Kinder (und ihre Familien) »schwierig« sind, ist ihre schwierige materielle, soziale und psychische Situation. Sie müssen sich Strategien aneignen, die passend sind, um in ihrem Umfeld zu überleben.
- HelferInnen interessieren sich zu wenig für diese Lerngeschichten und die zu einem gewissen Zeitpunkt häufig kontraproduktiv werdenden Überlebensstrategien. Statt dessen sind sie oft mehr mit ihren eigenen Deutungen, Ärgernissen und Idealen beschäftigt sowie mit den Schwierigkeiten ihrer eigenen Organisation.
- Gelingt es den HelferInnen, sich und die Eigenlogik ihres System zu verstehen, fällt es ihnen in der Regel leichter die Kinder und ihre Familien (= das Familiensystem) zu verstehen sowie die Rolle, die sie als Helfende darin auszufüllen.
- Nur der intensive Blick auf die Komplexität von Fallgeschichten, verstandene Identifikationen und reflektierte Interventionen sind eine tragfähige Grundlage für Hilfeprozesse in »schwierigen« Fällen.
- Kooperationen zwischen den Trägern der Jugendhilfe und auch zu anderen Bezugssystemen sind prinzipiell spannungsreich. Entscheidend ist es, diese Spannung produktiv zu nutzen und unterschiedliche Aufgaben und Sichtweisen nicht zu negieren. Nach Einschätzungen aus dem Projekt heraus zeichnen sich tragfähige Hilfekonzepte und Arbeitsformen vor allem dadurch positiv aus, dass
  – sie für den Einzelfall entwickelt und darauf zugeschnitten sind;

– sie sich »auf mehrere Schultern verteilen;
– Eltern, Schule und andere Systeme neben der Jugendhilfe nicht aus der Verantwortung entlassen werden;
– aufgrund klarer Aufgabenverteilung und Kontrakte kooperiert werden kann;
– als Maßnahmen der Hilfe und Unterstützung keine geschlossenen Systeme geschaffen werden (einer kann alles; institutionelle »geschlossene Unterbringung«);
– nicht mit 'letzten Chancen' gedroht wird, es aber auch nicht beliebig viele Versuche gibt.

2. Fallkonsultationen als ein Steuerungsinstrument für »schwierige« Einzelfälle

Fallverstehen heißt den Fall zu verstehen, nicht nur eine Biographie.

Die Qualität des Fallverstehens ist gerade im Umgang mit den so genannten »Schwierigen« von entscheidender Bedeutung, weil Situationen und Probleme, die nicht verstanden werden, auch nicht produktiv bearbeitet werden können, zumal die Gefahren der Verstrickung in die Falldynamik erheblich sind. Diese Aufgabe des Verstehens und die Steuerung von Hilfeplanungsprozessen erfordern allerdings erheblich mehr, als durch den Erwerb individuell fachlicher Kompetenzen zu leisten ist. Sozialpädagogische Fachkräfte – so kompetent sie im einzelnen auch sein mögen – müssen eingebunden sein in stabile Organisationen, tragfähige Handlungskonzepte und kollegiale Arbeitszusammenhänge.
Im Kölner Modellprojekt wurden vor diesem Hintergrund die so genannten *Fallkonsultationen* als ein Instrument entwickelt, um die komplexe Aufgabe der Problemwahrnehmung, -deutung und Hilfeentscheidung in 'besonders schwierigen' Einzelfällen fachlich angemessen zu erfüllen. Dabei handelte es sich um eine Mischung von intensiv vorbereiteter Fallvorstellung und methodisch strukturierter Fallberatung mit den fallbeteiligten Fachkräften aus ASD, Jugendamt und Einrichtungen sowie einer anschließenden Reflexion von fallbezogenen und fallübergreifenden Aspekten in einer kontinuierlich beteiligten Gruppe.

Kollegiale Beratung und Fallkonsultationen in »schwierigen« Fällen der Jugendhilfe sollten eine Methode für die Regelpraxis werden!

In den im Rahmen des Modellprojektes vorgestellten Fällen hat nach Eindruck der Kerngruppe ein ausreichendes Fallverstehen entweder nicht ausreichend stattgefunden oder war im Laufe des Hilfeprozesses wieder verloren gegangen. Gleichzeitig hat die Erfahrung mit den Fallkonsultationen gezeigt, dass durch dieses Instrument die Qualität der Arbeitsprozesse im Rahmen der Hilfeplanung besser abgesichert werden kann. Qualität zeigt sich dabei in der Fähigkeit der beteiligten Fachkräfte zu Verstehen und handlungsfähig zu sein bzw. (wieder) zu werden; beides ist Voraussetzung für eine positive Entwicklung.

Dies spricht für eine Verankerung sowohl der grundsätzlichen Arbeitsweise der kollegialen Beratung in der Regelpraxis der sozialen Dienste als auch des Instruments der Fallkonsultationen mit einer Kerngruppe, fallbeteiligten Fachkräften und externer Moderation für besondere Fälle. Fallkonsultationen senken die »Fehlerrate« und helfen Ressourcen zielgerichtet und sparsam einzusetzen; sie steigern die Arbeitsmotivation der beteiligten Fachkräfte, da sie die Handlungsfähigkeit auch in schwierigen Arbeitsphasen unterstützen oder wiederherstellen.

Bedingungen und Standards für qualifiziertes Fallverstehen und Fallkonsultationen:

● In Fallkonsultationen, gerade in »schwierigen« Fällen, sollten unterschiedliche Perspektiven zusammentreffen und einander ergänzen. Im Rahmen des Modellprojektes hat sich die Zusammensetzung einer der regelmäßigen Arbeitsgruppe, bestehend aus Fachkräften freier Träger und Fachkräften des ASD, und das fallbezogene Mitwirken von aktuell und früher beteiligten Fachkräfte (ASD und freien Träger) sowie von unterstützenden Institutionen, wie z. B. Schule, Polizei, Psychiatrie, bewährt. Die Besetzung dieser Runde sollte letztlich allerdings pragmatisch gesehen werden, d. h. die Fallkonsultation sollte nicht an einer 'unvollständigen' Zusammensetzung scheitern.

● Durch diese Zusammensetzung konnten notwendige Informationen und Perspektiven aktuell dargestellt und zusammengetragen werden; die wechselseitige Übernahme von Rollen und Funktionen im Verstehensprozess erlaubte ein vertiefendes Verstehen der komplexen Dynamik des jeweiligen Falles.

- Dabei ist der parallele Blick auf die Dynamik im Klientensystem und die Dynamik im Helfersystems unverzichtbar. Erst dadurch können die Grenzen und Möglichkeiten des Helfersystems gesehen und konkret umsetzbare Zwischenschritte entwickelt werden.

- Eine externe Leitung/Moderation[2] der Fallkonsultationen ist ebenfalls unverzichtbar. Diese muss dafür sorgen, dass die Methode in der Abfolge und Gestaltung der Arbeitsschritte sowie in der Atmosphäre der Identifikation durchgehalten wird.

- Die Arbeitsfähigkeit der Gruppe muss ausreichend gegeben sein. Zur Arbeitsfähigkeit gehören insbesondere die grundsätzliche Offenheit für die Arbeitsweise und die Bereitschaft, eigene Gefühle, Phantasien und Ideen, die im Arbeitsprozess entstehen, auch mitzuteilen und zur Verfügung zu stellen. Ebenso muss es ein Beratungsinteresse geben.

- Eine Fallkonsultation muss für die unmittelbar beteiligten Fachkräfte des ASD's und der freien Träger ohne größere Hürden abrufbar sein. Eine miteinander geübte Kerngruppe sowie die Moderation sollte zeitnah, d. h. innerhalb von fünf bis maximal zehn Werktagen zusammenkommen können.

- Zur Fallkonsultation gehören verpflichtend die schriftliche Fallvorstellung und die Dokumentation der Beratungsergebnisse. Für Letzteres darf nicht die fallvorstellende Fachkraft zuständig sein.

- Die Arbeitsrunde muss über die notwendigen Mittel entscheiden können. Die Umsetzung Empfehlung aus der Fallkonsultation, die die Akzeptanz der fallführenden Fachkraft benötigt, ist verpflichtend. Sie muss kontrollierbar sein und auch durch Leitung kontrolliert werden.

- Eine Fallkonsultation muss innerhalb eines Jugendhilfesystems für die beteiligten Fachkräfte öffentlicher und freier Träger obligatorisch sein, wenn bestimmte, gemeinsam festzulegende, Kriterien erfüllt sind.

- Die Verbindlichkeit von Zeit, Ort und Rahmen der Fallkonsultationen muss gesichert sein. Das gilt sowohl hinsichtlich der materiellen Bereitstellung als auch hinsichtlich einer personellen Verpflichtung, die im jeweiligen Controllingsystem ausgearbeitet und abgeprüft wird.

EMPFEHLUNGEN UND ANGEBOTE DER KERNGRUPPE ZUR WEITERFÜHRUNG DER FALLKONSULTATIONEN FÜR TRÄGER DER ÖFFENTLICHEN UND FREIEN JUGENDHILFE IN KÖLN UND IM ZUSTÄNDIGKEITSBEREICH DES LANDESJUGENDAMTES RHEINLAND

● Die Fallkonsultationen sollten in Köln als Instrument der Analyse und Beratung »schwieriger« Einzelfälle beibehalten werden.

● Mitglieder der Kerngruppe können ihre im Modellprojekt entwickelte Kompetenz im Rahmen ihrer Möglichkeiten (d.h. ihrer eigenen beruflichen Einbindung) für die Begleitung von Fallkonsultationen auf Anfrage zur Verfügung stellen. Erste positive Erfahrungen mit der Übertragbarkeit der spezifischen Arbeitsweise liegen aus anderen Orten bereits vor.

● In Köln sollte die Praxis der Fallbearbeitung in den ASDs bzw. den Stadtbezirken weiter qualifiziert werden. Die Fortführung der im Projekt konzipierten und erprobten Fortbildungsreihe ist dafür ein wichtiger Baustein.

● Jugendämtern und freien Trägern in »schwierigen« Einzelfällen gem. § 85 KJHG in sein Beratungsangebot aufnehmen; geprüft werden sollte auch die Ausschreibung einer Fortbildungsreihe, wie sie in Köln stattgefunden hat.

3. Verbindliche Kooperationen und Arbeitsbündnisse als zweites Steuerungsinstrument für 'schwierige' Einzelfälle

Tragfähige und Erfolg versprechende Hilfearrangements, gerade in den so genannten »schwierigen Fällen«, können nur entwickelt werden, wenn in einem Fall

● eine ganzheitliche Sicht von einem jungen Menschen in seinen Bezügen entwickelt werden kann und nicht nur das in den Blick geratene Symptom, d.h. das auffällige und störende Verhalten, gesehen wird;

● die Professionellen zu einem gemeinsamen Fallverständnis kommen und trotz unterschiedlicher Sichtweisen letztlich eine abgestimmte und systemübergreifende Zielsetzung sowie ein damit verbundenes Handlungskonzept erarbeiten können.

Ein solches gemeinsames Fallverständnis braucht die Bereitschaft und die Kompetenz, den eigenen professionellen Auftrag zeitweise zurückstellen zu können und sich zunächst konsequent in die Perspektive des Kindes bzw. Jugendlichen und seiner Familie hineindenken zu können. Zudem braucht es die Bereitschaft zur kritischen Reflexion des eigenen Handelns und damit erzielter Wirkungen. Dies kann allerdings nur gelingen, wenn die unterschiedlichen Sichtweisen von Fachkräften verschiedener Professionen systematisch zusammengeführt und ausgetauscht werden. Es geht darum, gemeinsam Verantwortung tragen zu lernen und sich nicht länger wechselseitig verantwortlich zu machen. Dafür ist über die konkrete Einzelfallarbeit hinaus eine institutionelle Vernetzung der Schnittstellen zwischen den Systemen erforderlich, die den Rahmen für die Kooperation im Einzelfall sichert, so dass diese in der konkreten Gestaltung von Arbeitsbezügen nicht immer wieder neu und grundsätzlich verhandelt werden muss.

Bedingungen und Standards für die Gestaltung belastbarer Kooperationsbezüge:

● Für den Einzelfall braucht es
  – detaillierte Kontrakte auf der Basis verstandener Aufgaben und daraus erarbeiteter präziser Aufträge;
  – realistische Kontrakte mit jeweils verfügbaren Personen, Arbeitsmitteln und Instrumenten;
  – überprüfbare Kontrakte mit konkreten Kriterien und Indikatoren für nachvollziehbare Kontrolle;
  – Vereinbarungen über verbindliche Orte und Zeiten für die Reflexion, Evaluation und Weiterentwicklung ggf. mit externer Moderation oder Supervision (vor allem Rückschläge, Misserfolge und Abbrüche müssen gut reflektiert und integriert werden);
  – klare Verantwortungsregelungen, Entscheidungskompetenzen und eine verbindliche Leitung (im Sinne von case management) in der Regel beim öffentlichen Träger/ ASD;
  – verbindlich geregelte Finanzierung mit (soweit möglich) präzisen Kostenkalkulationen und überprüfbaren Kostenzusagen sowie der notwendigen Flexibilität für laufende Veränderung.
● Darüber hinaus müssen Kooperationsvereinbarungen nicht nur zwischen Personen getroffen werden, sondern auch und vor allem zwischen Institutionen.
● Institutionell müssen im räumlichen und übertragenen Sinn Räume (d.h. auch Orte) geschaffen werden für Austausch und Kooperation zwischen Jugendhilfe und Schule, Polizei, Psychiatrie, Jugendarbeit, Kindertagesbetreuung etc.
● Der ASD und ggf. einzusetzende externe Personen haben die Aufgabe, als 'Übersetzer' zwischen den unterschiedlichen Systemen zu vermitteln. Die im Rahmen des Projektes erprobten Fallkonsultationen können ein Ort sein, um diese Aufgabe zu realisieren.

Insgesamt gehören zu einem tragfähigen und belastbaren Arbeitsbündnis in »schwierigen Fällen« vor allem

- eine von allen Beteiligten verstandene und akzeptierte Diagnose;
- eine Aufgabenverteilung, die sowohl als Ganzes abgestimmt als auch im Einzelnen realisierbar ist;
- eine klare Gesamtleitung und Koordination;
- Organisationen, die solche diffizilen Arbeitsbündnisse sowohl schützen als auch die notwendige Verbindlichkeit von ihren MitarbeiterInnen einfordern können.

Grundsätzlich gilt dabei für die Herstellung guter Koooperation:

- sie gelingt nur zwischen Gleichen;
- sie muss sich für beide Seiten lohnen;
- es braucht ein Mindestmaß gemeinsamer Ziele und Überzeugungen;
- sie ist immer von Personen abhängig, braucht aber Strukturen und Verfahren, die Personen schützen.

EMPFEHLUNGEN UND ANGEBOTE DER KERNGRUPPE ZUR WEITEREN UMSETZUNG UND INITIIERUNG VERBINDLICHER KOOPERATIONSBEZÜGE:

- Einzelperson können gerade aus der Erfahrung mit dem Modellprojekt heraus Kooperationsangebote an andere Systeme machen ('von Person zu Person'). Als Fachkräfte der Jugendhilfe ist es zudem sinnvoll, andere Systeme an die gemeinsame Verantwortung zu erinnern, diese anzubieten und ggf. auch einzufordern.
- Es gibt in Köln bereits eine Reihe von Einzelbeispielen gelungener Kooperation zwischen der Jugendhilfe und angrenzenden Systemen. Im Sinne positiver und agierender Öffentlichkeitsarbeit sollten diese öffentlich gemacht werden.
- Seitens des Fachamtes sollte eine Fallbegleitung in der Überleitung von Fällen durch den abgebenden Träger gewollt und finanziell abgesichert sein bzw. werden. Darüber hinaus sollten im Rahmen der stattfindenden Qualitätsdialoge weitere verbindliche Kooperationsvereinbarungen festgelegt werden.
- Um zu einem gemeinsamen Fallverständnis zu kommen, haben sich die Fallkonsultationen als geeigneter Ort etabliert und sollten unter Wahrung der erprobten Standards fortgeführt werden.
- Mit dem Ziel der Qualifizierung von Kooperation gerade in Krisensituationen sollten für Köln in einem überschaubaren Zeitrahmen adäquate Formen der Krisenintervention und Inobhutnahme entwickelt und erprobt werden. Insbesondere die Schnittstellen zwischen Jugendhilfe und Kinder- und Jugendpsychiatrie sollte dabei in den Blick genommen werden. Die Mitglieder der Kerngruppe können hier ihre Erfahrung zur Verfügung stellen. Entsprechende Projekte müssen jedoch jugendpolitisch gewollt und vereinbart werden.

Anmerkungen

1 Die 'Kölner Erklärung' ist ein in der Kerngruppe des Modellprojektes erarbeitetes Positionspapier, das zentrale Projektergebnisse, Hinweise und Empfehlungen für die Gestaltung der Jugendhilfe, insbesondere in der Stadt Köln, bündelt und zur Diskussion in die entsprechenden Gremien gegeben wurde bzw. noch gegeben wird. Insbesondere der erste Teil dieses Resümees (→ Zentrale Befunde) ist dabei aus bereits erstellten Auswertungen und Texten der Uni Koblenz-Landau übernommen worden und findet sich z. T. auch in den vorausgegangenen Kapiteln dieses Buches.

2 Mit 'externer Moderation' ist gemeint, dass es eine Leitung der Fallkonsultationen braucht, die nicht in das Fallgeschehen involviert ist und keine eigenen bzw. institutionellen Interessen im Fall verfolgt.

Die Autorinnen und Autoren

Sabine Ader,
  Jahrgang 1967, Diplom-Pädagogin. 1994 bis 1998 wiss. Mitarbeiterin im Institut für soziale Arbeit e.V., Münster; seit 1999 wiss. Mitarbeiterin der Universität Koblenz-Landau, Seminar Pädagogik, Schwerpunkt Sozialpädagogik.

Nellie van Asten-Klütsch,
  Jahrgang 1953, Sociale Academie (NL), Sozial-Kulturelle Arbeit, systemische Weiterbildung. Mitarbeiterin der Koordinationsstelle für strafunmündige Serien- und Intensivtäter des Amtes für Kinder, Jugend und Familie, Stadt Köln.

Christoph Bex,
  Jahrgang 1960, Diplom-Sozialarbeiter. 1993 bis 2001 Mitarbeiter der Abteilung 'Pädagogische und soziale Dienste' des Amtes für Kinder, Jugend und Familie, Stadt Köln; seit 2001 pädagogischer Leiter der Stiftung Leuchtfeuer, Köln (»Stiftung Leuchtfeuer« ist der neue Name des Algarve-/Stadt-Projektes).

Werner Hapke,
  Jahrgang 1955, Diplom-Sozialarbeiter. Mitarbeiter im Allgemeinen Sozialen Dienst (ASD) des Bezirksjugendamtes Köln-Mülheim.

Georg Honrath,
  Jahrgang 1962, Diplom-Sozialarbeiter. Leiter der Regionalen Jugendhilfe Köln des Neukirchener Erziehungsvereins.

Hans Peter Möller,
  Jahrgang 1953, Studium der Erziehungswissenschaften und der Sozialpädagogik. Gesprächs- und Familientherapeut. Vorsitzender der Vermittlungsstelle zwischen Jugendhilfe und Kinder- und Jugendpsychiatrie im Landesjugendamt Rheinland, Köln.

Lothar Mönch,
  Jahrgang 1956, Diplom-Pädagoge. Bereichsleiter der Jugend- und Behindertenhilfe AWO 'Der Sommerberg', Rösrath.

Klaus Nörtershäuser,
  Jahrgang 1957, Diplom-Pädagoge. Sachgebietsleiter 'Beratung der Jugendämter im Bereich der erzieherischen Hilfen' im Landesjugendamt Rheinland.

Susanne Oberste-Frielinghaus,

Jahrgang 1959, Diplom-Sozialarbeiterin. Mitarbeiterin im ASD des Bezirksjugendamtes Köln-Rodenkirchen.

Sonja Pyro,

Jahrgang 1961, Diplom-Sozialpädagogin. 1993 bis 2000 Mitarbeiterin im ASD des Bezirksjugendamtes Köln-Ehrenfeld; seit 2001 tätig im Interkulturellen Dienst des Bezirksjugendamtes Ehrenfeld.

Bernd Reuther,

Jahrgang 1963, Diplom-Verwaltungswirt, Kriminalhauptkommissar. Seit 1999 Leiter des Kommissariats 63 (Ermittlungsgruppe: Präventivorientierte Ermittlungen Kinder- und Jugendkriminalität), Polizeipräsidium Köln.

Markus Schnapka,

Jahrgang 1951, Diplom-Sozialarbeiter. Landesrat, Leiter des Landesjugendamtes Rheinland im Landschaftsverband Rheinland.

Wilhelm Schomaker,

Jahrgang 1960, Diplom-Psychologe. Leiter im Jugendhilfeverbund Hermann-Josef-Haus in Urft.

Christian Schrapper,

Jahrgang 1952, Diplom-Sozialarbeiter, Diplom-Pädagoge, Dr. phil. Professor für Pädagogik mit dem Schwerpunkt Sozialpädagogik an der Universität Koblenz-Landau.

Hedwig Sikora,

Jahrgang 1941, Diplom-Sozialarbeiterin. Mitarbeiterin im Landesjugendamt Rheinland, Sachgebiet 'Schutz von Kindern und Jugendlichen in Einrichtungen'.

Martin Stoppel,

Jahrgang 1945, Verwaltungsjurist. Abteilungsleiter 'Erzieherische Hilfen' im Landesjugendamt Rheinland.

Monika Thiesmeier,

Jahrgang 1951, Diplom-Sozialarbeiterin. Freiberufliche Supervisorin und Trainerin für Gruppendynamik, Bad Ems.

Klüs Völlmecke,
Jahrgang 1957, Diplom-Sozialarbeiter. Abteilungsleiter 'Pädagogische und soziale Dienste' des Amtes für Kinder, Jugend und Familie, Stadt Köln.

Dagmar Wiegel,
Jahrgang 1962, Personalfachkauffrau, Gestalttherapeutin, Körpertherapeutin, Erzieherin. Bereichsleiterin der ambulanten flexible Hilfen bei der Stiftung Leuchtfeuer, Köln.

Projektbeteiligte und Adressen

Kerngruppe des Modellprojektes:

Stiftung Leuchtfeuer
(neuer Name des Algarve-/Stadt-Projektes)
Holzmarkt 59-65, 50676 Köln
Fon 0221/ 9233993
Fax 0221/ 9233279
www.info@stiftung-leuchtfeuer.de

Christoph Bex
cbex@stiftung-leuchtfeuer.de

Auf Achse – Treberhilfe e.V./ Intensivbetreuung
Platenstr. 43, 50825 Köln
Fon 0221/ 5504155

Cordula Götz

Stadt Köln, Bezirksjugendamt Mülheim/ ASD
Wiener Platz 2a, 51065 Köln

Werner Hapke
Durchwahl: 0221/ 221-99338

Neukirchener Erziehungsverein, Büro Köln
Hohenzollernring 42, 50672 Köln
Fon 0221/ 2583382

Georg Honrath

Sozialdienst Katholischer Frauen
Hansaring 20, 50670 Köln
Fon 0221/ 12695-0

Leonie Meder
Durchwahl: 0221/ 952944-52

AWO – Der Sommerberg
Goethestr. 20, 51143 Köln
Fon 02203/ 10186-0

Lothar Mönch
Lothar.Mönch@awo-der-sommerberg.de

Landschaftsverband Rheinland,
Landesjugendamt
50663 Köln
Fon 0221/ 809-0
www.lvr.de

Klaus Nörtershäuser
Durchwahl: 0221/ 809-6313
k.noertershaeuser@lvr.de

Hedwig Sikora
Durchwahl: 0221/ 809-6764
h.sikora@lvr.de

Stadt Köln
Bezirksjugendamt Rodenkirchen/ASD
Hauptstr. 85, 50996 Köln
Fon 0221 / 3591-0

Susanne Oberste-Frielinghaus
Durchwahl: 0221/ 3591-288

Stadt Köln
Bezirksjugendamt Ehrenfeld
Interkultureller Dienst
Venloer Str. 419-421, 50825 Köln

Sonja Pyro
Durchwahl: 0221/ 5488-349

Hermann-Josef-Haus, Urft
Urfttalstr.41, 53925 Kall-Urft
Fon 02441/ 885-0
Fax 02441/ 885-95
Hermann-Josef-Haus-Urft@t-online.de

Wilhelm Schomaker

Stadt Köln
Amt für Kinder, Jugend und Familie
Johannisstr. 66-80, 50668 Köln
Fon 0221/ 221-0

Kurt Steinheuer
Durchwahl: 0221/ 221-22243
Fax 0221/ 221-29856
Kurt.Steinheuer@stadt.koeln.de

Lenkungsgruppe des Modellprojektes:

Landschaftsverband Rheinland
Landesjugendamt
50663 Köln
Fon 0221/ 809-0
www.lvr.de

– Christoph Hastenrath
  Durchwahl: 0221/ 809-6315
  c.hastenrath@lvr.de
– Martin Stoppel
  Durchwahl: 0221/ 809-6308
  m.stoppel@lvr.de

Stadt Köln
Amt für Kinder, Jugend und Familie
Johannisstr. 66-80, 50668 Köln
Fon 0221 / 221-0

– Joachim Henkel
– Sabine Scheuffler
– Klüs Völlmecke

Neukirchener Erziehungsverein, Büro Köln
Hohenzollernring 42, 50672 Köln
Fon 0221/ 2583382

Georg Honrath

247

Sozialdienst Katholischer Frauen   Monika Kleine
Hansaring 20, 50670 Köln
Fon 0221/ 12695-0

Auf Achse – Treberhilfe e.V.   Claudia Nobis
Alsenstr. 25-27, 50679 Köln
Fon 0221/ 815023

Jugenhilfezentrum Raphaelshaus   Hans Scholten
Krefelder Str. 12, 41539 Dormagen
Fon 02133/ 50515
Fax 02133/ 50529
www.raphaelshaus.de

AWO – Der Sommerberg   Anita Stieler
Am Sommerberg 86, 51503 Rösrath   Anita.Stieler@awo-der-sommerberg.de
Fon 02205 / 8010

Wissenschaftliche Begleitung:

Universität Koblenz-Landau   – Professor Dr. Christian Schrapper
Seminar Pädagogik   Durchwahl: 0261/ 287-1864
Universitätsstr. 1, 56070 Koblenz   schrappe@uni-koblenz.de
Fon 0261/ 287-0   – Sabine Ader
www.uni-koblenz-landau.de   Durchwahl: 0261/ 287-1877
                                                      sabader@uni-koblenz.de
                                                      oder: Sabine.Ader@t-online.de
                                                      Fon 0251/ 2396842 (dienstl. Münster)
                                                   – Sekretariat, Monika Oeser
                                                      Fon 0261/ 287-1860 (vormittags)
                                                      Fax 0261/ 287-1861
                                                      oeser@uni-koblenz.de

Monika Thiesmeier, freie Supervisorin und
Trainerin für Gruppendynamik
Westersbachweg 12, 56130 Bad Ems
Fon 02603/ 500435
Fax 02603/ 500436
thiesmeier.schrapper@t-online.de

248

Sonstige Adressen/ Projektbeteiligte:

Stadt Köln
Amt für Kinder, Jugend und Familie
Fortbildungsabteilung
Johannisstr. 66-80, 50668 Köln
Fon 0221 / 221-0

Petra Heine
Durchwahl: 0221/ 221-22985

Polizei Köln/ Kommissariat 63
Walther-Pauli-Ring 2-4
51103 Köln

Bernd Reuther
Durchwahl: 0221/ 229-6870
Fax 0221 / 229-6884
reuther@coeln.de

Forschungsstelle für Interkulturelle Studien
Universität Köln
Gronewaldstr. 2
50931 Köln
Fon 0221 / 4706331 (Sekretariat)
www.uni-koeln.de/ew-fak/FIST/
Mail: fist-koeln@gmx.de

Vermittlungsstelle für Grenzfälle zwischen
Jugendhilfe und Kinder- und Jugend-
psychiatrie
Landschaftsverband Rheinland
Landesjugendamt
50663 Köln
Fon 0221/ 809-0

Hans Peter Möller
Durchwahl: 0221/ 809-6311
Fax 0221 / 8284-1442
peter.moeller@lvr.de